Bob Brier

Der Mordfall Tutanchamun

Bob Brier

Der Mordfall Tutanchamun

Aus dem Amerikanischen
von Wolfgang Schuler

Mit 33 Abbildungen

Piper
München Zürich

Die Originalausgabe erschien unter dem Titel
»The murder of Tutankhamen. A true story«
1998 bei G. P. Putnam's Sons, New York

Für P. S.-L.

ISBN 3-492-04159-0
3. Auflage 2000

Satz: Ziegler + Müller, Kirchentellinsfurt
Druck und Bindung: Pustet, Regensburg
Printed in Germany

Inhalt

Tutanchamun und Anchesenamun.
Gemälde von Winifred Brunton

Einleitung

Der Leiter der Anatomischen Abteilung an der Universität Liverpool, Dr. R. G. Harrison, wies auf die Röntgenaufnahme eines Kopfes und meinte:

> [Dieser Fleck] ist an sich noch nichts Ungewöhnliches. Er könnte aber auch durch einen Bluterguß im Gewebe hervorgerufen worden sein, das hier den Schädel bedeckt. Die Ursache war möglicherweise ein Schlag auf den Hinterkopf, ein Schlag, der durchaus zum Tod geführt haben könnte.[1]

Sein Patient, Pharao Tutanchamun, war seit mehr als 3000 Jahren tot.

Dr. Harrison trat in einer Fernsehdokumentation über den jung verstorbenen König auf. Ich war gar nicht besonders an Tutanchamun interessiert. Gut, ich hatte seine kostbaren Grabbeigaben im Ägyptischen Museum in Kairo gesehen und kannte die Geschichte von der Entdeckung seines Grabes. Doch näher hatte ich mich mit ihm nicht beschäftigt.

Ich weiß auch überhaupt nicht, warum ich mir den Fernsehbeitrag zu dem schon so oft abgehandelten Thema angeschaut habe. Gerade wollte ich den Apparat abstellen, als mir plötzlich klar wurde, daß Dr. Harrison wirklich etwas Neues entdeckt hatte. Auf dem Bildschirm waren Röntgenaufnahmen vom Brustkorb, von den langen Knochen der Beine und der Arme zu sehen. Ich war fasziniert. Die Bilder lieferten neue gerichtsmedizinische Hinweise darauf, daß Tutanchamun möglicherweise ermordet worden war. Eine Idee begann Gestalt anzunehmen, eine Idee, die mich nicht mehr loslassen sollte.

Die Mumie Tutanchamuns enthielt ja noch eine ganze Menge Informationen. Was wäre, wenn ich mich ganz vorurteilsfrei der Sache annähme? Die Mumie ist niemals ernsthaft daraufhin untersucht worden, ob es sich bei ihr vielleicht um ein Mordopfer handeln könnte. War der Pharao nach dem Schlag auf den Hinterkopf sofort tot? Oder ist er erst später an den Folgen gestorben? War er bei seinem Tod kräftig und gesund? Oder war er krank? Woraus hatte seine letzte Mahlzeit bestanden? Wie lange danach war er gestorben? Ich wußte, ich würde wahrscheinlich niemals die Erlaubnis erhalten, die Mumie zu untersuchen – sie ist im Grab des Pharaos im Tal der Könige zur letzten Ruhe gebettet. Die Ägyptische Altertümerverwaltung würde niemals zulassen, daß sie für eine Autopsie entfernt würde. Aber es gab ja noch die Röntgenaufnahmen, die Fotografien von den inneren Organen und die medizinischen Untersuchungsberichte von 1925 – eine ganze Menge, dem man nachgehen konnte. Das letzte Wort über den Tod Tutanchamuns schien jedenfalls noch nicht gesprochen.

Für Leichen interessiere ich mich aus beruflichen Gründen. Mein Spezialgebiet sind Mumien, und mein besonderes Interesse gilt der Paläopathologie – den Krankheiten der Menschen des Altertums. Welche Leiden haben die alten Ägypter heimgesucht? Konnten sie geheilt werden? Wie sind sie damit fertig geworden? Die

Antworten findet man in den Mumien. Die mit High-Tech-Geräten durchgeführte Autopsie einer altägyptischen Mumie verrät, was dieser Mensch während seiner Erkrankung gegessen hat, und, wenn wir Glück haben, woran er gestorben ist. Wenn ich einer Mumie ins Gesicht sehe, stellt sich darüber hinaus eine Unmittelbarkeit und Intimität ein, die mit Gerätschaften nicht zu erzielen ist: von Angesicht zu Angesicht mit einem Menschen, der vor 3000 Jahren gelebt hat.

Ich erinnere mich an die Zusammenarbeit mit Michael Silva, einem Silberschmied in der dritten Generation aus Spanien. Wir wollten herausbekommen, wie altägyptische Kunsthandwerker ihre Amulette gemacht haben. Michael hatte vor, mit 3000 Jahre alten Gußformen aus Terrakotta den Produktionsprozeß zu wiederholen und neue »alte« Amulette herzustellen. Eines der alten Formstücke zeigte auf der Rückseite einen Daumenabdruck, den der Kunsthandwerker damals im feuchten Ton hinterlassen hatte. Verständlicherweise war Michael bewegt von diesem Bindeglied zu einem Menschen des Altertums, das er da berührte – eine geisterhafte Spur jenes Menschen, der den Ton vor 3000 Jahren in Händen gehalten hatte. Bei meiner Arbeit berühre ich sogar wirklich ihre Finger! Andere Ägyptologen sind von dem, was sie tun, ebenso begeistert; und viele von ihnen haben daran mitgewirkt, das zu untermauern, was ich hier vorlege.

Wir »Mumienleute« werden zu Ausgrabungen herangezogen, wenn menschliche Überreste gefunden werden. Umwickelte Mumien sind selten. Sehr viel häufiger werden Gräber entdeckt, die bereits im Altertum geplündert wurden. Auf der Suche nach Schmucksachen haben die Grabräuber die Mumienbinden aufgerissen und die Gebeine zerstreut. Wir stehen dann vor einem wilden

Durcheinander und sollen aus den herumliegenden Resten auf den ursprünglichen Zustand schließen. Schon die Beschaffenheit der Knochen sagt etwas über den gesellschaftlichen Rang und den Beruf einer Person aus. Handarbeit etwa läßt die Muskeln wachsen, was wiederum die Knochen dicker macht. Daher kann uns ein einzelner Armknochen verraten, ob es sich bei dem Toten um einen Arbeiter oder um einen Müßiggänger gehandelt hat. Vor kurzem habe ich die menschlichen Überreste einer 4000 Jahre alten Königin untersucht. Noch niemals hatte ich derart zarte Knochen gesehen. Es schien fast, als hätte sie niemals ihre Hand gehoben und wäre nie in ihrer Sänfte irgendwohin gereist. Am anderen Ende der Skala zeigen die Knochen, die auf dem Friedhof der Pyramidenarbeiter in Gise gefunden wurden, daß sie von Menschen stammen, die schwere Lasten bewegt haben. Ihre Wirbelsäulen waren stark deformiert, vor allem die Lendenwirbel, die die Höchstbelastung aushalten mußten. Wer sich mit Mumien beschäftigt, über genügend Erfahrung und große Vorstellungskraft verfügt, kann erstaunliche Dinge entdecken.

Ägyptologie ist für mich stets eine Erfahrungswissenschaft gewesen – eine handgreifliche Annäherung an die Vergangenheit. Vor einigen Jahren habe ich einen Leichnam nach altägyptischer Methode mumifiziert. Ich wollte ganz genau wissen, wie die altägyptischen Einbalsamierer vorgegangen sind. Michael Silva fertigte dazu Nachbildungen von Werkzeugen aus Bronze und Kupfer an. Als ich nun die Eingeweide entfernte, benutzte ich die gleichen Gerätschaften, mit denen die damaligen Einbalsamierer gearbeitet haben. Dabei half mir Ronald Wade, Direktor des Maryland State Anatomy Board. Er besaß außerdem eine Zulassung als Leichenbestatter. Seit seiner Kindheit hat ihn Mumifikation interessiert – für ein High-School-Projekt hatte er einmal eine Ratte einbalsamiert. Als wir mit der modernen Mumifizierung begannen und ich den Bauch des Verstorbenen aufschnitt, hatten wir beide eine Gänsehaut. Es war vermutlich seit 2000 Jahren die erste Einbalsamierung nach Art der alten Ägypter.

Wir entfernten die inneren Organe – Milz, Magen, Darm, Leber – in der Reihenfolge, in der sie wohl auch von den altägyptischen Einbalsamierern entnommen worden waren. Der ganze Vorgang blieb merkwürdig unwirklich; es schien uns, als führten wir die Mumifizierung gar nicht selbst durch, sondern sähen ihr zu. Das größte Problem war, das Gehirn durch die Nasenlöcher zu entfernen. Wir waren keineswegs sicher, ob uns das gelingen würde. Alles, was uns dabei leiten konnte, waren Röntgenaufnahmen von Mumien.

Als ich in einem Lichtbildervortrag vorführte, was wir getan hatten, rang ein Kollege *sehr* vernehmlich nach Luft. Andere entschuldigten ihr Fernbleiben damit, daß die Fernsehsendung über das Projekt sie derart unangenehm berührt habe, daß sie sie abgestellt hätten. Menschliche Leichen bringen, auch wenn sie mumifiziert sind, viele Leute aus der Fassung.

Wir »Mumienleute« haben selbstverständlich unsere eigene Tagung: The International Mummy Congress. Unsere Ausbildungswege sind ganz verschieden. Viele haben Medizin studiert, nicht wenige sind praktizierende Ärzte, die ihre Erfahrungen in die Untersuchung von Mumien einbringen. Andere sind Anthropologen mit umfassender Ausbildung in Anatomie und Physiologie.

Auf dem Mummy Congress in Cartagena, Kolumbien, hörte ich vor einigen Jahren mit Bewunderung einer Kollegin zu, die schilderte, wie sie den Handelsbeziehungen zwischen der altperuanischen Bevölkerung der Küste und jener des Hochlandes nachgegangen war. Ihre aufschlußreiche Detektivarbeit fußte auf dem Prinzip: »Du bist, was du ißt.« Protein von Fischen unterscheidet sich von jenem der Pflanzen oder der Landtiere. Sie bestimmte die Kohlenstoffisotope in den Knochen der Mumien und konnte damit die Nahrung der damaligen Menschen analysieren. Natürlich enthielten die Gebeine der Leute, die an der Küste gelebt hatten und gestorben waren, einen hohen Anteil an Protein von Meerestieren. Doch auch bei den ehemaligen Bewohnern des Hochlandes fand sich dieser Eiweißkörper. Das mußte bedeuten, daß sie von den Küstenbewohnern Trockenfisch bezogen hatten.[2] Wenn man jedoch schon aus dem Ellbogen einer Mumie auf Eßgewohnheiten und Handelsrouten schließen kann, was mag man alles aus der Mumie eines Pharaos wie Tutanchamun, dessen Geschichte uns bekannt ist, ablesen können?

Genau das hat mich an der Fernsehsendung so gefesselt, als Dr. Harrison seine Röntgenaufnahmen von Tutanchamun vorführte. Obwohl ich mich ursprünglich gar nicht für diesen Pharao interessiert hatte, überlegte ich nun, wie man diese Röntgenaufnahmen würde nutzen können, um ein Puzzle des Altertums zusammenzusetzen. Natürlich waren Auskünfte anderer Spezialisten für meine Untersuchung wichtig, aber der Schlüssel zu dem Geheimnis, das den Tod des Kindkönigs umgibt, lag nun einmal in seiner Mumie. Ob es mir wohl gelingen würde herauszubekommen, wie er gestorben war? Es war eine wissenschaftliche Aufgabe. Damals dachte ich nicht an Mord – oder daran, wer der Mörder gewesen sein könnte.

Die vergangenen zwei Jahre sind ein einziges Abenteuer gewesen. Ob zu Hause, beim Essen oder im Inneren mehrerer altägyptischer Grabanlagen – stets haben Kollegen und ich Anhaltspunkte erörtert, Hieroglyphen entziffert, auf Röntgenaufnahmen und Fotografien von Bildnissen des jungen Tutanchamun sowie seiner Verwandten gestarrt und dabei gehörig diskutiert. Nachdem alle Fakten, die mit dem Tod des Kindkönigs zusammenhängen, untersucht waren, ich einen ungestümen Brief seiner Witwe studiert, einen alten Ring in Händen gehalten sowie die gewalttätige unruhige Epoche Tutanchamuns bedacht hatte und Spezialisten für Körperverletzungen den gerichtsmedizinischen Befund geprüft hatten, deutete alles auf Mord und Verschwörung hin. Ich muß jedoch einräumen, daß das Unternehmen ab einem gewissen Punkt nicht mehr nur rein wissenschaftlich war. Ganz unerwartet war ich angerührt, als ich Gegenstände zu Gesicht bekam und berühren konnte, die Tutanchamun mit ins Grab gegeben worden waren: seine Brettspiele, die Bogen, mit denen er im Sumpfland gejagt hatte, die Frühgeburten seiner jungen Frau. Da wurde der mehr als 3000 Jahre zurückliegende Tod zu einer menschlichen Tragödie. Jahrelang hatte ich bei dem Namen dieses Pharaos nur an seine Grabschätze gedacht. So war mir seine persönliche Aura entgangen. Irgendwann aber bin ich ganz und gar in seinen Bann geraten. Als sich die entsprechenden Hinweise mehrten, begann ich den Hauptverdächtigen zu hassen. Es hat mich richtig gefreut, daß dieser auf seinen Bildnissen in den Museen zu Berlin und Kairo ausgesprochen finster aussieht. Dennoch glaube ich, daß ich trotz dieser subjektiven Gefühle die Fakten sachlich wiedergebe, die belegen, daß die Annahme von Mord und Verschwörung die vernünftigste Erklärung für den tragischen Vorfall vor mehr als 3000 Jahren liefert.

Dieses Buch berichtet von den Umständen, die zu dem unerwarteten Tod des 19jährigen Tutanchamun geführt haben, von den politischen und den religiösen Unruhen, die vorausgegangen waren, von dem mutigen Versuch, alles aufzudecken, der beinahe gelungen wäre. Es ist die Geschichte des Lebens und des Todes Tutanchamuns. Darin verwickelt waren ein General, Hohepriester und höhere Regierungsbeamte. Es war eine einzigartige und faszinierende Zeit in Ägypten. Sie verführte einen Mann aus dem Volk zu dem Gedanken, er könne König werden.

Geschichtlicher Überblick

Frühdynastische Zeit (Thinitenzeit)
3150–2686 v. Chr.: 1. und 2. Dynastie; Pharao Narmer vereinigt Ober- und Unterägypten.

Altes Reich
2686–2181 v. Chr.: 3. bis 6. Dynastie; Djosers Stufenpyramide in Sakkara; Cheopspyramide in Gise; Pharao Chephren verleiht dem großen Sphinx in Gise seine Züge.

Erste Zwischenzeit
2181–2040 v. Chr.: Zeit der Anarchie und des Chaos.

Mittleres Reich
2040–1780 v. Chr.: 11. und 12. Dynastie; Mentuhotep II. stellt die Ordnung im Land wieder her.

Zweite Zwischenzeit
1780–1570 v. Chr.: Schwache Herrscher; Einfall der Hyksos, die im Norden regieren.

Neues Reich
1570–1070 v. Chr.: Ägyptens Goldenes Zeitalter.

18. Dynastie (1570–1293 v. Chr.)
1570–1546: Ahmose vertreibt die Hyksos aus Ägypten.
1500–1386: Hatschepsut, Thutmosis III., Amenophis II. mehren Macht und Wohlstand des Landes.
1386–1349: Amenophis III. (Großvater Tutanchamuns)
1350–1334: Amenophis IV. = Echnaton (Vater Tutanchamuns)
1336–1334: Semenchkare (Sohn Echnatons und Bruder Tutanchamuns?)
1334–1325: Tutanchamun
1325–1321: Eje
1321–1293: Haremhab

19. Dynastie (1293–1184 v. Chr.)
U. a.: Ramses I., Sethos I., Ramses II. (der Große), wahrscheinlich der Pharao des Auszugs der Kinder Israel.

Dritte Zwischenzeit
1069–525 v. Chr.: Die Macht der Pharaonen nimmt ab.

Spätzeit
525–332 v. Chr.: Perserkönige regieren das Land.

Ptolemäerzeit
333/332 v. Chr.: Alexander der Große besiegt Dareios III., Großkönig des Perserreiches, und wird in Ägypten als Befreier begrüßt.
51 v. Chr.: Kleopatra VII. wird Königin von Ägypten.
30 v. Chr.: Kleopatra begeht Selbstmord. Ägypten wird römische Provinz (unter Verwaltung eines kaiserlichen Präfekten).

I. Der Pharao muß sterben

Meide Leute, die feindlich gesinnt.
Bleibe gelassen, wenn andere streiten.

Die Lehre des Ani
um 1400 v. Chr.

Es gibt genügend Anhaltspunkte, um rekonstruieren zu können, was sich in den letzten Tagen Tutanchamuns abgespielt haben könnte. Beginnen wir also mit einem erdachten Szenario, das aber der Wirklichkeit vermutlich sehr nahe kommt.

In seinem 19. Lebensjahr ging Tutanchamun irgendwann im Spätherbst alleine zu Bett. Zwar schliefen die Eheleute der einfachen Landbevölkerung zusammen in einem Raum, doch die ägyptischen Herrscher schliefen in ihren Palästen getrennt von ihren Gemahlinnen und dem Harem, die in eigenen Palästen untergebracht waren. Natürlich gab es eheliche Besuche, aber der Schlaf war etwas anderes. Tutanchamun ruhte in einem großen Raum, der nur spärlich möbliert war: ein paar Hocker, Tische und ein hölzernes Einzelbett, dessen Füße als Löwentatzen geformt waren. Die Fische, Enten und das Sumpfgras der Wandbilder schimmerten geisterhaft im Dämmerlicht auf.

Mitten in der Nacht öffnete sich langsam und leise die Tür, gerade so weit, daß ein einzelner Mann hineinschlüpfen konnte. Dann schloß sie sich wieder. Irgendwie war es dem nächtlichen Eindringling gelungen, heimlich die Wachen zu umgehen. Hatten sie den Befehl wegzuschauen? Unbemerkt fand der ungebetene Gast seinen

Weg zum Bett des Pharaos. Vielleicht wurde das Geräusch seiner Schritte übertönt von den Tropfen einer Wasseruhr. Der Pharao lag auf der Seite. Sein Kopf ruhte auf einer Stütze aus Alabaster. Unter seinem Gewand holte der Mann einen schweren Gegenstand hervor, vielleicht eine ägyptische Streitkeule, einen kräftigen Knüppel, 60 Zentimeter lang, mit einem massiven Stein von rund 8 Zentimeter Durchmesser am Ende. Er atmete tief durch, holte aus und traf Tutanchamun am Kopf.

Einen Moment hielt der Eindringling inne, bis das plötzliche Geräusch in der Nacht verklungen war. Dann trat er seinen Rückzug durch das königliche Schlafgemach an, schlich durch die Tür und den Palast und machte sich auf leisen Sohlen im Schutz der Dunkelheit davon.

Am nächsten Morgen fanden Diener den bewußtlosen Pharao und riefen nach dem Wesir Eje und nach der königlichen Gemahlin, Anchesenamun. Ein Priesterarzt, Spezialist für Kopfverletzungen, wurde vom Tempel herbeibefohlen. Er hatte schon viele Verletzte gesehen. Bei Bauarbeiten fielen manchmal Steinblöcke auf die Arbeiter herab, oder Fußsoldaten erlitten im Kampf Kopfverletzungen. Aber dies hier war der Pharao. Der Arzt mußte bei dem, was er tat oder sagte, sehr vorsichtig sein. Er wies seinen Gehilfen an, den Kopf des Pharaos zu rasieren, damit eine genaue Diagnose möglich sei. Während die Bronzeklinge das feine dunkle Haar entfernte, dachte er darüber nach, was die Folgen der Behandlung sein könnten – für den Pharao und für ihn selbst. Handelte er entschlossen und der König stürbe, dann läge die Verantwortung dafür bei ihm. Als der Kopf rasiert war, kam eine einzelne Wunde zum Vorschein, eine große glühende Schwellung. Die Stelle war für eine derartige Verletzung ungewöhnlich:

am Hinterkopf, wo der Schädel in den Nacken übergeht. Der große medizinische Papyrus gab keine Auskunft, wie eine solche Verwundung zu behandeln sei.

Der Schlag hat zur Bewußtlosigkeit geführt, aber nur eine geringfügige Fraktur des Schädels verursacht. Es müssen keine Knochensplitter entfernt werden. Erleichtert steckt der Arzt sein Bronzebesteck in den hölzernen Behälter zurück. Noch immer rinnt Blut aus der Nase des Pharaos, ein Zeichen dafür, daß die Hirnhäute verletzt wurden. Eje, der Wesir, steht still am Bett und wägt ganz ruhig ab, was der Tod des Pharaos für Ägypten und ihn selbst bedeuten würde. Anchesenamun schaut bestürzt zum Arzt und wartet auf dessen Prognose. Dieser hat gelernt, eine von drei Stellungnahmen abzugeben: 1. »Es ist ein Leiden, das ich behandeln werde.« 2. »Es ist ein Leiden, gegen das ich ankämpfen werde.« 3. »Es ist ein Leiden, gegen das sich nichts tun läßt.«[1] Wenn er sagt, das Leiden könne behandelt werden, dann heißt das, daß die Behandlung erfolgreich sein muß. Wenn er statt dessen aber sagt, daß er lediglich darum kämpfen werde, gibt er zu verstehen, daß der Ausgang seiner Bemühungen ungewiß ist.

Schnell analysiert der Arzt die Situation. Da keine Splitter zu entfernen und keine Knochen einzurichten sind, kann er physisch nur wenig für den König tun. Wenn er erklärt, daß er die Verletzung behandeln werde, heißt das, daß der Pharao überleben wird, aber da ist er sich nicht so sicher. Sollte Tutanchamun sterben, wäre der Arzt schuld. Es gibt eigentlich nur zwei Alternativen. Bedenkt man aber die Bedeutung des Patienten, ist es sicherer zu sagen, daß die Verletzung nicht behandelt werden kann. Es ist schon besser, das Schicksal des Pharaos den Göttern zu überlassen.

Der Priesterarzt verhielt sich damit nicht anders als heutige Ärzte, die einen Prominenten behandeln sollen. Notärzte in aller Welt kennen das und haben es das »famous-patient syndrome« genannt: Bei einem berühmten Patienten schreckt das medizinische Personal davor zurück, sofort das in die Wege zu leiten, was es in der Ausbildung gelernt hat. Jüngere schieben die Entscheidung Älteren zu. Bevor etwas unternommen wird, finden Diskussionen statt. Tutanchamun war bestimmt nicht der erste, der unter den Folgen, die sich aus seinem höheren Rang ergaben, zu leiden hatte, und gewiß war er nicht der letzte.

Auch Abraham Lincoln dürfte das Opfer seiner Berühmtheit geworden sein. Als ihm in den Kopf geschossen wurde, machte der junge Arzt, der sich im Ford's Theater zunächst um ihn kümmerte, durchaus alles richtig. Er untersuchte mit seinem Finger die Eintrittsöffnung, stellte fest, daß es keine Austrittsöffnung gab und ließ den Präsidenten ruhen. Dann rief man den Generalstabsarzt, während Präsident Lincoln in ein nahes Gasthaus gebracht wurde. Der Generalstabsarzt war ein Büromensch, der seit Jahren keinen Patienten mehr behandelt hatte. Aber nun übernahm er sofort die Aufsicht. Er führte eine Sonde in den Schußkanal ein und schob sie fast bis zu den Augen des Präsidenten. Ihm waren die jüngsten medizinischen Erkenntnisse unbekannt, nach denen in solchen Fällen keine Sonde verwendet werden durfte – das Gehirn ist viel zu empfindlich, als daß nicht weitere Schäden entstünden. Neuerliche Überlegungen zu dem Fall haben ergeben, daß Lincoln mit der Kugel im Kopf überlebt haben könnte. Er war Opfer des Prominentensyndroms.

Der Priesterarzt drehte sich also um und sprach genau

jene Worte, die Anchesenamun am meisten fürchtete: »Es ist ein Leiden, gegen das sich nichts tun läßt.« Anchesenamun schluchzte. Der Gehilfe des Arztes erhielt Anweisung, die Nasenlöcher des Königs von Blut zu reinigen. Der Pharao, der friedlich auf seinem niedrigen Bett ruhte, atmete nun etwas leichter. Zauberheiler sollten dem König beistehen.

Am Nachmittag hatten sie die Ingredienzen für ihre Breipackung beisammen: gleiche Teile von Koriander- und Mohnfrüchten, Wermut, Beeren der *sames*-Pflanze und Wacholderbeeren. Das alles wurde mit Honig vermischt. Die Paste strichen sie auf die Wunde und bedeckten sie mit feinem Leinen, auf dem das Horusauge gezeichnet war. Der falkengestaltige Horus hatte im Kampf mit Seth sein Auge verloren, das Thot auf magische Weise wiedererschuf. Die Musterung um das Falkenauge galt als Zeichen der Genesung.

In den ersten Tagen war man optimistisch. Für kurze Zeit gewann Tutanchamun das Bewußtsein zurück und konnte Nahrung zu sich nehmen. Anchesenamun brachte ihm gehackte Feigen, vermischt mit Eiern, denen man heilende Wirkungen zuschrieb. Die Zauberheiler gaben »Eiermehl« (pulverisierte Eierschalen) in Tutanchamuns Wein, damit die Schädelverletzung glatt zusammenwachse, wie eine Eierschale.[2] Doch dann – der König verlor wiederholt das Bewußtsein und gewann es wieder – wurde er schwächer. Er konnte nur noch verschwommen sehen. Die Kopfschmerzen wurden unerträglich, als ob sein Schädel bersten wollte. Um den Schmerz zu betäuben, brachte Anchesenamun immer mehr von seinem Lieblingswein, gewonnen aus Trauben seines eigenen Weinbergs. Als der Winter kam, verlor Tutanchamun endgültig das Bewußtsein.

Als Tutanchamun starb, erhob sich große Wehklage. Sie begann bei Anchesenamun, die am Todeslager geweilt hatte, ergriff die Dienerinnen im Palast und verbreitete sich über den Fluß nach Theben. Sie vereinte Arm und Reich beim ersten Trauerritual, als in lauter Klage Osiris, Gott des Totenreiches, unterrichtet wurde, daß wieder ein Gerechtfertigter zu ihm ins Land des Westens unterwegs sei. Nach wenigen Stunden des lähmenden Entsetzens befahl Eje, mit den Begräbnisvorbereitungen zu beginnen.

Diese Schilderung des Todes Tutanchamuns ist erfunden. Doch sie fußt auf Hinweisen, die rund 3300 Jahre erhalten geblieben sind. Noch besser können wir sein Begräbnis rekonstruieren.

Das Grab, das Tutanchamun für sich selbst in Auftrag gegeben hatte (im westlichen Ausläufer des Tals der Könige, nahe dem Grab seines Großvaters), war bei seinem frühen Tod noch längst nicht fertig. Es gab jedoch ein fast vollendetes unbenutztes Grab im Haupttal. Ursprünglich war es für eine Privatperson vorgesehen; das kam zwar selten vor, war aber nicht völlig ausgeschlossen. Eje bestimmte dieses kleine Grab nun für seinen Pharao. Sofort begannen Künstler die Wände mit geeigneten Szenen auszumalen; für Reliefs war die Zeit zu knapp. Gleichzeitig bereiteten Einbalsamierer Tutanchamuns Körper für die Ewigkeit vor.

Mumifizierung war vor allem ein physischer Prozeß. Aber jeder Schritt wurde von religiösen Riten begleitet. Am wichtigsten war, möglichst schnell alle Flüssigkeit aus dem Körper zu entfernen. Denn ohne Feuchtigkeit können Bakterien kein Gewebe zerstören; ohne Wasser verwest der Körper nicht.

Gehirn und Eingeweide enthalten extrem viel Flüssigkeit. Damit sie nicht verwesen, müssen sie kurz nach dem Tod entfernt werden. Als Tutanchamuns Körper zu den königlichen Einbalsamierern gebracht wurde, erhielt er seinen Platz auf einem Mumifizierungstisch aus Alabaster. Der war geneigt, so daß bei fortschreitender Arbeit am Körper die Flüssigkeit in ein Gefäß unterhalb des Tisches abfließen konnte. Das Gehirn wurde mit Hilfe eines Drahtes, der das Siebbein zum Schädel durchbrach, entfernt. Dabei wurde der Draht wie ein Schneebesen gedreht, um das Hirngewebe in einen halbflüssigen Zustand zu versetzen, so daß es durch die Nasenlöcher abfließen konnte, wenn der Körper gedreht und schräg nach unten gelegt wurde. Die Einbalsamierer bewahrten fast alle Teile des Köpers, so daß Tutanchamun bei seiner Auferstehung im Jenseits nichts fehlte. Allerdings beseitigten sie das Gehirn, dessen Funktion sie nicht kannten. Die alten Ägypter glaubten, daß sie nicht mit dem Gehirn, sondern mit dem Herzen dachten; denn das Herz schlägt schnell bei Erregung, nicht das Gehirn. In der Bibel lesen wir, daß der Pharao »sein Herz verhärtete«, als er so verstockt war, die Kinder Israel nicht ziehen zu lassen.

Nachdem das Gehirn entfernt und beseitigt war, wurde auf der linken Seite des Unterleibs ein Einschnitt vorgenommen, so daß man die Eingeweide erreichen konnte: Magen, Leber, Darm und Nieren wurden sorgfältig herausgenommen und in flache Schalen gelegt. Später wurden die ausgetrockneten Organe in vier kleinen Kanopenkrügen bestattet, wo sie bis zur Auferstehung im Jenseits ruhten. Nur das Herz verblieb im Körper, so daß der Pharao sich an die magischen Sprüche erinnern konnte, um sie zu rezitieren, was den Körper wiederbeleben würde.

Auch nachdem Gehirn und innere Organe entfernt waren, enthielt das weiche Gewebe des Körpers noch immer beträchtliche Mengen an Flüssigkeit. Um sie zu beseitigen, bedeckten die Einbalsamierer Tutanchamuns Körper mit Natron, eine natürlich vorkommende Verbindung von Natriumcarbonat (Soda). Nach 35 Tagen war der Körper künstlich ausgetrocknet. Die Mumie wog nun weniger als 50 Pfund und wurde in Leinenstreifen gewikkelt. Dabei trug ein Priester die Maske des Anubis, des schakalköpfigen Gottes der Mumifizierung, und rezitierte magische Sprüche, die die Erhaltung und die Auferstehung Tutanchamuns gewährleisten sollten. Andere Priester steckten in die Mumienbinden mehr als 150 kleine Schmuckstücke und magische Amulette, die die Unsterblichkeit des Kindkönigs sicherstellten.

Zur gleichen Zeit arbeiteten im ganzen Land die besten Künstler an den Grabbeigaben. Holzschreine mußten mit Schnitzereien versehen und vergoldet werden. Eine Goldmaske und Särge mußten geschaffen, Möbel, Linnen, Gewänder und Schmuck zusammengetragen werden. Allein die Herstellung der Uschebtifigürchen war ein größeres Unternehmen. Hunderte kleiner Dienerstatuetten sollten auf magische Weise im Jenseits die Arbeiten Tutanchamuns übernehmen. Jede einzelne Figur war eine individuelle Skulptur aus Holz oder Stein mit den Zügen Tutanchamuns (Abb. 19). In der Gestalt einer Mumie war sie ein Bild des Osiris, des Gottes im Totenreich. Da die altägyptische Gesellschaft bäuerlich geprägt war, stellte man sich die Verrichtungen im Jenseits als Landarbeit vor. So hielten die Uschebtis Ackergeräte in Händen. Für Tutanchamun gab es 413 Uschebtis, 365 Arbeiter, einen für jeden Tag des Jahres, 36 Aufseher – einen für jeden Arbeitstrupp von zehn Männern – und einen pro Monat.[3]

In den Werkstätten muß es hektisch zugegangen sein, als ganze Gruppen von Kunsthandwerkern für das Begräbnis des Pharaos die Nächte durchgearbeitet haben.

Der Schatzmeister Maja gab eine wunderbare kleine Holzskulptur in Auftrag. Sie zeigt den verstorbenen Tutanchamun auf der Totenbahre, in den Händen Krummstab und Wedel, beides aus Gold, daran sollten die Götter erkennen, daß Tutanchamun ein großer Pharao gewesen war. Die Inschrift auf der Längsseite der Bahre verkündet die Ergebenheit Majas: »Gemacht vom Diener, der seinem Herrn nützlich war und stets tat, was dieser befahl, der dafür sorgte, daß alles seinen richtigen Gang nahm, dessen Gesicht fröhlich war, wenn er es mit liebendem Herzen so machte, daß es zum Vorteil seines Herrn geriet.«[4]

Irgendwann wurde die Zeit knapp. Die 70 Tage waren vorüber. Die Einbalsamierer hatten ihr Werk vollendet, die Särge waren fertig, aber andere Ritualgegenstände fehlten noch. Daher wurde das Grab Semenchkares, des Bruders Tutanchamuns, geöffnet und dessen mumienförmige Kanopengefäße für den verstorbenen Pharao wiederverwendet. Im Inneren jedes Miniatursarges ist in das Blattgold ein Gebet aus dem Totenbuch eingraviert, einer Sammlung von etwa 200 Zaubersprüchen, Beschwörungen, Gebeten und Hymnen. Die Gebete beziehen sich auf Tutanchamun, aber am unteren Ende seiner Namenskartusche finden sich Spuren des Namens Semenchkares, seines Bruders.

70 Tage nach Tutanchamuns Tod versammelte sich am Westufer des Nils der Leichenzug, um die Mumie in die »Wohnstätte der Ewigkeit« (d.h. in das Grab) zu geleiten. Sie ruhte auf einem Schlitten. Über ihr erhob sich ein hölzerner Schrein, geschmückt mit Girlanden. Am oberen

Ende des Schreins richteten sich in zwei Reihen wundervoll geschnitzte und bemalte Kobras aus Holz auf, um Tutanchamun auf seiner letzten Reise zu beschützen. Der Schlitten wurde von Palastbeamten gezogen. Die Minister von Ober- und Unterägypten, Pentu und Usermonth, trugen ihre typische Amtstracht, begleitet wurden sie von zehn weiteren Beamten. Alle trugen weiße Trauerbänder um ihre Köpfe. Als sich die Prozession langsam über das öde Land zum Tal der Könige bewegte, erhoben die Frauen Wehklage, zerrissen ihre Gewänder und streuten Staub auf ihre Köpfe – die traditionellen Trauergebärden. Unter ihnen befand sich auch Anchesenamun und fühlte sich sehr einsam.

Am Grab hielt die Prozession inne. Als die Mumie mit Binden umwickelt worden war, waren darunter auch Mund und Nase verschwunden. Nun mußte der magische Ritus der Mundöffnung vollzogen werden, damit Tutanchamun atmen und die Sprüche aus dem Totenbuch aufsagen konnte.

Was folgte, war mehr ein Mysterienspiel denn ein religiöses Ritual. Für die Aufführung waren zwölf Teilnehmer erforderlich.[5] Der oberste Priester hielt einen Papyrus in Händen, auf dem die Prozedur beschrieben war. Einige Beamte übernahmen die Rolle der Wächter des Horus, der Tutanchamun helfen würde, wie Osiris im Jenseits aufzuerstehen. Vor dem Grab wurde der Boden mit Wasser aus vier verschiedenen Vasen gereinigt, eine für jede Himmelsrichtung. Vier Räuchergefäße mit Weihrauch wurden angezündet, verschiedene Götter angerufen. Ein Tieropfer wurde zum Gedenken an den Kampf dargebracht, in dem Horus für Osiris' Tod Rache genommen hatte.

Im Mythos versuchen die Mitverschwörer Seths, nachdem sie den Körper des Osiris zerstückelt haben, Horus zu entkommen, indem sie verschiedene Tiergestalt annehmen. Doch Horus fängt sie alle und schneidet ihnen die Köpfe ab. Daher wurden zu Beginn der Mundöffnungszeremonie verschiedene Tiere rituell getötet – zwei Stiere (einen für den Süden, einen für den Norden), Gazellen und Enten. Als der Stier des Südens geschlachtet wurde, schnitt man ein Bein ab, das zusammen mit dem Herzen der Mumie dargebracht wurde. Auf magische Weise wurde Tutanchamun zu Osiris: Der Opfertod der Tiere erinnerte an die Verschwörer, die bei dem Versuch, den Körper des Osiris zu zerstören, gescheitert waren, und gewährleistete, daß der Körper Tutanchamuns von einem derartigen Angriff verschont blieb. Außerdem lieferten die geschlachteten Tiere Nahrung für die lange Reise des Pharaos.

Der Hohepriester berührte mit dem Fuß des Stiers den Mund der Mumie. Ein Gehilfe trat mit einem Gerät, das wie ein Querbeil aussieht, nach vorne. Als der Priester damit den Mund der Mumie berührte, rezitierte er die Worte:

Dein Mund war geschlossen. Doch ich habe deinen Mund und deine Zähne in Ordnung gebracht. Für dich öffne ich deinen Mund, für dich öffne ich deine beiden Augen. Ich habe deinen Mund mit dem Werkzeug des Anubis geöffnet, mit dem ehernen Gerät, mit dem die Münder der Götter geöffnet wurden. Horus, öffne den Mund! Horus, öffne den Mund! Horus hat den Mund des Toten geöffnet, als er in alter Zeit den Mund des Osiris mit dem Eisen geöffnet hat, das von Seth kam, mit dem ehernen Werkzeug, mit dem er die Mundöffnung bei den Göttern vornahm. Er hat deinen Mund damit geöffnet. Der Verstorbene wird wan-

> *deln und sprechen, und sein Leib wird in der großen Gesellschaft aller Götter im Großen Haus des uralten Einen in Annu sein, und er wird die* ureret*-Krone von Horus, dem Herrn des Menschengeschlechts, entgegennehmen.*[6]

Während des Rituals ruhte der Körper Tutanchamuns im Inneren der Schreins auf dem Schlitten. An seiner Statt wurde die Zeremonie an einer Statue – einer der beiden lebensgroßen Wächterfiguren, so groß wie Tutanchamun – vollzogen.

Das Ritual endete damit, daß der Priester das Gerät hochhob, den Mund Tutanchamuns berührte und die Formel sprach, die es dem jungen König ermöglichte, im Jenseits zu atmen: »Du bist wieder jung, du lebst wieder, du bist wieder jung, du lebst wieder, auf ewig.« Damit war alles für seine Unsterblichkeit getan.

Darauf wurde Tutanchamun-Osiris die 13 Stufen hinab ins Grab getragen. Unten wandten sich die Träger nach rechts zur Grabkammer. Zu ihrer Linken konnten sie nun drei Zeremonialliegen, rund anderthalb Meter hoch, sehen, auf denen während der 70tägigen Einbalsamierung verschiedene Rituale für Tutanchamun durchgeführt worden waren. Die Ecken des Kopfendes der einen Liege bestanden aus wunderschön gearbeiteten Nilpferdköpfen, bedeckt mit Blattgold, die zweite trug die Köpfe einer Kuh mit Sonnenscheiben zwischen den Hörnern, die dritte Löwenköpfe. Sie versinnbildlichten die Götter, die darüber wachten, daß Tutanchamun das Jenseits erreichte. Als die Träger die Mumie langsam zur Grabkammer trugen, warfen sie rasche Blicke zur Seite, um möglichst viel von den königlichen Grabschätzen zu Gesicht zu bekommen.

In der Grabkammer erwartete sie ein rechteckiger Steinsarkophag, darin drei Särge, einer im anderen. Ihre Deckel lagen auf dem Boden. Der Pharao wurde in den innersten Sarg gelegt. Während der Priester Gebete rezitierte, wurden Salben auf dem Körper verteilt, damit Tutanchamuns Weg ins Jenseits mit Wohlgerüchen erfüllt sei. Dann wurde der Deckel des innersten Sarges über Tutanchamun gehievt. Dunkelheit umfing ihn für 33 Jahrhunderte. Dann folgte der Deckel des mittleren Sarges und schließlich der des äußeren. Jeder Sarg trug die Züge des Kindkönigs. Bevor der letzte Deckel herabgelassen wurde, legte Anchesenamun ein kleines Blumengewinde um die kunstvoll herausgearbeiteten Geier- und Uräusköpfe, die die Stirn ihres Gemahls beschützten. Der kleine Kranz erinnerte an den Sieg Osiris' über seine Feinde. Dann sprach der Priester die feierlichen Worte:

> *Dein Vater Atum bindet für dich diesen schönen Kranz der Rechtfertigung auf deiner Stirn. Lebe, geliebt von den Göttern, mögest du leben in alle Ewigkeit.*[7]

Dann wurde der schwere Steindeckel des Sarkophags herabgelassen. Die Trauergemeinde stieg langsam die Treppe hinauf ins blendende Sonnenlicht. Darauf eilte eine Gruppe Arbeiter in die Grabkammer, um die Holztafeln für vier Schreine um den Sarkophag aufzustellen; ein Aufseher überwachte die Arbeit. Danach kamen Maurer, die den Eingang zur Grabkammer verschlossen. Davor wurden die beiden Statuen aufgestellt, an einer hatte man die Mundöffnung vollzogen; sie sollten den Pharao bewachen. Dann trugen Diener schnell die restlichen Gegenstände – Wagen, Truhen mit Leinen, Schemel aus

Ebenholz – in die Vorkammer; dabei wurden sie die ganze Zeit über streng beobachtet, damit nichts von den Schätzen gestohlen wurde. Nun verschlossen die Maurer auch die Vorkammer. In den feuchten Verputz wurde das Siegel der Königlichen Nekropole gedrückt, ein Schakal über neun gefesselten Gefangenen, den neun traditionellen Feinden Ägyptens. Noch im Tod war Tutanchamun siegreich.

Anchesenamuns langer Tag war noch nicht zu Ende. Ein letztes rituelles Mahl zu Ehren des Siegs Tutanchamuns über den Tod mußte am Eingang zum Grab eingenommen werden. Die Teilnehmer trugen Brustschmuck in leuchtenden Farben; er bestand aus Blumen und Perlen, die auf einen Papyruskragen aufgenäht waren (Abb. 16). Üblicherweise nahm die Familie des Verstorbenen an diesem Mahl teil. Da aber Anchesenamun die letzte lebende Verwandte Tutanchamuns war, wurde sie von hochgestellten Persönlichkeiten des Hofes begleitet: Pentu, Usermonth, Eje, dessen Gattin Ti und General Haremhab. Diener brachten das Festmahl, das aus dem Fleisch vom Schaf, von vier Entenarten und drei Gänsearten bestand. Dazu gab es reichlich Wein, eingeschenkt aus einem eleganten Gefäß mit langem Hals und bemalt mit blauen Lotosblüten. Aber niemand schenkte dem Mahl große Aufmerksamkeit. Alle dachten über ihre Zukunft nach. Wer ahnte schon, daß zwei der Männer, die hier zusammen aßen, einmal Könige von Ägypten sein würden und daß eine der beiden Frauen sehr bald nicht mehr unter den Lebenden weilen würde?

Nach dem Mahl zerbrachen Diener die Teller, die Becher und den schönen Weinkrug. Die Scherben wurden mit den Knochen und dem Brustschmuck in große Speichergefäße getan. Dann fegten sie den Platz mit Besen, die ebenfalls in die Gefäße kamen. Sie wurden versiegelt und in einer nahen Grube bestattet. Damit waren die Begräbnisfeierlichkeiten beendet.

In der Tat sind die Scherben, die Kragen und die Besen des letzten Mahles erhalten geblieben. Sie befinden sich heute im Metropolitan Museum of Art in New York. Auch gibt es einen medizinischen Papyrus, der Ärzte darin unterweist, wer behandelt werden kann und wer nicht. In der Grabkammer Tutanchamuns schildern Wandbilder die Grabprozession und das Ritual der Mundöffnung. Natürlich haben wir die Schätze aus dem Grab des Pharaos, aber wir haben auch die Röntgenaufnahmen seines Schädels.

Bevor wir den Hinweisen auf seine Ermordung nachgehen, müssen wir zunächst begreifen, was zu der oben geschilderten Situation geführt hat. Wir müssen verstehen, wie sich Gesellschaft, Religion und das Pharaonentum im alten Ägypten entwickelt haben. Das nächste Kapitel ist ein Schnellkurs in altägyptischer Geschichte, die vielleicht die Ermordung des Pharaos ermöglicht hat. Es zeigt die Kräfte, die das Land verbogen haben, bis es zerbrach.

II. Ägypten vor Tutanchamun

Der Reichtum einer Armee ist ihr Führer.

Anch-Scheschonki
um 300 v. Chr.

2000 Jahre vor Tutanchamun waren drei Machtfaktoren entstanden, die den Lauf der gesellschaftlichen Organisation in Ägypten bestimmen und schließlich zum Tod des Pharaos führen sollten: Königtum, Militär und Priesterschaft. Über die Jahrhunderte hatten diese Machtgrundlagen stark an Einfluß gewonnen. Sie wurden derart wesentlich für die altägyptische Gesellschaft, daß eine Veränderung in nur einem dieser Bereiche das Land ins Unglück gestürzt hätte. Daher erschien Ägypten der Welt des Altertums über viele Jahrhunderte hinweg als unveränderlich. Ägypten war reich, und alles lief gut, solange sich die drei gesellschaftlichen Kräfte gegenseitig stützten. Tutanchamun mußte leider einen dramatischen und revolutionären Versuch erleben, mit dem alle drei gleichzeitig verändert werden sollten. Um zu verstehen, wie erschreckend anders die Zeit war, in der Tutanchamun heranwuchs, müssen wir zunächst begreifen, was die Gründe für eine derart unvergleichlich lange Periode großer Stabilität waren. Bevor wir also Detektiv spielen, müssen wir uns mit der frühen Geschichte des Landes vertraut machen.

Ägypten vor dem Königtum

Daß das Land von Pharaonen regiert wurde, hat unsere Vorstellung vom alten Ägypten geprägt. Aber natürlich hat es eine Zeit gegeben, in der dort keine Pharaonen geherrscht haben. 4000 Jahre v. Chr. lagen im grünen Niltal auf einer Länge von rund 1600 Kilometern verstreut kleine Dörfer. Zwar haben wir keine schriftlichen Zeugnisse aus dieser Zeit, aber es sieht so aus, als habe es damals zwei voneinander unabhängige politische Einheiten gegeben: Ober- und Unterägypten mit jeweils eigenen Herrschern. Alles spricht dafür, daß das Leben am Nil sicher und zufriedenstellend war. Das lag zum Teil daran, daß das Land von außen vergleichsweise unzugänglich war, weswegen es nur wenige Plünderungen durch Feinde zu fürchten hatte; andererseits lieferte der Fluß wirtschaftlichen Reichtum.

Jedes Jahr überflutete der Nil seine Ufer. Dabei lagerte er fruchtbaren Schlamm ab. Die Folge war, daß die Feldfrüchte im Überfluß und mehrmals jährlich gediehen. Andere Länder mußten sich auf unvorhersehbare Regenfälle verlassen, die nur in bestimmten Jahreszeiten so ausreichend waren, daß sie die Felder bewässerten. Auch wenn sich der Regen sehr gleichmäßig über das Jahr verteilte, waren die Böden bald erschöpft, wenn man mehr als einmal pro Jahr aussäte. Der große Vorteil für Ägypten lag darin, daß der Fluß Jahr für Jahr neuen Mutterboden brachte und die Feldfrüchte ausreichend bewässerte. Jedes Jahr gab es in Ägypten mehrere Ernten, während andere Länder den Göttern dankten, wenn sie eine einzige einholen konnten. Kein Wunder, daß Herodot Ägypten das »Geschenk des Nils« nannte.

Die jährliche Überschwemmung versetzte die alten Ägypter in Erstaunen. Sie hatten keine Erklärung für das plötzliche Anschwellen der Flut, auch nicht für die Tatsache, daß ihre Farbe zu Rot und dann zu Grün wechselte. Es war ein Naturereignis, aber es muß ähnlich mysteriös wie die Show eines Zauberkünstlers in Las Vegas gewirkt haben. Heute wissen wir, daß die wolkenbruchartigen Regenfälle während des Frühlings in Äthiopien, weit südlich von Ägypten, den Nil anschwellen lassen. Wenn dann die Wassermassen Ägypten erreichten, lag der Wasserspiegel rund 6 Meter höher als normal. Die rote Farbe rührte vom mitgeführten Schlamm. Doch wenn dieser sich auf dem überschwemmten Land abgesetzt hatte, wechselte die Farbe zu Grün, der Farbe der dahintreibenden Pflanzen. Das jährliche Schauspiel, das der Nil bot, wurde nur noch von dem täglichen Lichtspektakel der Sonne übertroffen. Jeden Tag erhob sie sich im Osten, überquerte den wolkenlosen glänzenden Himmel und ging als ein Feuerball der Farben im Westen unter, regelmäßig und voraussagbar wie der Nil.

Wahrscheinlich zählte die Bevölkerung des Niltals damals weniger als eine Million. Obwohl Ägypten ein weites Land war, lebten 95 Prozent der Menschen in den 5 Prozent des Landes an den Ufern des Stroms. Er war das Herz des Landes – selbst die Jahreszeiten wurden von ihm bestimmt. Unser Kalender mit 365 Tagen stammt von den alten Ägyptern, aber sie kannten nur drei Jahreszeiten: 1. die Zeit der Überschwemmung, wenn das Land überflutet wurde; 2. die Zeit der Aussaat, nachdem das Wasser zurückgegangen war (Winter); 3. Erntezeit (Sommer). Jede Jahreszeit dauerte vier Monate zu 30 Tagen. Am Jahresende wurden fünf Zusatztage hinzugefügt, um die 365 Tage des Jahres vollzumachen. Am ungewöhnlichsten war die Überschwemmungsperiode, denn es war die Zeit der Ruhe – die Felder standen unter Wasser, und Landarbeit war kaum möglich. Nun wurden Pflüge und anderes Ackergerät instand gesetzt, Pläne geschmiedet, was zukünftig angebaut werden und wie es überhaupt weitergehen sollte.

Die Bauern ernährten sich hauptsächlich von »Brot und Bier«, eine Formel, die soviel wie »Nahrung« bedeutete – unser »täglich Brot«. Ein bekanntes Grabgebet beginnt mit den Worten: »Möge der König Osiris ein Opfer darbringen, dem Herrn des Westens. Möge er darreichen Brot und Bier, Vieh, Gänse und Ochsen, alles einwandfrei und makellos, von dem die Götter leben.« Die lange Wachstumsperiode erlaubte mehrere Ernten. Hauptsächlich wurden Emmer (eine Weizenart) und Zwiebeln angebaut. Fleisch konnten sich nur die oberen Schichten erlauben. Doch die Landbevölkerung ernährte sich auch von Nilfischen; am beliebtesten war der Flußbarsch. Doch was immer die alten Ägypter aßen, es gab dazu stets Zwiebeln. Jahr für Jahr fielen die Ernten beruhigend reichlich aus. Daher entstand an den Ufern des Nils ein Gefühl der Sicherheit, die Überzeugung, daß die Natur und die Welt keine unangenehmen Überraschungen bereithielten.

Dieses Gefühl wurde noch durch die geographische Isolation von den Nachbarn verstärkt. Im Westen erstreckte sich die unermeßliche Wüste. Um sie zu durchqueren, mußten Brunnen gegraben und Vorräte angelegt werden. Alles in allem waren dazu ein enormer Organisationsaufwand und sorgfältige Planung erforderlich. Die Reise von Libyen nach Ägypten etwa führte durch rund 650 Kilometer trockene Felswüste. Sechs Jahrhunderte nach Tutanchamun schickte der mächtige persische

König Kambyses 20000 Mann durch diese Ödnis; sie verschwanden spurlos.

Im Osten wird Ägypten vom Roten Meer begrenzt, dazwischen mindestens 150 Kilometer unwirtlichen Sandes. (Das Kamel, das »Wüstenschiff«, kam übrigens erst viel später nach Ägypten.) Im Norden bildete das Mittelmeer eine weitere natürliche Schranke, auch wenn sie eher eine psychologische denn eine wirkliche Grenze war. Die alten Ägypter hatten ihre nautischen Kenntnisse auf dem ruhig dahinfließenden Nil erworben; und sie blieben im wesentlichen auch Flußschiffer, die nicht von den Verlockungen und den Gefahren der hohen See in Versuchung geführt wurden. Im Süden bot der Fluß einen Eingang nach Ägypten, denn der Nil reichte weit über die südliche Landesgrenze hinaus. Da der Strom von Süden nach Norden fließt und die vorherrschenden Winde von Norden nach Süden wehen, konnte man ohne Schwierigkeiten Kurs in beide Richtungen nehmen. Nach Norden ließen sich die Flußfahrer von der Strömung treiben und steuerten mit dem Ruder. Ging die Reise nach Süden, setzten sie Segel und folgten dem Wind. Flußfahrt war auf dem Nil einfach. Doch an der Südgrenze des Landes bilden gewaltige Felsen einen Katarakt. Zwar konnte man jenseits der Barriere weitersegeln, doch diese zu überwinden war eine schwierige und mühselige Arbeit: Die Mannschaft mußte die Boote aus dem Wasser ziehen und um die Felsen herumtragen oder sie mit Seilen durch die Stromschnellen ziehen. Das war keine einfache Reise.

In späteren Jahrhunderten kamen die Ägypter auch in andere Länder und brachten Reichtümer zurück. Doch stets war ihnen bewußt, daß sie in einem Paradies lebten, jetzt und hier und nirgends sonst in der Welt.

Das Königtum

Die alten Ägypter verehrten ihren Pharao nicht nur als Herrscher, sondern auch als Verkörperung ihres Landes. Im späten 4. Jahrtausend schuf der erste Pharao, Narmer, aus zwei unabhängigen Staaten eine Nation. Seitdem nannten die Ägypter ihre Heimat »Die Beiden Länder«, deren weitere Vereinigung gänzlich vom Pharao abhing.

Die Narmerpalette, eines der herausragenden Ausstellungsstücke des Ägyptischen Museums in Kairo, schildert Narmers Eroberung, die zur Einigung Ägyptens führte, und feiert die Bedeutung dieser Leistung.

Die 64 Zentimeter hohe Palette ist aus einer Schieferplatte gemeißelt. Seit der Frühzeit hatten die alten Ägypter kleine Schminkpaletten benutzt, um die Ingredienzen für die Augenschminke zu verreiben (etwas Fett und ein wenig zerriebener Malachit ergaben grüne Augenschatten). Um wichtige Ereignisse festzuhalten, wurden große Zeremonialpaletten gemeißelt.

Die Rückseite zeigt König Narmer mit der traditionellen Weißen Krone Oberägyptens, wie er zum Schlag mit der Keule auf seinen knienden Gegner ausholt, vermutlich den Herrscher des Nordens, den er an den Haaren gefaßt hat. Auf der Vorderseite ist die Prozession des siegreichen Narmer zu sehen. Hier trägt er die Rote Krone Unterägyptens, des Nordlandes. Er ist nun König des Nordens wie des Südens, der erste Pharao der 1. Dynastie. Diese Vereinigung der Beiden Länder fand um 3200 v. Chr. statt, fast 2000 Jahre vor Tutanchamun. Doch als der Kindkönig den Thron bestieg, war das Konzept des Königtums seit der Zeit Narmers im Grunde unverändert geblieben. Für die nächsten 3000 Jahre würden die Pharaonen das

Land mit absoluter Macht regieren, sie galten als Götter auf Erden und waren persönlich verantwortlich für das Wohlergehen Ägyptens. Jeder Pharao war – in modernen Begriffen – Papst, Präsident, König und Oberbefehlshaber der Streitkräfte, alles zusammen.

Bald nachdem Narmer den Norden und den Süden vereint hatte, war der Isolationismus des Landes beendet. Ägypten wurde unter den Pharaonen eine angriffslustige internationale Macht. Ägyptische Heere überschritten die Grenzen des Landes auf der Suche nach Land und Gold.

Das Militär

Aus den ersten Jahrhunderten nach Narmer gibt es keine militärischen Aufzeichnungen, aber die Anfänge des ägyptischen Militärs müssen in dieser Zeit liegen.[1] Bei einer Zentralregierung unter einem einzelnen König war eine organisierte Armee unvermeidlich. Eine Keramikscherbe mit Narmers Namen, gefunden in Südpalästina, legt die Vermutung nahe, bereits Narmer habe sich mit seinem Heer über die Grenzen Ägyptens gewagt.[2] Wir wissen nicht, wie groß diese frühen Streitkräfte waren. Immerhin kennen wir aus Grabungen ihre hauptsächlichen Waffen: Keule, Lanze, Streitaxt und Dolch. Der Kampf wurde im Altertum meist Mann gegen Mann ausgetragen. Heutzutage treffen Generäle weit entfernt vom Kriegsgeschehen ihre Entscheidungen, die von den Truppen auf dem Schlachtfeld umgesetzt werden. Im Altertum dagegen waren die Generäle an vorderster Front, als Schlachtenlenker etwa. Der Soldat machte bald enge Bekanntschaft mit dem Töten.

Daß Ägypten eine Armee unterhalten konnte, lag

ebenfalls am Nil. Da mehr geerntet wurde, als eine Bauernfamilie verbrauchen konnte, gab es im Niltal bald Arbeitsteilung, die ein stehendes Heer ermöglichte. Als das Militär kühner wurde, führten die kriegerischen Unternehmungen immer weiter von den Grenzen Ägyptens fort. Rund sieben Jahrhunderte nach Narmer rühmte sich Pharao Snofru, daß er die Beduinenstämme des Sinai unterworfen habe, wodurch die Gegend für die Minenarbeiter, die dort nach Türkis schürften, sicher geworden sei.

Das Königtum ermöglichte es auch, das öffentliche Interesse für großangelegte Projekte wie etwa das Bewässerungssystem zu gewinnen. Seine Anlage erforderte den organisierten Zusammenschluß von Arbeitsgruppen mit einem gemeinsamen Ziel. Das war nur möglich, nachdem es eine zentrale Organisation und eine übergeordnete Autorität gab. Die Menschen konnten nun beim Bau von Kanälen koordiniert werden, wodurch das Schwemmwasser immer weiter ins Land geleitet wurde. Die nutzbare Ackerfläche wuchs und erhöhte die bäuerliche Produktivität.

Die zentrale Koordination brachte als Nebenprodukt auch die Anfänge der Astronomie hervor. Frühwarnungen vor der Überschwemmung gewährleisteten die Zeit, die notwendig war, um das ausgedehnte Kanalsystem in Schuß zu halten. Der richtige Zeitpunkt war entscheidend. Begann man zu früh, trocknete die heiße Sonne das Erdreich aus, den Staub blies der Wind davon. Begann man zu spät, kam die Überschwemmung, bevor das Kanalsystem fertig war. Glücklicherweise begann die Nilschwelle immer zur gleichen Zeit des Jahres, innerhalb von fünf oder zehn Tagen. Da es also notwendig war, vorher zu wissen, wann die entsprechende Jahreszeit kam, beobachteten Priesterastronomen den nächtlichen Himmel, um am Stand der Sterne die Jahreszeit abzulesen, eines der frühesten Beispiele ernsthafter Astronomie. Auch die Mathematik mußte verbessert werden, um die Größe der Felder bestimmen zu können, nachdem die Grenzmarkierungen der Äcker alljährlich vom Hochwasser weggeschwemmt worden waren.

Die Pharaonen waren für die ägyptische Gesellschaft so entscheidend, daß man die Geschichte nicht an der Abfolge der Ereignisse maß, sondern nach der Herrschaft der Könige, in der erwähnenswerte Ereignisse auftraten. Man ließ nicht die Jahre gleichmäßig aufeinanderfolgen – so wie bei uns auf das Jahr 1998 das Jahr 1999 folgt –, sondern begann mit der Regierung des neuen Pharaos die Kalenderzählung immer wieder aufs neue. Es hieß also: erster Tag des ersten Jahres von Pharao X. Starb der, begann der nächste Kalender mit der Thronbesteigung des neuen Königs: erster Tag des ersten Jahres von König Y. Dies hat sich als eine große Hilfe für die heutigen Ägyptologen herausgestellt, denn damit können sie die genaue Regierungszeit eines jeden Pharaos angeben. Man kann daran aber auch erkennen, daß die alten Ägypter keine Einheit, auch nicht der Zeit, ohne ihren Pharao wahrgenommen haben.

Sie überließen ihrem Pharao nicht nur alle Macht, sie hielten ihn auch für einen Gott, der für ihre Sicherheit notwendig war. Der Schutz, der nach ihrer Vorstellung vom Pharao ausging, wird in einem der ältesten Mythen Ägyptens beschrieben. Er berichtet, wie Gott Re einst auf Erden in menschlicher Gestalt erschien, um als erster Pharao zu herrschen. Unter seiner Regierung blühte das Land auf zu einer Art Paradies, ohne Mangel, Leiden, Krankheit. Seine Untertanen führten ein derart sorgenfreies Leben, daß sie allmählich vergaßen, ihm Ehrerbietung und Respekt dafür zu erweisen, daß er dieses Paradies erschaffen hatte. Das verärgerte Re, der einen blutrünstigen Dämon in Gestalt der Löwin Sachmet ins Leben rief. Ihn ließ er auf seine säumigen Untertanen los, um ihnen eine Lektion zu erteilen, die sie so bald nicht vergessen würden. Nachdem Sachmet Hunderte unbarmherzig hingemetzelt hatte, zeigten die Überlebenden wieder den nötigen Respekt. Doch entgegen dem Befehl Res mordete sie weiter. Re rief daraufhin alle Götter zusammen und bewegte sie dazu, einem Plan zur Errettung der Menschheit zuzustimmen. Einige hieß er, große Mengen Bieres herzustellen, das andere rot färben sollten. Dann ließ er die Flüssigkeit auf dem Erdboden verteilen. Am nächsten Tag kam Sachmet, um ihr mörderisches Werk fortzusetzen. Da sah sie das rote Bier und dachte, es sei Blut. Sie trank so viel davon, bis sie berauscht in tiefen Schlaf fiel. Auf diese Weise rettete Re, das Urbild des Pharaos, das Menschengeschlecht. Mit der Zeit aber wurde Re hinfällig, kehrte ins Jenseits zurück und schickte seinen Sohn Horus, den Falken, damit dieser an seiner Statt herrsche.

Für seine Untertanen war der Pharao die Verkörperung Horus'. Darum nahm jeder Pharao den sogenannten Horusnamen an: »Horus X«. Durch seinen Vater Re schützte er die Menschen vor dem Verderben, aber er hatte auch die Macht, sie zu vernichten. Jedem Untertanen war klar, daß nur Gehorsam und Ehrerbietung dem Pharao gegenüber unermeßliches Unheil abwenden konnten. Solange die alten Ägypter dies glaubten, war es kaum vorstellbar, daß irgend jemand die Hand gegen den Pharao erhob.

Das Zeitalter der Pyramiden

Die Pyramiden bezeugen die große Bedeutung des Königtums im alten Ägypten. 500 Jahre nachdem Narmer das Land geeint hatte, war der Pharao mächtiger als irgendein Herrscher auf Erden. Da er als lebender Gott galt, war es notwendig, daß er eine letzte Ruhestätte für die Ewigkeit erhielt, die eines Gottes würdig war. Wenn der Pharao seine Tage beschlossen hatte, wurde seine Mumie in seiner Pyramide zur Ruhe getragen. Von dort würde der Pharao zum Himmel aufsteigen. Die Pyramiden, die mehr als 1000 Jahre vor Tutanchamun errichtet wurden, spiegeln die beherrschende Rolle des Königtums im alten Ägypten wider. Tutanchamun sollte schon als kleiner Junge eine solch machtvolle Position einnehmen.

Als Kind habe ich im Fernsehen einen Bibelfilm mit Charlton Heston gesehen. Ich habe mich über die Sklaven gewundert, die gewaltige Blöcke beförderten und von einem grausamen Aufseher unbarmherzig mit Peitschenhieben angetrieben wurden. Ich fragte mich immer, warum die Sklaven den Aufseher nicht überwältigten; bestimmt wäre das nicht schwierig gewesen. Doch tatsächlich hat sich eine solche Szene niemals abgespielt. Die Pyramiden wurden in freier Arbeit, entlohnt vom Pharao, errichtet. Als Menachem Begin als Premierminister Israels Ägypten besuchte, erwähnte er, daß seine Vorfahren die Pyramiden erbaut hätten. Da lag er völlig falsch. Sie sind keineswegs das Werk von Sklaven und wurden mehr als 1000 Jahre bevor Moses und die Kinder Israel in Ägypten waren, vollendet. Sie stehen am Anfang der langen Geschichte Ägyptens. Zur Zeit Tutanchamuns waren sie schon sehr alt.

In Ägypten gibt es mehr als 70 Pyramiden. Um beispielsweise die Cheopspyramide in Gise zu errichten, waren Tausende von Arbeitern erforderlich, die, in Abteilungen zusammengefaßt, 20 Jahre mit dem Bau beschäftigt waren. Steinmetzen brachen und bearbeiteten zweieinhalb Millionen Kalksteinblöcke; jeder wog im Schnitt 5 Tonnen. Aus dem Steinbruch wurden sie über den Nil nach Gise gebracht, von den Barken auf Holzschlitten umgeladen und dann von den Arbeitern zum endgültigen Platz in der Pyramide gezogen. Es wurden dabei keine Räder verwendet, denn diese wären bei der schweren Ladung in den Sand eingesunken. Um die Cheopspyramide in 20 Jahren zu errichten, mußte im Schnitt alle drei Minuten ein Block an seinen Platz gebracht werden – Tag für Tag und Nacht für Nacht. Heute kann man sich nur schwer vorstellen, daß ein derart gewaltiges Bauprojekt 20 Jahre durchgezogen wurde. Nur eine sehr reiche und festgefügte Gesellschaft unter einem absoluten Herrscher konnte das zustande bringen. Das Wort des Pharaos war Gesetz; was er sagte, das wurde getan.

Mit dem gottgleichen Pharao und dem starken Militär sind zwei der drei Kräfte beschrieben, die zu Tutanchamuns Tod geführt haben. Es ist nun an der Zeit, über die dritte Kraft zu sprechen, die Religion. Bei keinem anderen Volk hat Religion eine so große Rolle gespielt; niemand hat sich mehr mit dem Leben nach dem Tod beschäftigt als die alten Ägypter. Auch dies mag mit der einzigartigen Geographie des Landes zu tun haben.

In vorgeschichtlicher Zeit begruben die Ägypter ihre Toten in Sandgruben, und zwar in der Wüste, da das kultivierte Land zu wertvoll für Friedhöfe war. Das war ein glücklicher Umstand, denn die Feuchtigkeit und der hohe Gehalt an Mineralien des fruchtbaren Bodens hätten die

Leichen zerstört. Die einfachen Wüstenbegräbnisse, bei denen die Verstorbenen nicht in Särgen bestattet wurden, führten wegen des heißen trockenen Sandes zur baldigen Dehydration der Körper. Ohne Feuchtigkeit können Bakterien das weiche Gewebe nicht zersetzen. Daher wurden die Toten Ägyptens auf ganz natürliche Weise mumifiziert.

Da die Gräber nicht tief waren, kam es gelegentlich vor, daß der Wind den Sand fortblies und den Leichnam freilegte. Fleisch und Haar waren noch vorhanden: ein unverwechselbares Individuum. Wir werden wahrscheinlich niemals in Erfahrung bringen, ob solche Vorfälle zur Idee vom ewigen Leben geführt oder ob sie lediglich einen bereits existierenden Glauben an ein Leben nach dem Tod bestärkt haben. Aber eines ist klar: Die alten Ägypter konnten sich mit eigenen Augen davon überzeugen, daß ein Toter nicht völlig aus dem Leben verschwand.

Bald nach Narmer wurden die Begräbnisse komplizierter. Aus flachen Sandgruben wurden Gräber aus luftgetrockneten Lehmziegeln. Die Körper wurden auf geflochtene Matten gelegt und mit Tierhäuten bedeckt. Mit der Zeit wurden die Ziegelbauten je nach dem sozialen Rang und dem Reichtum des Verstorbenen kunstvoller errichtet. Die Matten umschlossen nun wie ein einfacher Sarg den ganzen Körper. Aber diese frühen Bestattungsbräuche beeinträchtigten den natürlichen Mumifizierungsprozeß, da sie verhinderten, daß die Körper im heißen Sand austrockneten. Je länger die Körperflüssigkeiten zurückbleiben, um so stärker zersetzt sich das weiche Gewebe. So kam es, daß ausgerechnet die Bauten, die der Erhaltung der Körper dienen sollten, zu ihrer Zerstörung führten. Dies brachte die Ägypter dazu, nach Mitteln zu suchen, mit denen der Tote auf künstliche Weise erhalten blieb – die Einbalsamierung.

Die ägyptische Religion machte Einbalsamierung notwendig. Im Gegensatz zur Annahme vieler heutiger Esoteriker haben die Ägypter nicht an Reinkarnation geglaubt, die von der Vorstellung ausgeht, daß die Seele nach dem Tod eines Menschen zurückkehrt, um sich einen anderen Körper zu suchen, und daß dieser Kreis von Geburt, Tod und Wiedergeburt viele Male wiederholt wird. Hätten die Ägypter daran geglaubt, dann wäre Mumifizierung gar nicht erforderlich gewesen. Denn die Seele des Toten hätte sich dann einen neuen Körper gesucht; den alten hätte sie nicht gebraucht. Die Ägypter glaubten an die *Auferstehung*, daran, daß ein Mensch nur einmal lebt, daß der irdische Körper im Jenseits wiederbelebt werden, sich erheben und wieder wandeln kann – dieser Glaube beherrschte die altägyptische Gesellschaft über Jahrtausende hinweg und war noch Jahrhunderte nach Tutanchamun lebendig.

Um die altägyptische Religion und den Glauben an ein Leben nach dem Tod zu verstehen, muß man begreifen, was es mit dem ältesten Mythos Ägyptens auf sich hat: dem Mythos von Isis und Osiris. Beide waren sowohl Geschwister als auch ein Ehepaar. Osiris hatte die Zivilisation nach Ägypten gebracht, Ackerbau und Viehzucht, wodurch er die frühen Bewohner des Niltales vom Elend befreite. Dann verließ Osiris Ägypten, um auch der übrigen Welt die Zivilisation zu bringen. Zurück ließ er Isis, die mächtige »Zauberreiche«, die ihren bösen Bruder Seth in Schach halten sollte.

Bei Osiris' Rückkehr verschaffte sich Seth die genauen Körpermaße seines Bruders und konstruierte danach einen hölzernen Kasten. Bei einem Festmahl bot er den prächtigen Kasten dem als Geschenk an, dem er paßte. Alle Gäste versuchten es, ohne Erfolg. Natürlich paßte er

Osiris. Doch kaum war er drin, schloß Seth den Kasten, goß geschmolzenes Blei darüber und warf den Kasten in den Nil, wo Osiris starb. Ein starker Sturm trug den Kasten nach Byblos im Libanon, wo er sich in einem Baum verfing. Mit der Zeit wuchs der Baum außerordentlich hoch, in seinem Stamm eingeschlossen der Kasten mit Osiris. Als der König von Byblos seinen Palast erbauen ließ, wurde der Baum gefällt; er sollte als Säule dienen.

Als Isis erfuhr, was ihrem Gemahl widerfahren war (fragen Sie nicht, wie, es ist eine *sehr* lange Geschichte), machte sie sich auf, seinen Körper wiederzuerlangen. Mit Unterstützung der Königin von Byblos schlug sie die Säule auf und nahm den Körper mit sich, um ihn in Ägypten ordnungsgemäß zu bestatten. Als aber Seth dahinterkam, zerschlug er den Leichnam in 14 Stücke und verstreute sie über das Land. Isis sammelte alle Teile ein, bis auf eines, den Phallus, der in den Nil geworfen worden war, wo ihn Fische gefressen hatten. Sie setzte ihren verstorbenen Gatten wieder zusammen und fügte einen künstlichen Phallus hinzu. Dann verwandelte sie sich in einen Vogel, schwebte über Osiris' Körper und erweckte ihn mit Zaubersprüchen wieder zum Leben. Kurz darauf wurde ihr Sohn Horus, der falkenköpfige Gott, geboren. (Es ist derselbe Horus wie im Re-Mythos. Den alten Ägyptern war es offenbar egal, daß er zwei Väter hatte.)

Fast alle ägyptischen Glaubensvorstellungen, die mit der Bestattung zu tun haben, lassen sich von diesem Mythos herleiten. Isis' Suche nach den Stücken ihres toten Gatten und die Anfertigung eines künstlichen Phallus betonen die Bedeutung eines unversehrten Körpers. Isis schwebt über einem *vollständigen* Körper. Osiris behält denselben Körper, den er schon zu Lebzeiten bewohnt hat. Am wichtigsten aber ist, daß sie die passenden Worte spricht, die zu seiner Auferstehung führen. Mumifizierung war daher wesentlich für die Unsterblichkeit. Es war notwendig, daß der Körper für das Leben nach dem Tod erhalten blieb und die richtigen Rituale durchgeführt wurden. Der Kasten, in den Osiris genau hineingepaßt hatte, war der Vorläufer der menschengestaltigen Särge, die in ihrer Form den Toten nachempfunden waren und den Körper schützen sollten.

Mythen liefern Einblicke in die Eigenart einer Gesellschaft. Der Mythos von Isis und Osiris berichtet nicht nur von der Unsterblichkeit, er verweist auch darauf, daß es in der Welt Gerechtigkeit gibt. Am Schluß der Geschichte rächt Horus, der Falkengott, den Tod seines Vaters und besiegt Seth.

Es überrascht nicht, daß die Idee von der Gerechtigkeit erstmals in Ägypten entwickelt wurde. Gerechtigkeit bedeutete, daß es eine Ordnung, daß es Verhaltensregeln gab. Dieser Ordnungssinn durchdringt jeden Aspekt der altägyptischen Gesellschaft. Nach dem Glauben der Ägypter wurde der Tote aufgerufen, in der »Halle der Wahrheiten« zu erscheinen, einem Gerichtshof, dem die Götter vorstanden. Hier sollte er sein Plädoyer halten, warum er zum Jenseits zugelassen werden sollte. Wenn er dafür als würdig befunden wurde, hieß es »gerechtfertigt durch die Stimme« (»wahr an Stimme«). Bei einem zweiten Gerichtsakt wurde sein Herz auf die eine Schale einer Balkenwaage gelegt, auf die andere eine Feder, die Hieroglyphe für das ägyptische Wort *maat*: Wahrheit, göttliche Ordnung. Waren die Waagschalen ausbalanciert, war das Herz so leicht wie eine Feder, unbelastet durch böse Taten, dann durfte er ins Jenseits eingehen. Wenn aber das Herz, also die Seele, mit Sünden beladen war, wurde es einem Ungeheuer mit dem Körper eines

Flußpferdes und dem Kopf eines Krokodils vorgeworfen, das den Namen »Verschlingerin der Herzen« (»die Große Fresserin«) trug. Wenn das Ungeheuer das Herz fraß, hörte der Mensch auf zu existieren. Später übernahm die Justiz des Westens diese Waage der Ägypter als das Symbol für Gerechtigkeit. Nach dem Osirismythos stellt Seth, die Verkörperung des Bösen, eine ständige Bedrohung der göttlichen Ordnung dar, denn er wurde im Kampf nicht getötet, sondern nur besiegt. Daher mußte Ägypten stets wachsam sein; das Böse, das von Seth kam, lag stets auf der Lauer, Maat, die göttliche Ordnung, zu überwältigen.

Letzten Endes war der Pharao dafür verantwortlich, daß die göttliche Ordnung im Land aufrechterhalten wurde. Einmal im Jahr fuhr er auf der königlichen Barke den Nil hinauf und nahm an einer Art Mysterienspiel teil, das den Triumph des Guten über das Böse im ganzen Land gewährleistete. Das Stück basiert auf dem Osirismythos und ist das älteste niedergeschriebene Schauspiel der Welt: »Der Triumph des Horus« ist in die Wände des Horustempels von Edfu im Süden Ägyptens eingemeißelt. Der Pharao übernahm die Rolle des Horus.

Die Priesterschaft

Als der Pharao von den wachsenden Regierungsaufgaben stärker in Beschlag genommen wurde, konnte er nicht mehr jeden Tempel aufsuchen, um den Göttern – und es gab eine ganze Menge – Opfer darzubringen und Gebete aufzusagen, mit denen sie günstig gestimmt werden sollten. Jede Stadt hatte ihre eigene Schutzgottheit – Sobek (Suchos), der Krokodilgott, der ibisköpfige Thot, Horus, der Falkengott usw. Hunderte von ihnen wetteiferten in den Tempeln nilab- und nilaufwärts um den Rang in der Götterhierarchie.

Jemand mußte für den Pharao vor den Götterschreinen erscheinen, der stellvertretend die Opfer darbringen und die Gebete sprechen konnte, damit die Sonne auf ihrer Barke eine glückliche Reise durch die Nacht antrat. Bereits in frühgeschichtlicher Zeit wurden daher Männer ausgewählt, die anstelle des Königs die heiligen Worte sprachen und die Rituale vollzogen. Dies waren die Priester. Sie hatten eine wichtige religiöse Funktion, trugen aber nichts zur Volkswirtschaft des Landes bei. Die Priester waren ein Luxus und ein Zeichen für den Reichtum Ägyptens. Diese Stellvertreter des Pharaos im Kult lieferten das Modell für die Priesterschaft über Tausende von Jahren hinweg.

Da die Priester oder Gottesdiener nur als Repräsentanten des Pharaos auftraten, mußten sie keine tiefen religiösen Überzeugungen haben. Ihre Pflicht war es, eine Aufgabe zu erfüllen, die richtigen Opfer auf den Altar zu legen, die passenden Gebete in der vorgeschriebenen Weise zu sprechen, den Gott mit Ehrerbietung zu behandeln und ihn zufriedenzustellen, so daß der Gott Ägypten mit Reichtum segnete. Priester mußten sich nicht dem Gott, dem sie dienten, weihen. Das war im Altertum nichts Ungewöhnliches. Noch im Alten Testament steht wenig, was die Anhänger Jahwes glauben sollten. Man hatte das Gesetz zu befolgen, aber keines der Zehn Gebote sagt, daß man glauben mußte. Erst das Christentum maß dem Gewicht bei, was »im Grunde deines Herzens« ist. Wenn wir also von altägyptischen Priestern reden, meinen wir keine rein geistlichen Diener der Götter. Sie konnten skrupellos und für Böses empfänglich sein; in der großen Bürokratie Ägyptens gab es dafür auch reichlich Gelegenheit.

Das Amt eines Hohenpriesters im Tempel war für gewöhnlich erblich. Es gibt Lebensbeschreibungen von Priestern, in denen es heißt, sie hätten die gleiche Position inne wie ihre Väter und ihre Vorväter – Prophet des Gottes Min, Erster Priester des Amun usw. Da die Priesterschaft recht zahlreich war, gab es viele Gelegenheiten für einen tüchtigen und ehrgeizigen Mann, ganz nach oben zu kommen. Der Hohepriester eines Tempels hatte die Kontrolle über die Tempelfelder, die Obstgärten und das Vieh – das war eine Verwaltungsposition, die zu großem persönlichem Reichtum und Einfluß führte. Dazu kamen Grundstücke, Diener, Geschenke, Bestechungsgelder, Kleidung und Ehrenzeichen des hohen Amtes. Unter dem Hohenpriester standen der zweite und der dritte Prophet des Gottes, darunter folgten zahllose Ränge und Stufen, eine Hierarchie, die jedem Vergleich mit einer modernen Behörde standhält.

Die Priesterschaften der verschiedenen Tempel kämpften um den Vorrang ihres jeweiligen Gottes, bemühten sich entschlossen um die besondere Gunst des Pharaos und die materiellen Zuwendungen, die damit verbunden waren. Ptah, der die Welt erschaffen hatte, war der Stadtgott von Memphis, nahe des modernen Kairo, und wurde dort zum obersten Gott erklärt. Doch jede Stadt hielt ihre Schutzgottheit für die höchste. Den eigenen Schutzgott in die vorderste Front zu schieben brachte einem aber keine theologischen Pluspunkte ein; es war ein Kampf um Reichtum und Status, und das wußten die Priester des alten Ägyptens auch.

In der Priesterhierarchie konnte man durch Verdienst aufsteigen. Oft erklommen Schreiber hohe Ämter. Jede

Tempelpriesterschaft hatte ihre eigene Gliederung; jede Gruppe hatte ihre besonderen Pflichten und ihre besonderen Privilegien. Tempelschreiber verzeichneten sorgfältig die Geschenke des Pharaos, die Erträge der Tempelwirtschaft und inventarisierten den Inhalt der Lagerräume – Korn, Wein, Leinen und Gold. Für den Vorlesepriester fertigten sie auf Papyrusrollen Abschriften der heiligen Gebete an, und die mußten deutlich zu lesen sein. Andere Schreiber ordneten die Manuskripte, damit die Papyrusrollen leicht aufzufinden waren. Neben religiösen Texten gab es in den Tempeln medizinische Texte für die Priesterärzte und Manuskripte mit Traumdeutungen.

Bestimmte Priester kümmerten sich um die Götterstatuen. Sie befolgten genaue Regeln, um die Gunst des Gottes zu erhalten. Jeden Tag betraten sie zur festgesetzten Zeit das Allerheiligste, nahmen die Götterstatue aus ihrem Schrein und vollzogen das Morgenritual. Der »Gott« wurde mit wohlriechenden Ölen gesalbt und mit Weihrauch günstig gestimmt. Ihm wurden ausgewählte Speisen vorgesetzt. Dann wurde er in reines weißes Linnen gehüllt und in den heiligen Schrein zurückgestellt. Nachdem die Türen geschlossen und verriegelt waren, erklangen Gebete und Beschwörungsformeln.

Viele niedere Priester waren verheiratet, hatten Familien und gingen Berufen außerhalb des Tempels nach: als Zimmerleute, Lehrer oder Schreiber, die in regelmäßigen Abständen 30 Tage lang Dienst im Tempel taten und dann zu ihrem weltlichen Leben zurückkehrten.

Wenn die Pharaonen fremde Länder eroberten und mit Gold und Gefangenen zurückkamen, schenkten sie einen Teil des Tributs den Tempeln, um den Göttern zu danken, daß diese ihnen in der Schlacht ihre Gunst geschenkt hatten, die sie sich auch für die Zukunft sichern wollten. Fremde Gefangene bildeten eine beträchtliche Quelle menschlicher Arbeitskraft. Sie hielten die Tempel instand und arbeiteten auf den tempeleigenen Feldern und Obstgärten. Die Pharaonen überließen den Tempeln ausgedehnte Ländereien, so daß das Vieh und die landwirtschaftlichen Erträge ein regelmäßiges Jahreseinkommen gewährleisteten. Da jeder Pharao die Großzügigkeit seines Vorgängers übertreffen wollte, wurden die Tempel unglaublich reich und die Zahl der Priester stieg in die Zehntausende. In den Jahren vor Tutanchamun war die Priesterschaft Ägyptens zur größten Bürokratie angewachsen, die die Welt je gesehen hatte, eine mächtige Kraft, übertroffen nur noch vom Pharao.

Obwohl die Pharaonen fremde Länder erobert haben, wurde aus Ägypten niemals ein richtiges Imperium. Die Götter waren nur für Ägypten zuständig, der Pharao blieb der König von Ober- und Unterägypten und wurde nicht König der Welt. Das Leben an den Ufern des Nils war zu gut, als daß man sich gewünscht hätte, irgendwo anders zu leben, fremde Länder zu kolonisieren und sich dort niederzulassen. Denn fern von ägyptischen Balsamierern konnte der Körper auch nicht mumifiziert werden; dort war Unsterblichkeit nicht möglich. Es war also besser, in Ägypten zu bleiben. Zwar brach der Pharao immer wieder auf, um die Nachbarn zu unterwerfen, doch die Truppen kehrten stets nach Ägypten zurück. Für die alten Ägypter war ihr Land der Mittelpunkt der Welt; und das Zentrum Ägyptens war der Pharao.

Vieles von dem, was wir über das alte Ägypten wissen, verdanken wir dem damaligen Glauben an ein Leben nach dem Tod. Weil die Ägypter meinten, sie könnten all die Dinge mitnehmen, füllten sie die Gräber mit Möbeln,

Nahrung, Kleidung, ja sogar Spielen, um sich im Jenseits zu zerstreuen. Darunter gab es Luxusgegenstände praktischer Art, aber auch recht überflüssige. Man könnte den Eindruck gewinnen, sie hätten für eine Reise an einen Ort gepackt, den sie noch nie besucht hatten; und da sie nicht wußten, was sie im einzelnen brauchen könnten, nahmen sie eben alles mit. Gräber sind die Fenster ins Alltagsleben der alten Ägypter. Ihre Ausstattung war aber nicht sorgfältig geordnet wie in einem kleinen Apartment. Die Gegenstände waren vielmehr wahllos übereinandergestapelt, jeder kleine Zwischenraum wurde genutzt. So konnten etwa die Toilettenartikel einer Dame – Salben und Öle in ihren zierlichen Alabastergefäßen, schlanke Schminkbehälter aus Keramik – auf dem Bett liegen, daneben Stapel mit feinem Leinen, Gewänder, Speisen, Brote, Süßigkeiten aller Art, Weinkrüge, für die Ewigkeit versiegelt, Fleisch, gebratene Enten – das endgültige Picknick. Daher wissen wir, was die alten Ägypter bei festlichem Anlaß gegessen und getrunken haben, wie sie gekleidet waren und welche Möbel sie hatten. Manchmal sind auch die Wandbilder sehr aufschlußreich.

Jedermann wünschte sich Unsterblichkeit. Doch die Möglichkeit, sie zu erlangen, war mit Reichtum und Stand verknüpft. Die Art des Grabes hing von den Mitteln ab, die man aufbringen konnte. Die wunderschön ausgemalten Gräber, die wir in Kunstbänden bewundern, haben einmal der altägyptischen Elite gehört. Die Mächtigen investierten soviel als möglich in ihre Gräber. Manchmal gewährte der Pharao als besonderen Gunstbeweis einem Mitglied des Hofes eine erstklassige Lage des Grabes. Die meisten Ägypter aber – Bauern, Handwerker, Arbeiter – konnten sich keine prächtigen Gräber, gefüllt mit Möbeln, Speisen und Luxusgütern, leisten. Wenn seine

Zeit kam, wurde der einfache Mann in ein Laken gehüllt, das vielleicht von seinem Bett stammte, und in einem Massengrab der Armen beigesetzt. Dort, umgeben von seinen verstorbenen Nachbarn, erwartete er die Auferstehung. Da die einfachen Leute meist nicht schreiben konnten, haben sie keine schriftlichen Zeugnisse hinterlassen, nichts, was von ihren Hoffnungen und ihren Sorgen künden würde, nichts, was von ihrem Leben berichtet. Das meiste, was wir vom alten Ägypten wissen, stammt von den wenigen privilegierten Ständen.

Daß man die Wände des Grabes mit Alltagsszenen schmückte, ging auf die religöse Vorstellung der alten Ägypter zurück, daß alles, was man bildlich darstellte, sich im Jenseits ereignen würde. Daher zeigen die Wandbilder der Gräber den Dahingeschiedenen beim Festmahl, bei der Jagd, beim Fischen, bei der Beaufsichtigung der Feldarbeit auf seinem Landgut. Die ganze Familie – Ehefrau, Kinder, Haustiere – ist abgebildet, damit der Verstorbene in der anderen Welt in vertrauter Gesellschaft sei. Wenn man diese Bilder betrachtet, erhält man das Gefühl, daß die alten Ägypter das Jenseits für eine Welt wie diese hier hielten, nur besser – vielleicht mit Klimaanlage. Auf den Grabwänden sieht keiner unglücklich aus. Auch bei der Feldarbeit wird feinstes Leinen getragen.

Manchmal ließ ein hoher Beamter seine Lebensgeschichte auf den Wänden seines Grabes festhalten, in der seine Leistungen aufgezählt sind. Militärs ließen oft anschauliche Schilderungen ihrer Feldzüge niederschreiben, königliche Schreiber berichten von ihren Aufgaben im Palast, Gouverneure führen ihre Verwaltungsgebiete und die Steuern auf, die sie für den Pharao eingetrieben haben. Jedes Grab ist eine Welt im kleinen, die das Leben des Verstorbenen offenbart. Konserviert durch das trockene Klima, bilden die Gräber eine dreidimensionale Enzyklopädie Altägyptens.

Als Hüter der Schrift verwahrten oft auch die Priester Aufzeichnungen. Im Laufe der Zeit wuchsen Anzahl und Bedeutung dieser Archivare. Da das fruchtbare Land entlang dem Nil einen Überschuß an Feldfrüchten hervorbrachte, verwendete ihn der Pharao als Sold für seine Armee und als Entgelt für die Priester (Anfänge der Steuer). Als nilauf- und nilabwärts Steuern eingetrieben wurden, waren besondere Beamte erforderlich, die die agrarischen Erträge aller Bauern festhielten und festsetzten, wieviel davon in die Kornkammern des Pharaos kam. Die boomende Wirtschaft Ägyptens brachte ein Heer von Beamten hervor – und als Schreiber war man auf dem besten Weg nach oben.

In alten Texten wird die Jugend Ägyptens aufgefordert, schreiben zu lernen, denn dann »mußt du nicht im Heer marschieren, die Kleidung bleibt sauber, und du brauchst nicht in der Hitze des Tages auf dem Feld zu arbeiten«; wenn man schreiben konnte, war man ein gemachter Mann. Es gab verschiedene Ausübungen des Berufs: Einige legten Inventarlisten von den Lagerräumen an; sie trugen Titel wie »Schreiber des Amun«. Andere schrieben religiöse Texte nieder und hießen dann »Wahrer der Geheimnisse«. Wer besonders begabt war, konnte »Königlicher Schreiber« werden und wurde im Palast beschäftigt, wo er etwa Korrespondenzen führte oder Inschriften entwarf, die später auf den Tempelwänden eingemeißelt wurden.

Als das Land aufblühte, wurde es in Verwaltungsbezirke, sogenannte Gaue, eingeteilt. Es gab 42 solcher Bezirke, an deren Spitze jeweils ein Gaufürst stand. Unter ihm gab es weitere Beamte, die Bürgermeister der Städte,

Bauaufseher, Aufseher der Schreiber, der Ställe. Alle diese Beamten waren aus dem Schreiberstand hervorgegangen. Kein Wunder also, daß Eltern ihre Kinder drängten: »Werde Schreiber!« Das war die Mittelklasse.

Es gab schriftliche Lehren, wie man schnell zu Amt und Würden kam: »Ergib dich nicht dem Bier, damit du keinen Unsinn redest.« – »Studiere die Schriften, verwahre sie in deinem Herzen, dann wird deinen Worten Erfolg beschieden sein.« – »Achte auf deine Stellung, sei sie nun hoch oder niedrig; es ist nicht gut, vorwärts zu drängen, komm je nach sozialer Stellung voran.« Es waren praktisch Karriereratgeber der alten Ägypter.

Das alles war nur möglich, weil die bäuerliche Bevölkerung zunahm. Es mußten keine hungrigen Mäuler gestopft werden. Jedes Neugeborene konnte ernährt werden. Und noch immer gab es Überschüsse. Luxusartikel wurden hergestellt. Künstler malten die Grabwände aus. Goldschmiede und Handwerker wurden für ihre Kreationen bezahlt. Und alles war ein Geschenk des Nils.

Als Tutanchamun an die Macht kam, gab es diese drei Kräfte – Königtum, Militär und Religion – bereits seit Jahrhunderten; sie waren immer stärker, fordernder und unabhängiger geworden. Der Pharao konnte die göttliche Ordnung ohne Priesterschaft und Militär nicht aufrechterhalten. Die Priester warteten ungeduldig auf Schenkungen des Pharaos und auf Kriegsbeute der Militärs. Dieses wiederum, stark aus eigener Kraft, verlangte nach der Gunst der Götter, um erfolgreiche Schlachten zu schlagen. Da war es schon ganz klug, die Unterstützung der Priester zu haben. Zwischen ihnen allen herrschte ein stabiles Gleichgewicht, denn jede der drei Institutionen war so stark geworden, daß keine mehr aufgehalten werden konnte. Doch die Idee vom göttlichen Königtum bildete den Mittelpunkt von allem. Ägypten ohne Pharao war undenkbar.

Das Königtum war die Grundlage jeglicher Zivilisation des Altertums. Jedes bedeutende Volk hatte einen Führer, ohne den es keine Ordnung gab. Doch nur die alten Ägypter hielten ihren Herrscher für göttlich – der Pharao war der Sohn des Sonnengottes Re. Andere Völker wurden von Sterblichen geführt; in Ägypten hatte ein Gott das Steuer in der Hand.

Von den etwa 170 Königen, deren Herrschaft belegt ist, folgten die meisten der traditionellen Auffassung vom Königtum. Sie befehligten die Armee, errichteten große Bauwerke und opferten den Göttern. Unter den Pharaonen herrschte die göttliche Ordnung und prosperierte das Land. Doch die Thronfolge von Narmer zu Tutanchamun verlief nicht ohne Brüche.

Mancher neigt dazu, sich die ägyptische Geschichte als ununterbrochenen Fluß vorzustellen. Aber verschiedentlich zeigt sie Risse. Entscheidend ist, daß die altägyptische Gesellschaft so festgefügt war, daß sie mit solch seltenen außergewöhnlichen Ereignissen selbst fertig wurde. Es gab kurze Perioden des Chaos, aber die Infrastruktur blieb erhalten, die Produktion brach nicht zusammen, der Reichtum der Priester blieb im Grunde unangetastet, das Konzept des Königtums wurde nicht verändert, und die Armee war einsatzbereit. Ein Beispiel: Die Pyramiden wurden im Alten Reich (2686–2181) errichtet. Doch um 2200 fiel Ägypten in Anarchie. Wir wissen nicht genau, warum die ägyptische Gesellschaft zusammenbrach; es gibt nur wenige schriftliche Zeugnisse. Eine Theorie besagt, daß der letzte Pharao des Alten Reiches zu lange gelebt habe. Pepi II. bestieg als Kind den Thron und regierte mehr als 90 Jahre. Es ist die längste

Regierungszeit eines Monarchen in der bekannten Geschichte der Welt. Anders als in modernen Monarchien führte der Pharao die Armee tatsächlich in die Schlacht. Als Pepi älter und älter wurde, konnte er vielleicht die Regierungsgeschäfte nicht mehr wahrnehmen, die Armee nicht mehr unterhalten. Ägypten wurde schwach. Das Land wurde durch seinen stärksten Machtfaktor zu Fall gebracht, durch eine mächtige Zentralregierung, errichtet um seinen absoluten Herrscher. Wenn der Pharao schwach war, hatte das Land zu leiden. Dies sollte Tutanchamun am eigenen Leibe zu spüren bekommen.

Nachdem Pepi gestorben war, gab es für mehr als 100 Jahre keinen wirklichen König in Ägypten; die Gaufürsten kämpften um die Vorherrschaft. Aber selbst in dieser Zeit der Schwäche drangen keine Feinde in das Land ein. Die natürlichen Schranken aus Sand und Wasser hielten stand. Schließlich einte, wie einst König Narmer, ein lokaler Herrscher das Land, und Ägypten hatte wieder einen Pharao. So wie sich ein Boot nach dem Kentern wieder von selbst aufrichtet, kehrte Ägypten in seine alte Position zurück, die ihm so sehr von Nutzen gewesen war. Mit einem einzigen starken Herrscher, der unumschränkt Militär und Priesterschaft führte, war die göttliche Ordnung im Land wiederhergestellt. Aber noch trennen uns 800 Jahre von Tutanchamun. Wir haben bisher nur in Begriffen wie »politische Kräfte«, »Königtum« und »Priesterschaft« gesprochen. Es wäre eine allzu große Vereinfachung, wollten wir Ägypten nur als ein riesiges Räderwerk betrachten, das völlig von den Gesetzen der Physik bestimmt wurde. Auch Persönlichkeiten haben Ägypten groß gemacht. Nun ist es an der Zeit, daß wir uns der Familie Tutanchamuns zuwenden.

III. Die ruhmreiche 18. Dynastie

Ehre die Großen, hilf deinen Leuten.
Befestige deine Grenzen, stärke die Wachen.
Redlich ist's, für die Zukunft zu wirken,
Man achtet das Leben des Vorausschauenden.

König Cheti
um 2150 v. Chr.

Das alte Ägypten war von seiner Weltmachtstellung fest überzeugt, wozu gehörte, daß es die Nachbarn beherrschte. In der Tat kann man die ägyptische Geschichte als eine Reihe von Eroberungen betrachten; so schien die natürliche Ordnung. Um die Vormachtstellung zu erhalten, führte der Pharao wiederholt die Armee über die Grenzen des Landes, zerschlug irgendein fremdes Land und kehrte mit allem, was wertvoll und nicht niet- und nagelfest war, nach Hause zurück. Das unterworfene Land mußte jährliche Tribute liefern, oder der Pharao würde zurückkommen. Heute würde man eine solche Vorgehensweise für einen völlig ungerechtfertigten Akt der Aggression halten, aber so ging es im Altertum eben zu. Kein Pharao hat sich jemals gerühmt: »In meiner Regierungszeit hat es keine Schlachten gegeben.«

Jährliche Invasionszüge waren notwendig, weil die Ägypter keine Kolonien bildeten. Sie eroberten ein fremdes Gebiet, kehrten nach Hause zurück und warteten auf die jährlichen Tribute. Doch da die Armee weit weg in Ägypten war, sahen die fremden Länder keinen besonders zwingenden Grund, Tribute zu schicken. Also mußte sich der Pharao wieder mit seiner Armee aufmachen. Krieg war die natürliche Ordnung im alten Ägypten.

Thutmosis I., einer der ersten Pharaonen der 18. Dynastie, ist bekannt für seine militärischen Beutezüge. Allerdings liegt seine Bedeutung auch darin, daß er sich als erster Pharao des Neuen Reiches im Tal der Könige und nicht mehr in einer Pyramide bestatten ließ. Eine autobiographische Inschrift im Grab Inenis, seines Oberaufsehers der Arbeiten, berichtet, wie das erste Grab angelegt wurde:

> *Ich habe die Aufsicht über die Arbeiten am Felsengrab Seiner Hoheit gehabt, alleine, niemanden habe ich um Rat gefragt, niemanden habe ich angehört […] Es war eine Arbeit meines Herzens, meine Tugend war Klugheit; kein Vorgesetzter hat mir befohlen. Noch nach Jahren wird man mich wegen meiner Klugheit bei jenen rühmen, die nachahmen, was ich getan habe.*[1]

In der Tat war Verschwiegenheit entscheidend, um die Mumie des Thutmosis sicher zu bewahren. Bald nach dem Zusammenbruch des Alten Reiches waren die Pyramiden in Gise von Grabräubern geplündert und alle Mumien zerstört worden. Als die Zentralregierung wiederhergestellt war, ließen die Pharaonen des Mittleren Reiches wieder Pyramiden errichten. Doch weniger Arbeitskräfte und geringere Zahlungsmittel führten dazu, daß der Kern aus Schlammziegeln errichtet wurde, überzogen nur von einer dünnen Steinummantelung. Auch diese Pyramiden waren ausgeraubt worden. Daher sollte das geheime Grab des Thutmosis, geschlagen in den Fels eines abgelegenen Tals, die Grabräuber überlisten. Acht Generationen später würde Tutanchamun zu seinem erlauchten Vorfahren kommen, hier an diesem Platz, der als Tal der Könige bekannt wurde. Zu diesen Generationen gehörten einige der größten Könige, die jemals über Ägypten geherrscht haben.

Die Vorfahren Tutanchamuns, die Könige der 18. Dynastie, entwickelten das Konzept des Kriegerpharaos zu einer Höhe, die bis dahin unbekannt war. Thutmosis schuf eine Armee aus Tausenden vorzüglich ausgebildeter und gut ausgerüsteter Berufssoldaten. Sie war etwas völlig anderes als die kleinen Mannschaften Narmers und sie besaß etwas, das sich Narmer nicht vorgestellt haben konnte – den Streitwagen.

Er wurde von zwei Pferden gezogen und trug zwei Männer, den Wagenlenker und einen Bogenschützen. Gebaut war er aus importiertem Holz – biegsame Ulme für die Räder, festes Eschenholz für den Aufbau. Der Boden bestand aus geflochtenen Lederriemen, bedeckt mit einem Ledertuch, wodurch die Stöße beim Fahren abgemildert wurden; von dieser vergleichsweise standfesten Basis konnte der Bogenschütze seine Pfeile verschießen. Ein leichtes Gefährt mit starkem Antrieb.

Unterstützt wurden die Wagenkämpfer von den Fußtruppen, die mit Lederschild, Lanze, Streitaxt und Dolch bewaffnet waren. Am Tag legten sie ungefähr 24 Kilometer zurück. Nach den Kriegen des Thutmosis beherrschte Ägypten die rund 1100 Kilometer zwischen Nildelta und Euphrat, an dessen Ufern der Pharao eine Stele errichtete – eine große aufrechtstehende Steinplatte, oben gerundet, die an einen mächtigen Grabstein erinnert. Auf Stelen wurden Siegesberichte und königliche Erlasse festgehalten. Auf seiner Stele verkündete Thutmosis, daß dieses Land nun von Ägypten kontrolliert werde.

Das einzige überlebende Kind von Thutmosis und seiner Gemahlin war Prinzessin Hatschepsut. Im Altägyptischen gibt es kein Wort für »Königin«. Die Formulierung, die wir mit »Königin« übersetzen, lautet wörtlich »Große Königliche Gemahlin«. Wäre Hatschepsut ein männlicher Nachkomme des Pharaos gewesen, wäre die königliche Herrschaft nach dem Tod seines Vaters direkt an ihn gefallen. Doch Hatschepsut war eine Frau, und das schuf ein Problem. Es ist nicht ganz klar, wie im alten Ägypten der Thronfolger bestimmt wurde. Es war jedenfalls nicht so einfach wie in England – wo die Thronfolgegesetze vorschreiben, daß die Krone an den ältesten Sohn des Königs weitergegeben wurde, mit besonderen Regelungen für Ausnahmefälle. Der Pharao hatte mehrere Gemahlinnen und konnte auch seine Schwestern heiraten, was die Thronfolge seiner Kinder komplizierter machte. Allgemein galt jedoch die »uxorische Machtfolge«, derzufolge der Gatte der ranghöchsten Königstochter Pharao wurde.

Als Thutmosis starb, wurde sein Sohn aus der Ehe mit einer Nebenfrau, Thutmosis II., mit der Halbschwester Hatschepsut, der Tochter des Pharaos aus der Ehe mit der Großen Königlichen Gemahlin, verheiratet. Durch die Ehe mit Hatschepsut erhielt Thutmosis II. das Thronrecht. Die zwanzigjährige Regierungszeit der beiden verlief ohne größere Ereignisse. Als der Pharao starb, hinterließ er zwei Kinder, eine Tochter von Hatschepsut und einen kleinen Sohn von einer Nebenfrau. Hatschepsut führte für Thutmosis III., der noch im Kindesalter war, sieben Jahre die Regierungsgeschäfte. Dann kam es plötzlich zu einem der unglaublichsten Vorgänge in der langen Geschichte Ägyptens: Hatschepsut änderte ihren Titel in »König« und ließ sich im männlichen Königsornat darstellen, wozu auch der künstliche Königsbart gehörte. So etwas hatte es im konservativen Ägypten noch nicht gegeben. Mit dem Zeremonialbart und dem königlichen gefältelten Schurz blieb sie innerhalb der Tradition des ägyptischen Königtums – der rechtmäßige König, der zufälligerweise eine Frau war. Das gelang ihr nur, weil sie das Land gut regierte, das unter ihrer Herrschaft aufblühte. Daß sie sich als König darstellen ließ, brachte einige Herausforderungen für Künstler und Schreiber am Hofe Hatschepsuts mit sich. Sollte der Pharao nun »Seine Hoheit« oder »Ihre Hoheit« genannt werden? (Beides kam vor.)

Hatschepsut starb am zehnten Tag des sechsten Monats ihres 22. Regierungsjahres (Februar 1482 v. Chr.). Nun war Thutmosis III. Alleinherrscher in Ägypten. Seine militärischen Erfolge machten ihn zum größten Heerführer, den Ägypten je gehabt hatte. In den 16 Jahren nach Hatschepsuts Tod führte Thutmosis III. 14 Feldzüge in die Länder nördlich von Ägypten, was ihm unter Ägyptologen den Beinamen »Napoleon Ägyptens« eingebracht hat. Im 33. Jahr seiner Herrschaft kämpfte er sich bis zum Euphrat vor, besiegte den König des Mitannireichs und errichtete seine eigene Stele neben der seines Großvaters sowie eine weitere jenseits des Flusses.

Eine Generation nach ihrem Tod hatte Thutmosis den Namen Hatschepsut aus allen Bauwerken entfernen lassen, die sie errichtet hatte. Nichts sollte mehr an sie erinnern. Es war geradezu revolutionär zuzugeben, daß ein ägyptischer Pharao eine Frau gewesen war. Daß der Name eines Pharaos und die Erinnerung an ihn getilgt wurden, war ein folgenschwerer Präzedenzfall. Rund 100 Jahre später sollte eine ähnliche Säuberungswelle durchs Land schwappen. Sie galt Tutanchamun.

Als Thutmosis III. nach 54jähriger Herrschaft starb, war Ägypten überall im Vorderen Orient als Militärmacht gefürchtet. Er war Tutanchamuns Ururgroßvater. Die

Pharaonen zwischen Thutmosis III. und Tutanchamun bewahrten die große Tradition ihres Vorgängers. Sie erhoben die 18. Dynastie über alle Herrschergeschlechter, die ihr in der äyptischen Geschichte vorausgegangen waren oder noch folgen sollten.

Nun kommen wir zu den unmittelbaren Vorfahren Tutanchamuns. 25 Jahre vor seiner Geburt wurde Ägypten von seinem willensstarken und entschlossenen Großvater, Amenophis III., regiert. An seine Rechtschaffenheit und seine Macht würden sich seine Nachfolger noch gut erinnern. Sein Thronanspruch war unangefochten, da ihn sein Vater öffentlich zu seinem Nachfolger erklärt hatte. Daher konnte es sich Amenophis erlauben, eine Bürgerliche zu heiraten; seine Gemahlin mußte nicht von rein königlichem Geblüt sein, um seinen Thronanspruch zu legitimieren. Zur Erinnerung an seine Hochzeit mit Teje ließ er Skarabäen, Glückssymbole aus Stein, schneiden und versenden. In einer Inschrift am Boden heißt es:

[...] die Große Königliche Gemahlin, Teje, möge sie leben,
Der Name ihres Vaters ist Juja,
Der Name ihrer Mutter ist Tuja.
Sie ist die Gemahlin eines mächtigen Königs.

Zwischen den Zeilen konnte man lesen: Teje ist zwar bürgerlicher Herkunft, aber es ist besser, sie als meine Gattin anzuerkennen. Alles deutet darauf hin, daß die Ehe glücklich war. Statuen des Königs zeigen Teje nahe bei ihm in fast gleicher Größe – eine große Ehre für eine königliche Gemahlin. Mitglieder des Königshauses wurden stets idealisiert dargestellt. Doch Tejes Bildnisse lassen häufig etwas von ihrer Persönlichkeit spüren. Der wunderbar gearbeitete Kopf im Ägyptischen Museum in Berlin zeigt eine erwachsene Frau mit schönen regelmäßigen Zügen, eine starke Frau, die alles bekam, was sie wollte.

Teje schenkte dem König sechs Kinder – vier Töchter und zwei Söhne. Die Prinzessinnen erhielten wichtige Titel. Sit-Amun trug die Ehrenbezeichnung »Gemahlin des Königs«, woraus einige Ägyptologen gefolgert haben, daß sie mit ihrem Vater verheiratet war. Zwar schlossen häufig Halbgeschwister die Ehe miteinander, doch es war ungewöhnlich, daß ein Pharao seine eigenen Töchter heiratete. Der älteste Sohn, der nach seinem Vorfahren den Namen Thutmosis trug, war als Thronfolger vorgesehen, daher erhielt er die wichtige Stellung des Hohenpriesters von Memphis, neben Theben eine der beiden Hauptstädte des Landes. Das war ein geschickter Schachzug Amenophis' III. Es war immer staatsklug, den Göttern Ägyptens Ehrerbietung entgegenzubringen. Und nun gehörte ein treues Familienmitglied zur mächtigen Priesterschaft. Der jüngere Sohn hieß nach seinem Vater. Doch sein Name taucht zunächst in keiner königlichen Inschrift auf. Keine Statue zeigt den jungen Prinzen. Nur die Scherbe eines Weinkruges trägt seinen Namen. So bescheiden waren die Anfänge von Tutanchamuns Vater, eines Prinzen, der keine Zukunft zu haben schien. Wir werden uns diese rätselhafte Figur im nächsten Kapitel genauer ansehen.

Unter der Regierung Amenophis' III. war Ägypten so nahe am Paradies wie sonst niemals mehr. Niemals gab es so reichlich kostbare Salben und Öle, Türkise, Lapislazuli, Goldschmuck und duftendes Zedernholz für die Tempeltore. Die Nahrung war überreichlich. Und es war Friede. Dank seiner Vorgänger beherrschte Amenophis' III. nun unangefochten das Gebiet von Nordsyrien bis zum vierten Nilkatarakt mitten im Sudan. Das Militär brauchte nur noch selten seine Macht unter Beweis zu stellen, so gründlich waren die früheren Lektionen gewesen. Regelmäßig floß Gold aus Nubien und der westlichen Wüste ins Land und stärkte die Wirtschaft Ägyptens, was einen fremden König, der mit Amenophis III. korrespondierte, zu der Bemerkung veranlaßte: »Gold ist wie Staub in deinem Lande, man muß es nur auflesen.«[2] Aus Kusch im Süden kamen Stoßzähne von Elefanten, Giraffenfelle und Ebenholz für die Möbel der Paläste. Aus Afghanistan stammte der Lapislazuli, aus dem Amulette der Götter und Einlagen der Schmuckstücke geschnitten wurden. Händler kamen regelmäßig übers Mittelmeer. Aus Kreta brachten sie exotische Weinkrüge, die in den Palästen geschätzt waren, aus Zypern Kupferbarren. Amenophis hatte die Götter geehrt, die Götter schenkten Ägypten ihre Gunst. Für alle war es ein gutes Geschäft.

Amenophis und Teje führten ein weltoffenes Leben und bezogen mit Erfolg beide Hälften des Landes mit ein. Häufig waren sie zwischen Memphis und Theben unterwegs. Memphis, die nördliche Hauptstadt, war dort gelegen, wo sich der Nil auf seinem Weg zum Mittelmeer zum Delta ausfächert. Es war das Verwaltungszentrum Ägyptens, von wo aus der Pharao das Land lenkte. Hier befanden sich die Staatsarchive mit Tausenden von Beamten. Wegen des steigenden Grundwasserspiegels ist heute nicht viel von Memphis übriggeblieben. Eine Kolossalstatue hier, eine wuchtige Säule dort lassen ahnen, daß hier einmal die quirligste Stadt der Welt gelegen sein muß. Leider waren die Amtsgebäude aus luftgetrockneten Lehmziegeln erbaut, die das steigende Grundwasser wieder zu dem verwandelt hat, aus dem sie einst geformt waren. Der Palast hat dasselbe Schicksal erlitten. Alle aufschlußreichen Dokumente der Archive haben sich aufgelöst und sind vermodert. Und die prächtigen Tempel sind im feuchten Boden versunken.

Für die rund 650 Kilometer lange Reise von Memphis nach Theben im Süden brauchte die königliche Barke etwa drei Wochen. Dabei segelte sie gegen die Strömung. Sie war ein großes, schwerfälliges Wasserfahrzeug, etwa 60 Meter lang. Auf ihr konnte man bequem den Fluß befahren. Auf dem Weg besuchte Amenophis Tempel, um Rituale zu vollziehen, woran sich noch Generationen von Priestern erinnerten. Es waren Begegnungen mit einem lebenden Gott.

Wenn Memphis so etwas wie Washington war, voller Akten und sehr geschäftig, dann ähnelte Theben mehr Paris: reich, bezaubernd und verlockend. Theben war voller Gebäude, die zum Ruhme der Götter und nicht für Kanzleien errichtet worden waren. Mit jedem militärischen Sieg hatten die Vorgänger Amenophis' aus Dankbarkeit für ihre Erfolge die Tempel Thebens mit großen Teilen ihrer Kriegsbeute überhäuft. Truhen mit Gold, die Lagerräume waren zum Bersten gefüllt mit Leinen – Gewänder für die Priester –, dazu kamen die enormen agrarischen Erträge von Tausenden Hektar geschenkten Ackerlandes. Die Priester waren reich und im Begriff, unabhängig zu werden – auf ihrem Land gab es Weizen, Vieh, Gemüse, alles, was sie benötigten, und dazu noch ein Überschuß, den man eintauschen konnte.

Als Amenophis und Teje mit ihrer königlichen Barke in Theben anlegten, trafen sie auf eine wohlhabende und aufstrebende Priesterschaft. Homer sprach vom »hunderttorigen Theben«, denn zahllose gewaltige Pylonen bildeten die Eingänge zu den Tempeln. Und in der Tat gab es in Theben Tempel für viele Götter. Doch die Bedeutung der Stadt kam von ihrem Gott Amun, »dem Verborgenen«. Diesem Gott schrieben die alten Ägypter ihre Befreiung von Anarchie und Fremdherrschaft nach dem Alten und dem Mittleren Reich zu. Seit fast 1000 Jahren galt den Pharaonen Amun als besonderer Schutzgott. Für seine Hilfe versprachen sie Schenkungen, die Theben immer prächtiger machten. Amun hatte sogar den alten Sonnengott Re in den Schatten gestellt, dessen Namen dem seinen hinzugefügt wurde: Amun-Re. Sein Kopfschmuck war die Doppelfederkrone. Er, seine Gemahlin, die Göttin Mut, und beider Sohn Chons bildeten die Triade, die heilige Familie von Theben.

Amenophis, die gräzisierte Form von altägyptisch Amenhotep, bedeutet »Amun ist zufrieden«. Dieser Pharao wollte mehr als jeder andere König Amun zufriedenstellen. Vielleicht auf Drängen der Priester beteiligte sich der Großvater Tutanchamuns am größten Bauwerk, um den Gott von Theben zu ehren und sich selbst zu verherrlichen. Es scheint jedoch, als habe er durchaus eigene Glaubensvorstellungen gehabt. Jedenfalls hat er seinen ältesten Sohn nach Thot, dem Gott der Schreibkunst, benannt: Thutmosis, »Thot ist geboren«. Sein anderer Sohn hieß nach Amun wie er selbst. Auch seine älteste Tochter war nach diesem Gott benannt.

Der Pharao begann seine Huldigung Amuns am weitläufigen Tempel zu Karnak, dem größten religiösen Bauwerk, das jemals errichtet wurde. Es ist kein einzelnes Gotteshaus, sondern ein ganzer Komplex aus Tempeln und Heiligtümern, die sich ohne besondere Ordnung über ein riesiges Gelände erstrecken. Die Anlage entstand über die Jahrhunderte. Jeder Pharao hat sein eigenes Monument den Göttern geweiht. Als Amenophis mit seinem Anteil am Amuntempel in Karnak begann, standen die Pylonen von Thutmosis I. und dessen Tochter Hatschepsut noch. Die Menschen bestaunten noch den ersten Obelisken, der in Karnak von Thutmosis I. aufgestellt worden war.

Zunächst ließ Amenophis den mächtigen dritten Pylonen, das Eingangstor, flankiert von zwei wuchtigen, abgeschrägten Ecktürmen, errichten, so daß der größte und prächtigste Eingangsbau damals als erstes zu sehen war, wenn man sich dem Komplex näherte. Die Gesimse waren in leuchtenden Farben bemalt und mit farbigen Stoffbahnen geschmückt, die aus rund 20 Meter Höhe herabflatterten. Glänzendes Elektron (eine Legierung aus Gold und Silber) bedeckte die Fahnenmasten. Das großartige Bauwerk wurde Amun geweiht.

Etwa 2 Kilometer entfernt, im heutigen Luxor, erhob sich ein anderer bedeutender Tempel. Jedes Jahr trugen kahlgeschorene Priester die schwere Goldstatue Amuns auf eine Festbarke, andere holten die Statue seiner Gemahlin Mut zu ihrer Barke. Zusammen segelten die Boote zu diesem Tempel. Priester in feinsten Gewändern und wichtige Würdenträger, geschmückt mit Silber und Gold, folgten in einer Prozession. Das Opetfest war das wichtigste Fest in Theben. Man feierte die Hochzeit und das eheliche Glück der beiden Götter im »Südlichen Heiligtum«, einem recht kleinen Tempel, der nur einmal im Jahr benutzt wurde. Diesen alten Tempel ließ Amenophis durch einen wohlproportionierten eindrucksvolleren Bau ersetzen. Die Baumeister errichteten eine Säulenhalle mit 14 Papyrusbündelsäulen, die paarweise angeordnet waren. Diese Halle öffnete sich zu einem Säulenhof, der auf drei Seiten schattige Doppelreihen von Papyrusbündelsäulen, gedeckt mit Steinplatten, aufwies. Es folgte die Vorhalle mit einem Wald aus Säulen. Am Ende des Tempels wurde als letztes das Allerheiligste errichtet, das die Goldstatuen Amuns und Muts aufnahm. Mit diesem Tribut an den großen Gott hatte sich Amenophis selbst übertroffen: Es war der größte Tempel, den ein einzelner Pharao jemals erbaut hatte.

Amenophis nahm so intensiven Anteil an diesen Bauvorhaben, daß er sich jenseits des Stroms, wo es noch freies Land gab, einen Palast errichten ließ. Dort konnte er mit allem Komfort residieren, und war doch nahe genug, um die Bauarbeiten zu beaufsichtigen. Nur ein paar Wandreste dieses Palastes sind erhalten geblieben, denn solche Gebäude waren lediglich für den Gebrauch eines einzigen Pharaos bestimmt und daher aus vergänglichen Lehmziegeln erbaut. Doch ist genügend vorhanden, um zu erkennen, daß es ein prächtiger Bau gewesen sein muß. Die Fußböden waren mit Szenen nach der Natur in leuchtenden Farben bemalt, die Wände mit farbigen Ornamenten geschmückt. Es war kein einzelnes Bauwerk, sondern eine Anlage, bestehend aus dem Königspalast, einem Gebäude für die Königin und ihr Gefolge; ein Gebäude diente als Küche, in einem anderen war die Palastwache untergebracht. Dazu kam eine große Festhalle, in der Amenophis während seiner langen Regierungszeit verschiedene Jubiläen feierte. Es muß verschwenderisch zugegangen sein, denn es sieht so aus, als habe der Pharao trotz der unmittelbaren Nähe des Nils hinter dem Palast einen künstlichen See anlegen lassen, groß genug, daß Teje mit ihrer Barke dort segeln konnte.

Mit der Zeit verschmolz die Persönlichkeit Amenophis' mehr und mehr mit dem Ruhm der Stadt. Er gab die zwei größten Sitzfiguren in Auftrag, die jemals nach ihm angefertigt worden sind, 21 Meter hoch. Sie flankierten einmal seinen Totentempel. Von dem Tempel ist nichts erhalten geblieben, nur die beiden gewaltigen Sitzfiguren Amenophis' starren unverändert Richtung Theben. Es sind die berühmten Memnonskolosse, die im Altertum Besucher in Erstaunen versetzten. Das unvergleichliche Bauvorhaben muß die Stadt in helle Aufregung versetzt haben. Hier fanden Tausende Arbeit. Tonnenweise mußten Steine gebrochen, zurechtgeschnitten, poliert und transportiert werden. Hunderte von Künstlern meißelten und malten Szenen für die neuen Tempel und den luxuriösen Palast. Reichtümer strömten nach Theben wie niemals zuvor. Ein Zauber umgab die Stadt, der die Herzen der Dichter gefangennahm. »Sie heißt ›Die Stadt‹«, preist eine Hymne aus dem späten Neuen Reich Theben, »alle anderen stehen unter ihrem Schutz und gewinnen an Bedeutung nur durch sie.«[3]

Bald beherrschten prachtvolle Bauwerke die Ufer des Nils. Doch dahinter ging es nicht so prächtig zu. Die Häuser und die Ladengeschäfte der gewöhnlichen Sterblichen wucherten hinter den Tempeln in völligem Durcheinander, ein Irrgarten schmutziger, enger, gewundener Gassen. Und es war laut: Pferdegetrappel, Entengeschnatter, das Quieken eingepferchter Schweine und dann die geschäftigen Menschen, die ihrer Arbeit nachgingen oder sonst irgendwie überleben wollten. Zwar waren sie in der größten Stadt Ägyptens, doch das Leben der einfachen Leute war hart. Staubwolken von den Steinarbeiten hingen über ihren Häusern. Der Gestank der Tiere war in den beengten Wohnverhältnissen stechend und durchdringend. Und überall waren Fliegen, Läuse und Flöhe.

Trotz der äußerlichen Pracht oder vielleicht gerade deswegen kamen Zweifel auf. In der Oberschicht glaubten viele, daß die Amunpriesterschaft zu reich, zu materialistisch und zu einflußreich geworden sei. Zwar entrichteten der König und die Vornehmen der Stadt weiterhin ihren Tribut an Amun, doch mit der Zeit zeigten einige Gläubige Interesse für andere Kulte. Auch Amenophis war nicht frei davon, wie seine Titulatur »Gleißende Sonnenscheibe des ganzen Landes« verrät. Am Hofe dachte man über die Natur Atons, der Sonnenscheibe, nach, ein Interesse, das sich nicht auf den Pharao beschränkte, denn Königin Teje nannte ihr Vergnügungsboot »Aton erglänzt«. Menschen in höchster Stellung verließen eingefahrene Gleise und beschäftigten sich mit Glaubensfragen. Dies prägte auch den Geist des vernachlässigten zweiten Sohns von Amenophis, der bald den Thron besteigen sollte.

Als letzte Ruhestätte wählte Amenophis einen Platz in einem einsamen Trockental westlich vom Tal der Könige, das zuvor noch nie benutzt worden war. Warum er sich nicht nahe seiner berühmten Vorfahren der 18. Dynastie beisetzen lassen wollte, werden wir niemals erfahren. Amenophis III. hatte eben seine eigene Meinung.

Dann traf den alternden König und seine Gemahlin ein schwerer Schicksalsschlag: Ihr ältester Sohn, Thutmosis, der Hohepriester des Ptah, starb. Er hätte der Nachfolger seines Vaters sein sollen. Ihr Schmerz muß sehr groß gewesen sein, und er wurde sicher noch durch den Umstand verstärkt, daß alle Pläne Amenophis' für die Zukunft, für Ägypten nach seinem Tod, mit diesem Sohn gestorben waren. Nun stellte sich die dringliche Frage, wer den Platz des Nachfolgers einnehmen sollte. Es gab zwar den anderen Sohn, der den Namen seines Vaters Amenophis trug, aber es muß einen Grund dafür gegeben haben, daß er so selten erwähnt wurde. Vielleicht litt er unter einer sehr seltenen Krankheit. Zweifellos gab es noch andere Thronanwärter, möglicherweise von Nebenfrauen des Pharaos;

einige von diesen waren Prinzessinnen aus fremden Ländern. Doch nur einer war Tejes Sohn. Mit ihren Plänen zu seinem Vorteil muß sie Erfolg gehabt haben, denn trotz aller Probleme, die mit ihm verbunden gewesen sein mögen, wurde er der Thronfolger und mehr. Überraschenderweise ernannte der alternde König seinen jüngeren Sohn zum Mitregenten, was bedeutete, daß sie gemeinsam die Regierungsgeschäfte erledigten. Es konnte daher kein Zweifel daran bestehen, wer nach dem Tod des Pharaos in Ägypten die Herrschaft innehaben würde. Offen bleibt die Frage, warum der tatkräftige und starke Pharao bereit war, seine Macht zu teilen.

Vielleicht liegt die Antwort auf diese Frage in der Mumie Amenophis' III. Sie wurde 1898 unter sonderbaren Umständen von einem sehr nervösen Ägyptologen entdeckt. Der Franzose Victor Loret war erst seit kurzer Zeit Leiter der Ägyptischen Altertümerverwaltung. Hochsensibel und ungeeignet für diesen hohen Verwaltungsposten, stiftete Loret Unfrieden zwischen europäischen und ägyptischen Behörden, weswegen er sich nur zwei Jahre halten konnte. Er hatte also wenig Zeit, die erste systematische Grabung im Tal der Könige durchzuführen, bei der er die geplünderten Gräber von Thutmosis I. und Thutmosis III. fand. Er entdeckte auch das Grab Amenophis' II. und darin die Antwort auf unsere Frage.

Auch dieses Grab war geplündert worden. Blaue Keramikscherben und hölzerne Grabbeigaben mit dem Namen Amenophis' II. lagen im Eingangsbereich herum, als Loret vordrang. Er kroch durch den Korridor und kam zu einem rechteckigen Schacht, einem Ablauf für Wasser, damit die Grabkammer bei den seltenen Wolkenbrüchen im Tal der Könige trocken blieb. Loret legte eine Leiter über den Schacht und gelangte in eine Vorkammer mit quadratischen Pfeilern. Hier sah er zerbrochene Begräbnisbarken, Modelle dessen, was der Pharao im Jenseits benötigen würde, vergoldete Bildnisse des Königs, zerbrochene Uschebtifigürchen, die im Jenseits zum Leben erwachen und die erforderlichen Arbeiten durchführen sollten. Es war schon spät am Abend, Loret war müde, und er hatte nur seine Kerze, um die Szenerie zu beleuchten. Seine Phantasie drohte mit ihm durchzugehen. Dann fiel das Kerzenlicht auf etwas, auf das er nicht vorbereitet war:

> Ich ging mit meiner Kerze (zwischen zwei Pfeilern) vorwärts, und, ein schrecklicher Anblick, vor mir lag ein Körper auf dem Boot, alles schwarz und scheußlich. Das fratzenhafte Gesicht war auf mich gerichtet. Sein langes braunes Haar hing in dünnen Strähnen um seinen Kopf. Ich habe keinen Augenblick daran gedacht, daß das nur eine ausgewickelte Mumie war. Die Beine und die Arme schienen umwickelt. Durch eine Öffnung war das Brustbein zu sehen. Im Schädel war ein Loch. War dies ein Menschenopfer? Oder ein Dieb, der von seinen Komplizen bei der blutigen Teilung der Beute ermordet worden war? Oder war er von Soldaten oder Wächtern getötet worden, als sie der Ausplünderung des Grabes ein Ende machten?[4]

Was Loret gesehen hatte, war die Mumie eines Fürsten, die so bald nach der Beisetzung ausgeraubt worden war, daß die Salböle und die Harze der Einbalsamierung noch flüssig gewesen waren. Die Grabräuber hatten sie auf ein Modellboot gelegt, wo die flüssigen Stoffe hart wurden und die Mumie festklebten. Loret gewann seine Fassung zurück und setzte den Abstieg fort. Schließlich erreichte er eine Grabkammer, in der ein Steinsarkophag ohne Deckel stand. Er spähte über den Rand und sah einen Sarg mit einem Blumengewinde am Kopfende und einem Kranz zu Füßen. Loret hatte die Mumie Amenophis' II. gefunden.

Lorets langer Abend war noch nicht zu Ende. In den vier Nebenkammern entdeckte er Statuen des Pharaos, Vasen für die sieben geheiligten Öle, die der König benötigte, Fleisch und Früchte, von denen er sich im Jenseits ernähren sollte, und Holzmodelle von Barken, die ihn ins Jenseits befördern sollten. In einer der Nebenkammern erlitt Loret seinen nächsten Schock:

> Wir wendeten uns den Räumen zur Rechten zu. Der erste bot einen höchst sonderbaren Anblick: In der linken Ecke lagen drei Körper nebeneinander auf dem Rücken, ihre Füße zeigten zur Tür. Die rechte Hälfte des Raums war angefüllt mit kleinen mumienförmigen Särgen und hölzernen Grabstatuen, die mit Erdharz bemalt waren. Diese Figuren stammten aus den Särgen, die die Diebe geöffnet und weggeworfen hatten, nachdem ihre Suche nach Schätzen erfolglos geblieben war.
>
> Wir näherten uns den Leichen. Die erste schien die einer Frau zu sein. Ein dichter Schleier verhüllte ihre Stirn und das linke Auge. Ihr abgebrochener Arm lag an ihrer Seite. Ihre Hände ragten in die Luft. Die zerrissene Kleidung bedeckte kaum den Körper. Viele schwarze gekräuselte Haare lagen auf dem Kalksteinboden zu beiden Seiten des Kopfes. Das Gesicht war vorzüglich erhalten; es strahlte eine erhabene und majestätische Würde aus.

Die zweite Mumie in der Mitte war die eines etwa 15jährigen Kindes. Sie war unbekleidet. Die Hände waren über dem Bauch gefaltet. Zunächst schien uns der Kopf völlig kahl zu sein. Aber eine genauere Untersuchung ergab, daß der Kopf zwar kahl geschoren war, ausgenommen jedoch ein Bereich der rechten Schläfe, wo ein prächtiger schwarzer Haarschopf gewachsen war. Dies war die Frisur der königlichen Prinzen (die sogenannte Jugendlocke). Ich dachte sofort an Prinz Webensennu, den weitgehend unbekannten Sohn Amenophis' II., dessen Grabstatue ich in der großen Halle bemerkt hatte und dessen zerbrochene Kanopenkrüge ich später finden sollte. Das Gesicht des jungen Prinzen lächelte und sah schelmisch aus. Es weckte in gar keiner Weise Gedanken an den Tod.

Der Leichnam am nächsten zur Wand schien der eines Mannes zu sein. Der Kopf war kahlgeschoren, und nicht weit von ihm lag eine Perücke auf dem Boden. Sein Gesicht wirkte zugleich grausig und komisch. Der Mund war auf der einen Seite fast bis zur Mitte der Wange hochgezogen. Von den Mundwinkeln hingen die Enden eines Leinenpfropfens herab. Die halbgeschlossenen Augen hatten einen seltsamen Ausdruck. Er konnte an unterdrücktem Lachen gestorben sein, dann aber sah er wieder wie eine junge Katze aus, die mit einem Stück Stoff spielt. Der Tod, der die strenge Schönheit der Frau geachtet und die schelmische Anmut des Jungen nicht zerstört hatte, machte sich nun voller Hohn über den Gesichtsausdruck des Mannes lustig.

Die Schädel der drei Leichen waren wie der des Mannes auf der Barke aufgeschlagen, die Brustkörbe geöffnet.[5] Der Zustand, in dem sich alle vier Mumien befanden, war durch die Vorgehensweise der Grabräuber verursacht worden. Bei ihrer Suche nach Schmuck hatten sie zunächst die Binden auf den Köpfen aufgehackt, dann schnell das äußere Leinen abgestreift und schließlich den Brustkorb geöffnet, weil sie auch dort Schmuck vermuteten. Dabei hatten die königlichen Körper ziemlichen Schaden genommen.

Loret hatte keine Ahnung, wer die vier Mumien waren. Und bestimmt war sein Urteilsvermögen in dieser Nacht beeinträchtigt. Die dritte Mumie in der Nebenkammer, die er als die eines Mannes beschreibt, ist zweifellos die einer jungen Frau. Bis auf den heutigen Tag bleibt die Identität der meisten dieser Leichen unsicher. Allerdings wurde ein Körper identifiziert, und zwar fast ein Jahrhundert später; dazu waren moderne Technik und ein Fund aus Tutanchamuns Grab erforderlich. Näheres dazu später. Die vier Mumien, die Loret so bewegt haben, waren nicht die einzigen, die er in dieser Nacht entdeckte. Eine Nebenkammer war mit Kalksteinblöcken verschlossen. Nur nahe der Decke gab es eine schmale Öffnung. Loret kletterte hinauf. Im flackernden Kerzenlicht konnte er gerade noch neun Särge erkennen, ordentlich aufgestellt. Sechs lehnten an der Wand und drei standen davor. Das war alles, was er sehen konnte. Ihm war klar, daß die Mauer, die die Tür verschloß, abgetragen werden mußte, bevor er die Särge untersuchen konnte. Doch zunächst mußte das Grab geleert werden.

Loret fertigte eine Karte von dem Grab an. Mit Hilfe eines Gitternetzes hielt er die Position von mehr als 2000 Gegenständen fest. Erst danach konnte er die neun Särge hinter der Mauer untersuchen. Loret fand die Mumien von acht ägyptischen Pharaonen und einer unbekannten Frau. Sie waren aus ihren geplünderten Gräbern gerettet worden. Ein König der 21. Dynastie hatte damit verhindern wollen, daß sie weiterhin entweiht würden. Auf den Binden der Mumie Sethos' II. war die traurige Geschichte niedergeschrieben, wie es zur Versammlung der Pharaonen im Grab Amenophis' II. gekommen war. Am sechsten Tag des vierten Wintermonats im zwölften Jahr der Regierung Pinodjems I. hatte der Pharao beraubte königliche Mumien sammeln, wieder in Binden wickeln und in das Grab Amenophis' II. bringen lassen, wo sie blieben, bis Loret sie fand.[6] Unter den Mumien war auch Tutanchamuns Großvater, Amenophis III.

Seine Mumie wurde schließlich mit den anderen auf einem Boot nach Kairo gebracht. Am 23. September 1905 wurde sie aus ihren Binden gewickelt.[7] Die Mumie des Vaters lieferte die Lösung des Rätsels, warum sein Sohn, Amenophis IV., sein Mitregent geworden war. Der König war fett und sehr krank, als er starb.

Als ich die Mumie im Ägyptischen Museum in Kairo untersuchte, stellte sich heraus, daß Amenophis gegen Ende seines Lebens unter großen Schmerzen gelitten haben muß. Er hat schlimme Abszesse an den rechten unteren Schneidezähnen und am rechten oberen Eckzahn gehabt. Offenbar hatte er die Schneidezähne einige Zeit vor seinem Tod verloren, da im Zahnbett neue Knochenmasse nachgewachsen war. Im alten Ägypten litten Könige und einfache Leute gleichermaßen unter Zahnerkrankungen, nicht weil sie – wie es heute der Fall ist – zuviel Zucker zu sich genommen hätten, sondern weil sie täglich Brot aßen. Alles Korn in Ägypten wurde mit Steinen gemahlen. Das bedeutete, daß man mit seinem

Brot auch eine beträchtliche Menge an Steinmehl und Sand zwischen die Zähne bekam. Nach Jahren waren die Zähne davon derart abgenutzt, daß sie von Karies befallen wurden. Zwar gab es im alten Ägypten erfahrene Ärzte, aber sie praktizierten keine Zahnmedizin.

Der starke Verschleiß seiner Zähne muß Amenophis fortwährend Schmerzen bereitet haben, den er vielleicht mit Wein oder mit der neuen Wunderdroge der 18. Dynastie gemildert hat – mit Opium aus Zypern. Ärzte sammelten den Saft, der aus den angeritzten Mohnkapseln sickerte, und trockneten die klebrige Masse, um sie leichter anwenden zu können. Aufgetragen auf eine Wunde oder auf Zahnfleisch, konnte das Präparat wie eine moderne örtliche Betäubung wirken.[8] Als sich sein Gesundheitszustand verschlechterte, dürfte es Amenophis immer schwerer gefallen sein, sich um die Staatsangelegenheiten zu kümmern, ja er mag so betäubt gewesen sein, daß er keine Entscheidung mehr treffen konnte. Unter diesen Umständen dürfte es der entschlossenen Teje leichtgefallen sein, ihren Mann davon zu überzeugen, daß er besser die Regierungsgeschäfte mit ihrem Sohn, dem späteren Amenophis IV., teilte. Als Mitregenten war ihrem Sohn der Thron sicher, wenn der alte König starb.

Als er schließlich nach dem Tod seines Vaters an die Macht kam, scheint eine der ersten Änderungen, die er vornahm, die gewesen zu sein, einer neuen Mumifizierungstechnik für seinen Vater zuzustimmen. Die Einbalsamierer spritzten Baumharz und Salz unter die Haut von Armen, Beinen und Nacken, um sie aufzufüllen und dadurch den Körper lebensechter aussehen zu lassen. Es war nur ein kleiner Bruch mit der Tradition, aber einer, der dramatische Veränderungen ankündigte.

Zeichen an der Wand – Was uns die Tempel erzählen

Für Ägyptologen sind Tempelwände eine ganz wichtige Informationsquelle. Denn auf ihnen rühmen sich die Pharaonen ihrer Taten; und da die Mauern aus Stein errichtet wurden, sind sie erhalten geblieben. Wenn ein König bekanntgeben wollte, wieviel Land er einem Tempel gespendet hatte, dann wurde es in die Wände des Tempels gemeißelt. Wenn ein Pharao von einem siegreichen Kriegszug zurückkam, wurde hier der Triumph in allen Einzelheiten festgehalten, damit alle die Tapferkeit ihres Herrn erfuhren und bewunderten. Die glorreichen Szenen zeigen den Pharao, wie er auf seinem Streitwagen in die Schlacht stürmt, wie er seinen Feind mit Pfeilen tötet und siegreich mit gefesselten Gefangenen zurückkehrt. Und immer schließt die Schilderung damit, daß Schreiber die Haufen abgetrennter Hände zählen – die altägyptische Methode, um festzustellen, wie viele Feinde getötet worden waren. Die Darstellung erfolgte einmal in Worten und einmal in Bildern. Als 1798 Napoleon in Ägypten einmarschierte, waren die Hieroglyphen noch nicht entziffert; daher konnten die Inschriften damals nicht gelesen werden. Weil so viele bildliche Darstellungen Schlachtenszenen zeigten, vermutete man, die Tempel seien Paläste. Man konnte sich nicht vorstellen, daß sich solche Schilderungen der Gewalt an einem Ort der Gottesverehrung befanden. Aber für die alten Ägypter war alles miteinander verknüpft. Fremde Gebiete zu erobern war Teil der göttlichen Ordnung, etwas, was die Götter unterstützten. Jeder Krieg war ein Heiliger Krieg. Hätten die Männer Napoleons die Inschriften lesen können, wäre ihnen aufgegangen, daß es sich bei diesen Bauten tatsächlich um Tempel handelt; sie hätten die Daten der Schlachten, die Anzahl der Getöteten und sogar die Namen der königlichen Pferde entziffern können.

Wer Tempelwände lesen kann, erfährt eine Menge über die altägyptische Geschichte. Die Wandbilder in den Gräbern der Vornehmen und ihre Grabausstattungen liefern uns viele Einzelheiten des Alltagslebens der Menschen. In den Tempeln dagegen finden wir die offizielle Geschichtsschreibung Ägyptens. Da aber die meisten offiziellen Aufzeichnungen mit den Tempeln in Memphis, der nördlichen Hauptstadt, im Boden versunken sind, sind wir auf jene des südlichen Landesteils angewiesen.

In Theben hat es selten geregnet, die Feuchtigkeit war hier stets gering, daher sind die Tempel und die Gräber in einem guten Erhaltungszustand; und die Papyri, die hier gefunden wurden, können noch immer gelesen werden. Die Regierung Amenophis' III. und die seiner Vorgänger der 18. Dynastie ist in Theben gut belegt. Es gibt die Tempel und das Grab Amenophis', doch plötzlich brechen die Informationen mit dem Tod des Königs ab.

Die ersten Hinweise darauf, was nach dem Tod Amenophis' vorgefallen war, stammen aus dem Inneren eines Baus der Tempelanlage von Karnak. Bis zur Wende des 19. Jahrhunderts zum 20. Jahrhundert waren einige große Pfeiler des Tempels zusammengefallen. Die gewaltigen Eingangstore waren baufällig, weswegen größere Restaurierungsarbeiten notwendig wurden. 1926 begann der französische Ägyptologe Henri Chevrier mit dem Wiederaufbau des zweiten Pylonen, den einst Haremhab hatte errichten lassen. Der ruinöse Pylon mußte vollständig abgetragen werden. Jeder Steinblock wurde für den Wiederaufbau numeriert. Als die Blöcke abgetragen wurden, entdeckte Chevrier im Innern des Pylonen Blöcke aus der geheimnisumwitterten Zeit direkt nach Amenophis' III. Regierung.

Die Talatat

Diese Steinblöcke wurden als »Talatat« bekannt, nach dem arabischen Wort *talata*, das »drei« bedeutet, denn die Blöcke sind drei Spannen breit. Die neu aufgefundenen Blöcke trugen Kartuschen (gestreckte ovale Formen mit den Namen des Königs) von Amenophis IV. Sie stammten von einem Eingangstor des Tempels, begonnen von Amenophis III. kurz vor seinem Tod und vollendet von Amenophis IV. Es sah also so aus, als habe Amenophis IV. eine Zeitlang zusammen mit seinem Vater regiert und bei dessen Tod den Pylon im geläufigen ägyptischen Stil vollendet.

Als weitere Talatatblöcke zum Vorschein kamen, wurde deutlich, daß sie tatsächlich in zwei verschiedenen Stilen dekoriert waren. Einige waren ganz im traditionellen Sinne ausgeführt, andere zeigten eine völlig neue Kunstauffassung. Sie stammten von einem Tempel, den Amenophis IV. hatte erbauen lassen. Er, seine Gemahlin und ihre Kinder waren seltsam verzerrt und deformiert dargestellt. Die Szenen zeigten den Pharao, wie er die Sonnenscheibe anbetet; ihre langen Strahlen laufen in Händen aus, die das Anchzeichen, das Symbol des Lebens, zum Pharao hin halten. So etwas hatte man niemals zuvor gesehen. Die Ausgräber erkannten, daß Amenophis IV. einen Tempel für die Sonnenscheibe, Aton, hatte errichten lassen, und zwar in der Tempelanlage von Karnak, die in ihrer Bedeutung für das alte Ägypten etwa dem christlichen Vatikan entsprochen hat.

Eine zuvor obskure Gottheit war in den Vordergrund der Reichsreligion gedrängt worden. Als immer mehr Blöcke entdeckt wurden, stellte sich bald heraus, daß das nicht nur eine neue Kunstrichtung war, sondern daß dahinter eine ausgewachsene religiöse Revolution steckte. Auf manchen Blöcken waren die Gesichter von König und Königin ausgehackt, die Strahlenhände Atons ausgelöscht. Amenophis IV. mochte eine neue Religion gegründet haben, doch irgendwann hatte man sie eindeutig abgelehnt.

Rekonstruktion der Talatat

Über die Jahre wurden mehr als 40 000 Blöcke freigelegt und in großen Lagerhallen aufbewahrt, bis man etwas damit anfangen könnte. Denn es fehlten zu viele Blöcke, um den Tempel zu rekonstruieren, von dem sie stammten. Doch 1965 entwickelte ein amerikanischer Geschäftsmann, Ray Winfield Smith, einen Plan, wie eine Rekonstruktion auf dem Papier möglich sei.[9]

Er schlug vor, jede einzelne Szene zu fotografieren – nicht nur die Talatat in Ägypten, sondern auch jene, die im Lauf der Jahre in Museen und Privatsammlungen rund um die Welt gelandet waren. Alle sollten im selben Maßstab aufgenommen werden. So entstünden Einzelteile für ein gewaltiges Puzzle, das mit Hilfe eines Computers zusammengesetzt werden könnte. So geschah es.

Der Computer wurde mit genauen Angaben zu allen wesentlichen Merkmalen gefüttert. Wenn etwa der Kopf eines Pharaos am Nacken abgebrochen war, wurde das eingegeben, so daß der Computer unter den Tausenden von Blöcken nach jenen suchen konnte, die den Körper eines Königs bis zum mittleren Nacken zeigten. Wenn der Computer Blöcke fand, die möglicherweise zusammenpaßten, wurden die Fotos herausgesucht und zusammengelegt, um festzustellen, ob es sich tatsächlich um passende Stücke handelte. Als das Sechs-Jahre-Projekt voranschritt, stellte sich heraus, daß die Talatatblöcke nicht von einem einzigen Bauwerk, sondern von mehreren Tempeln stammten, die Amenophis IV. in den ersten Jahren seiner Regierung hatte erbauen lassen.

Chevrier fand auch Kolossalstatuen des Königs, die vor seinem Tempel gestanden hatten. Eine zeigt ihn nackt und gewissermaßen als Hermaphroditen mit breiten Hüften und Brüsten, aber ohne Geschlechtsteile. Man kann sich nur fragen, was die Leute in Theben von diesen Statuen ihres Königs gehalten haben. Es gibt kein einziges zeitgenössisches Zeugnis, aus dem hervorginge, was der Mann auf der Straße über seinen neuen Pharao gedacht hat.

Wahrscheinlich fand er zunächst allgemein Zustimmung, als der neue König seinen Vater, den verehrten Amenophis III., bestattete, dessen Pylonen in Karnak vollendete und, wie vorauszusehen gewesen war, seinen eigenen Tempel begann. Vielleicht hat man auch noch bei den ungewöhnlichen Darstellungen der königlichen Familie stillgehalten, aber irgendwann wird man in den Straßen gemurrt haben, als auf die bizarren Königsstatuen noch ausgefallenere Darstellungen Amenophis' IV. im Inneren des Tempels folgten.

Der Hauptschmuck des Tempels war eine Beschreibung des Sedfestes, das gefeiert wurde, wenn der Pharao 30 Jahre regiert hatte.[10] Amenophis IV. feierte sein Sedfest bereits nach etwa vier Regierungsjahren. Beim traditionellen Sedfest, wie es Narmer Jahrhunderte zuvor zelebriert hatte, trug der Pharao die Weiße Krone Oberägyptens und die Rote Krone Unterägyptens, um seinen Anspruch auf die Herrschaft über »Beide Länder« geltend zu machen. Er sollte seine Stärke und seine Körperkraft dadurch unter Beweis stellen, daß er einen Lauf absolvierte und Pfeile verschoß. Darauf besuchte der König die Schreine der Götter aus verschiedenen Gegenden. Aber das Sedfest Amenophis' IV. war anders. Es gab keine Statuen von Amun, Osiris, Ptah, Isis und den anderen Göttern. Alle Schreine enthielten nur Statuen von Amenophis IV. Alle vertrauten Götter Ägyptens waren mit einem Mal verbannt!

Amenophis IV. war Anfang 20, als er Nofretete heiratete. Über ihre Herkunft ist nur wenig bekannt. Doch allein schon ihre Gesichtszüge verraten, daß sie eine ungewöhnliche Frau war. Nofretete war die Große Königliche Gemahlin des Pharaos. Noch in das 21. Jahrhundert wird sie eingehen als eine Ikone der Weiblichkeit und der Schönheit sowie als ein Symbol für Ägypten. Ihren Ruf großer Schönheit verdankt sie der berühmten Büste im Berliner Ägyptischen Museum. Ihre regelmäßigen Gesichtszüge, der lange graziöse Nacken und die weit auseinanderstehenden Augen sind vollendet. Ich vermute, daß diese Büste der Königin ihr genaues Porträt ist.

Aber so wurde sie nicht am neuen Tempel von Amenophis IV. in Karnak dargestellt. Nofretete, Amenophis und ihre beiden Töchter erscheinen dort mit breiten Hüften und überlangen Köpfen. Am sonderbarsten aber ist der König wiedergegeben, mit überlangem Kiefer, dünnem Hals, spindeldürren Armen, ausgeprägten Brüsten, Hängebauch und dicken Oberschenkeln. So etwas hatten die Leute in Ägypten noch niemals zu Gesicht bekommen – ebensowenig die Ägyptologen.

Im fünften Jahr seiner Regierung änderte Amenophis IV. seinen Namen in Echnaton (»Aton gefällig«), unter dem er bis heute bekannt ist. Auf die Bedeutung des Namenswechsels werden wir später zurückkommen. Echnaton (Amenophis IV.) ist der Pharao, über den in der Ägyptologie am meisten diskutiert wurde; und dabei kommt man immer wieder auf sein Aussehen zu sprechen. Manche Forscher meinen, daß er tatsächlich ganz normal ausgesehen habe, daß die dargestellten körperlichen Mißbildungen nur zum Ausdruck bringen sollten, daß der Pharao sowohl männlich wie weiblich war – und dadurch vollkommen. Andere wiederum sind davon überzeugt, daß er mißgebildet war und daß es zur künstlerischen Konvention wurde, alle anderen Mitglieder der königlichen Familie mit denselben Deformationen darzustellen; wie etwa im Spanien des 17. Jahrhunderts alle Höflinge lispelten, als der König diesen Artikulationsfehler hatte.

Früher haben Forscher die Deformation mit medizinischen Ursachen zu erklären versucht. So hat man etwa angenommen, Echnaton habe an der Fröhlich-Krankheit gelitten, einer verminderten Funktion der Hypophyse, die Symptome verursacht, die den ungewöhnlichen Zügen in Echnatons Bildnissen entsprechen. Aber die ganze königliche Familie wurde so dargestellt. Alle Prinzessinnen sind mit überlangen Köpfen abgebildet. Und Nofretete ist manchmal nicht von Echnaton zu unterscheiden. Haben alle Mitglieder der königlichen Familie an der Fröhlich-Krankheit gelitten? Bestimmt nicht.

Zieht man die Fröhlich-Krankheit als Erklärung heran, gibt es ein Problem, denn sie hat unterentwickelte Geschlechtsdrüsen und Zeugungsunfähigkeit bei Männern zur Folge. Immerhin hatten Echnaton und Nofretete sechs Töchter. Da die Fröhlich-Krankheit das Aussehen Echnatons so gut erklärt, haben einige Ägyptologen angenommen, daß er nicht der Vater war. Doch wenn er nicht der Vater war, warum zeigen dann die sechs Töchter seine unverwechselbaren körperlichen Merkmale?

Ich war stets davon überzeugt, daß Echnaton eine Anomalie hatte. Doch wegen der Kinder kann es nicht die Fröhlich-Krankheit gewesen sein. Vor kurzem wurde eine Vermutung ausgesprochen, die weit eher in Frage kommen könnte: Echnaton habe am Marfan-Syndrom gelitten. Diese Krankheit wurde erstmals 1896 diagnostiziert, und zwar von J. B. A. Marfan, einem französischen Kinderarzt, der ein fünfjähriges Mädchen mit langen dünnen Fingern und Zehen sowie einer gekrümmten Wirbelsäule untersuchte. Andere Ärzte stellten bei Patienten mit denselben Symptomen fest, daß diese oft von Augenfehlern, überlangen Gesichtern und Brustkorbdeformationen begleitet werden. Da die Symptome häufig zusammen auftreten, spricht man von einem Syndrom (einem Krankheitsbild, das sich aus verschiedenen charakteristischen Symptomen zusammensetzt). Viele Krankheitszeichen des Marfan-Syndroms können an Echnaton und Mitgliedern der königlichen Familie beobachtet werden, so etwa bei der Kolossalstatue Echnatons die schmalen schräggestellten Augen (Abb. 1). Ungefähr die Hälfte der Menschen, die am Marfan-Syndrom leiden, zeigen eine Verschiebung der Augenlinsen, was ihnen ein ungewöhnliches Aussehen verleiht.[11]

Echnaton und die ganze königliche Familie haben extrem lange Finger und Zehen, spindeldürre Arme, einen schmalen Brustkorb – typische Symptome des Marfan-Syndroms. Doch hatten sie alle diese Krankheit? War sie vielleicht ansteckend?

Obwohl das Syndrom im 19. Jahrhundert erkannt wurde, hat man erst Mitte des 20. Jahrhunderts herausgefunden, daß ihm eine genetische Veränderung zugrunde liegt. Das Gen, das mutiert ist, steuert die Entwicklung des Bindegewebes. Alle Symptome des Marfan-Syndroms werden durch defekte Fibrillen hervorgerufen, die dafür sorgen, daß Muskeln und Knochen zusammengehalten werden.[12] Die Krankheit ist erblich. Wir tragen zwischen 50 000 und 100 000 verschiedene Gene in uns, die Grundlage der Vererbung. Gene kommen in der Regel paarweise vor, eines von jedem Elternteil. Wenn die DNS bei jemandem zum Gen mutiert, das die Fibrillen steuert, wird er in seiner Familie der erste sein, der das Syndrom aufweist. Man kann es auch von einem Elternteil erben, der das Gen hat.

Die zahlreichen Statuen von Echnatons Eltern, Amenophis III. und Teje, weisen keinerlei Krankheitszeichen des Marfan-Syndroms auf. Offenbar war Echnaton der erste in seiner Familie, der diese zeigte. Wahrscheinlich ist also sein Erscheinungsbild auf ein mutiertes Gen zurückzuführen. Bei 25 Prozent der untersuchten Personen, die am Marfan-Syndrom leiden, liegt eine entsprechende Genmutation vor.

Es handelt sich um ein dominantes Merkmal, was bedeutet, daß nur ein Elternteil das defekte Gen weiterzugeben braucht. Bei jedem Kind eines Elternteils mit Marfan-Syndrom besteht die 50prozentige Möglichkeit, daß es die Krankheit erbt. Jede der sechs Töchter Echnatons hatte also das 50prozentige Risiko, das Marfan-Gen in sich zu tragen. Dies mag das Aussehen der Prinzessinnen erklären, die abnorme Länge der Finger (der Fachausdruck lautet Arachnodaktylie, »Spinnenfingrigkeit«) sowie die spindeldürren Arme und Beine. Einige Töchter könnten dieses Gen geerbt haben, was die seltsame bildliche Wiedergabe der königlichen Familie erklären würde.

Wenn also Echnaton tatsächlich am Marfan-Syndrom gelitten hat, dann bleibt die Frage, warum er den Bildhauern des Hofes gestattete, seine körperlichen Eigentümlichkeiten abzubilden. Mehr als 1000 Jahre lang waren die Pharaonen als junge, muskulöse und vollkommene Männer dargestellt worden, egal, wie sie wirklich ausgesehen haben. Echnaton hätte durchaus der überlieferten Kunstauffassung folgen und sich als schlanken muskulösen Mann porträtieren lassen können, so wie es seine Vorfahren getan hatten. Er hat sich anders entschieden, und die ganze Familie folgte ihm sofort. Warum?

Ich glaube, die Antwort liegt in der Psychologie. Aber kann man eine psychologische Theorie auf jemanden anwenden, der mehr als 3000 Jahre tot ist? Ich wollte mich mit Menschen unterhalten, die unter dem Marfan-Syndrom litten. Dann könnte ich in Erfahrung bringen, wie die Krankheit ihr Leben verändert hat. Wie haben sie es als Heranwachsende empfunden, anders zu sein? Haben sie sich ausgeschlossen gefühlt? Hat man sie gemieden? Eine Genetikerin[13], die sich mit dem Marfan-Syndrom beschäftigt, riet mir, ich solle mit einer New Yorker Gruppe, in der sich Patienten mit Marfan-Syndrom zusammenfinden, Kontakt aufnehmen. Ich rief die Leiterin der Gruppe, Julie Kurnitz, an und fragte, ob ich an einem ihrer Treffen teilnehmen und dort meine Theorie überprüfen könne. Nach einem kurzen Lichtbildervortrag über Echnaton würde ich gerne beobachten, wie die Gruppe reagiere.

Die meisten Teilnehmer waren Frauen. Viele würden in der Menge nicht auffallen, denn ihre Symptome waren keineswegs extrem ausgebildet. Doch einige könnten Schwestern Echnatons gewesen sein. Julie hatte die typischen Merkmale des Marfan-Syndroms: Sie war hoch gewachsen mit überlangem Kinn, schmalen Augen, langen dünnen Armen, Fingern und Zehen. Das alles wirkte ungewöhnlich, aber nicht grotesk. Julie ist eine hübsche Frau. Noch bevor ich mich mit der Gruppe unterhielt, änderte ich meine Ansicht über Echnaton: Er war keine Mißgeburt. Man kann andersartig aussehen, ohne den Anblick eines Monsters zu bieten. Keine Frau der Gruppe wirkte abschreckend.

Julie stellte mich der Gruppe vor. Ich erzählte von Echnaton und zeigte Lichtbilder. Nach dem zweiten Dia hörte ich Ausrufe des Erstaunens. Als ich die überlangen Hände und Füße der königlichen Familie zeigte, erscholl der Ausruf: »Marfan-Zehen!« Sie hatten Leidensgenossen im alten Ägypten gefunden. Nach dem Vortrag fragte ich, ob sie als Jugendliche anders behandelt worden seien, sich ausgeschlossen gefühlt hätten oder gemieden worden seien. Und wenn ja, wie sie darauf reagiert hätten. Eine Frau erzählte, als Kind habe man ihr gesagt, sie möge sich für Familienfotos im Bildhintergrund halten, damit ihre langen Hände nicht zu sehen seien. Eine andere junge Frau mit kurzgeschnittenem Haar und Nickelbrille wußte eine ähnliche Geschichte zu berichten. Und dann bekam ich zu hören, was ich wollte. Sie habe sich, so erzählte sie, dagegen aufgelehnt. Sie habe alles getan, um ihr Aussehen zu betonen, habe Umhänge und ausgefallene Kleider getragen und sich exzentrisch geschminkt. Wer weiß, was sie getan hätte, wäre sie der König von Ägypten gewesen. Die Gruppe verstand Echnaton. Es war doch ganz klar, daß er Kolossalstatuen haben, daß er sich bestätigen und behaupten mußte. Es muß eine große Erleichterung gewesen sein, nachdem man so lange gemieden und übersehen worden war.

Es waren wunderbar aufgeschlossene Leute, die mich gerne an ihren Erfahrungen teilnehmen ließen. Als sich herausstellte, daß ich ein Fan von Echnaton war, zogen sie ihre Schuhe aus, um ihre Füße mit denen Echnatons auf den Dias zu vergleichen. Julie versuchte mit ihren überaus langen Fingern die Haltung der Hände der Amarnazeit nachzuahmen, wobei die Fingerspitzen leicht nach oben weisen. Das Treffen mit diesen Menschen war eine ergreifende Begegnung. Zum Schluß fragten sie, ob es Duplikate von den Dias gebe. Echnaton wird ein Poster der Marfan Association zieren, die versucht, andere Menschen mit dieser Störung anzusprechen. Er hat niemals gewußt, was ihn anders machte.

Der Umzug nach Achet-Aton – Amarna

Wenn Echnaton auf seine einsame Kindheit reagiert hat, dann tat er es mit voller Kraft. In einer Erklärung an der Tempelmauer hieß es, daß er die Götter Ägyptens ablehne, die aufgehört hätten zu existieren. Es gebe nur einen einzigen Gott. Anfangs hatte der neue Gott die Gestalt des alten Sonnengottes Re-Harachte – »Re der Horizont Horus«, eine menschliche Gestalt mit Falkenkopf, die einen königlichen Schurz trägt. Diese Fassung taucht erstmals am Südtor der Tempelanlage in Karnak auf, das Echnaton vollenden ließ. Doch diese Form des Gottesnamens existierte nicht lange. Im dritten Jahr seiner Regierung ersetzte Echnaton den falkenköpfigen Gott durch die Sonnenscheibe Aton. In Ägypten war die Sonnenscheibe ein uraltes Symbol – das Wort *aton* bedeutet »Scheibe« –, das erstmals 1000 Jahre früher, im Alten Reich, in Erscheinung tritt. Der Sonnengott spielte in der altägyptischen Religion eine zentrale Rolle. Das Wort für Sonne lautete *re*, das auch den Sonnengott bezeichnete, obwohl beide nicht mit denselben Hieroglyphen geschrieben wurden. Die Rolle des Sonnengottes veränderte sich über die Jahrhunderte; seine Bedeutung wuchs und sank wieder. Re war Schutzgott der im Norden gelegenen Stadt Heliopolis (so der griechische Name), wörtlich die »Sonnenstadt«. Zwar waren Amun, Mut und Chons die Schutzgötter von Theben, doch das Interesse für den Sonnenkult wuchs. Amenophis III. wurde beispielsweise »der Sonnenkönig« genannt. Dennoch war Aton, ein Aspekt der Sonne, nur ein geringerer Gott. Das änderte Echnaton. Aus Inschriften auf Blöcken in Karnak geht hervor, daß Amenophis IV. im fünften Jahr seiner Regierung den Namen Echnaton, »Aton gefällig«, annahm.

Namen hatten im alten Ägypten eine besondere Bedeutung. Oft erhielten Kinder bei der Geburt zwei Namen – einen, den nur die Mutter kannte, und einen, der im Alltag verwendet wurde. Der »wirkliche« Name war der, den die Mutter kannte. Wenn daher ein Zauberspruch den allgemein bekannten Namen nannte, blieb der Zauber wirkungslos. Isis, die »Zauberreiche«, hieß auch »Sie, die alle Namen kennt« – niemand war vor ihrer Zauberei sicher. Echnatons Namenswechsel entsprang nicht der Grille eines Heranwachsenden, er war ein Programm.

Zur selben Zeit, als Echnaton seinen Namen änderte, gab er bekannt, daß er seine Hauptstadt von Theben nach Mittelägypten verlegen werde. An diesem entlegenen Ort sollte Tutanchamun geboren werden. Echnatons Umwälzung hatte sich über eine Zeitspanne von vier oder fünf Jahren entfaltet, was nur ein kurzer Augenblick in der ägyptischen Geschichte ist. Doch es war genügend Zeit, um soziale Spannungen entstehen zu lassen. Die seltsamen Darstellungen des Pharaos und seiner Familie dürften niemanden verletzt haben; sogar die Erhebung des neuen Gottes Aton zu Theben wird wohl von einigen akzeptiert worden sein. Doch als Echnaton Aton zum einzigen Gott Ägyptens erklärte, da waren die Frontlinien gezogen. Nicht länger würden königliche Geschenke von Gold, Leinen, Wein, Getreide, Vieh, Gefangenen und Land den Reichtum der Tempel von Amun, Mut und Chons sowie aller anderen Götter nilauf- und nilabwärts gewährleisten. Echnaton war ein Gott gegen die Götter.

Wenn die Priesterschaft Amuns geschwächt würde und die Unterstützung verlöre, müßten die Tempel geschlossen werden. Vielleicht würde sie gar durch Priester der neuen Religion ersetzt. Zwar besaß die mächtige Priesterschaft in Theben eigene Ländereien, eigene Einkünfte und war auf die Gönnerschaft Echnatons nicht angewiesen. Die Priester müssen trotzdem wütend gewesen sein. Der Pharao hatte verfügt, daß ihre Götter falsch waren, hatte den Tempeln die Unterstützung entzogen und hielt sie wohl für überflüssig. Die Spannungen zwischen Echnatons Hof und den Zehntausenden von Priestern müssen unglaublich groß gewesen sein. Die Entscheidung Echnatons, Theben zu verlassen, muß so etwas wie ein Ventil gewesen sein. Doch wer würde zurückbleiben? Wer würde ihn begleiten?

Wie muß es in Theben zugegangen sein, als der große Umzug bevorstand? Die Älteren werden wahrscheinlich an ihren Göttern festgehalten und gesagt haben: »Laß ihn doch gehen ...« Theben war wohlhabend. Die oberen Schichten lebten gut und dürften wohl kaum das Verlangen verspürt haben, den gewohnten Luxus aufzugeben. Auch die Beamten wie etwa der Bürgermeister von Theben, Ramose, blieben zurück. Sein Dilemma verraten die Wände seines Grabes in Theben-West. Zwei Wände waren bereits fertig, als mit Echnaton der Kunststil wechselte. Sie zeigen ihn, seine wunderschöne Gemahlin und die Familie im traditionellen Stil. Alle tragen die feinsten Gewänder. Jede Locke der Perücke ist an ihrem Platz, jeder ist vollkommen – gerade so, wie man es für die Ewigkeit wünschte. Dann der Wechsel. Verzweifelt bemüht, sich politisch korrekt zu verhalten, ließ Ramose sein Grab in der neuen Kunstrichtung vollenden. Echnaton ist mit seinem mißgestalteten Körper zu sehen, wie er vor seinen Anhängern predigt; und der Pharao und Nofretete im »Fenster der Erscheinung« bei einer öffentlichen Audienz. In seiner Vorsicht ließ sich Ramose mit Halsbändern aus Gold abbilden – die Belohnung dafür, daß er zur neuen Religion übergetreten war. Oder waren sie nur eine Bestechung, damit er zum Schein so tat? Ramose starb, bevor sein Grab vollendet war. Seine Grabprozession wurde eilig auf die Wand gemalt. Ramose stand mit einem Fuß in der alten Religion, mit dem anderen in der neuen. Was mag er über seine Zukunft im Jenseits tatsächlich gedacht haben?

Es war die erste bekannte religiöse Revolution der Geschichte. Für die Anhänger Atons war es eine schöne Zeit. Vielleicht haben einigen die unzufriedenen Priester Schaden zugefügt, andere wollten vielleicht nur an dem großen Abenteuer teilnehmen. Wenn ich an den Aufbruch Echnatons nach Amarna denke, fallen mir die Anhänger der Protestbewegung unserer 60er Jahre ein. Sie waren kaum die Lehrmeister der Gesellschaft, sie hatten oft nur ihren Platz darin nicht gefunden. Unzufrieden mit der Gesellschaft, sind sie in der Hoffnung »ausgestiegen«, in Zukunft ein besseres Leben zu führen. Erstaunlich an dem »Kult« Echnatons ist lediglich, daß er in der Person des Königs von Ägypten seinen Ursprung hatte. Sie alle sind mit dem Pharao ausgestiegen!

Ich vermute, daß Echnaton nicht viele Anhänger in der Oberschicht Thebens hatte, als er aufbrach, seine utopische Gemeinschaft zu gründen. Sie hätten zuviel aufgeben müssen. Die Namen der führenden Leute in Amarna sind uns nicht aus Theben bekannt. Die Leute an Bord der Boote, die nach Amarna fuhren, müssen wie die Pilgerväter auf ihrer Fahrt nach Amerika gewesen sein. Es war nicht der Adel, es waren einfache Leute, die auf ein besseres Leben hofften. Um eine ganze Stadt zu errichten, waren Hunderte von Handwerkern notwendig; wahrscheinlich hat man ihnen gute Angebote gemacht, damit sie dem Pharao auf seiner heiligen Suche folgten.

Es gibt keine Aufzeichnungen, wie der Umzug verlaufen ist. Üblicherweise reisten nur Mitglieder der Oberschicht mit dem Boot. Die einfachen Leute ritten auf Eseln. Aber vielleicht waren diesmal alle mit Booten unterwegs, da ja der Pharao selbst ihr Führer war. Die rund 250 Kilometer lange Flußfahrt nach Norden dürfte eine Woche gedauert haben. An Bord der Boote wird man ganz aufgeregt über die wunderbare neue Stadt, gelenkt von einem einzigen Gott, getuschelt haben. Es muß ein freudiges Gefühl der Hoffnung gegeben haben: Aufbruchstimmung. Das Leben wird gut. Uns ist alles möglich, denn der Pharao ist unser Führer.

IV. Amarna – die Heilige Stadt

Ich bin dein Sohn, der dir dient,
der deinen Namen preist;
Deine Kraft, deine Stärke
sind in meinem Herzen.
Du bist der lebende Aton,
dessen Erscheinungsbild fortdauert.

Echnaton
um 1340 v. Chr.

Als Echnaton mit seinen »Pilgervätern« an der Stelle landete, an der die neue Stadt entstehen sollte, gab es dort nur öde Wüste. Der moderne Name des Ortes ist Tell el-Amarna, kurz Amarna, benannt nach dem Beduinenstamm, der hier ansässig war, als Jahrtausende später die Ausgräber kamen. Hier hatte niemand gelebt, bevor Echnaton den Platz für seine neue Hauptstadt auswählte. Es war jungfräuliches Land, unbefleckt von Schreinen und Tempeln anderer Götter. Wahrscheinlich waren wenige tausend kräftige Leute aufgebrochen, die nun Zelte aufstellten und provisorische Schutzhütten errichteten, um dabeizusein, wie vor ihren Augen eine Stadt entstand. Der Nachschub für die Arbeiten und die Ernährung muß recht aufwendig gewesen sein. Die Zeltstadt wird wie ein Militärlager aufgeteilt gewesen sein, mit einem Quartiermeister für die Versorgung. Feldfrüchte konnten nicht sofort angebaut werden; denn es gab weder Felder noch Bewässerungskanäle. Glücklicherweise waren aber große Mengen Fische und Geflügel vorhanden. Zunächst mußten eine Brauerei und eine Bäckerei eingerichtet werden, um die beiden Grundnahrungsmittel der alten Ägypter herstellen zu können. Sie werden nahe beieinander gestanden haben, denn beide benötigten denselben Grundbestandteil – Hefe.

Die Arbeiter waren die wahren Helden der neuen Stadt. In den Steinbrüchen wurden mit Bronzemeißeln und Holzschlegeln Steinblöcke geschlagen. Millionen von Lehmziegel waren nötig. Ihre Herstellung war ganz einfach. Nilschlamm wurde in eine rechteckige hölzerne Form getan. Dann wurde die Form entfernt, und der zukünftige Ziegel trocknete in der Gluthitze Ägyptens. Kunsthandwerker waren eifrig damit beschäftigt, die Häuser und die offiziellen Gebäude zu dekorieren, als die Ziegellagen immer höher wuchsen. Wahrscheinlich haben sie ihren Freunden in Theben Bescheid gegeben, damit diese sich ihnen anschließen sollten, denn es gab viel zu tun und wenig Zeit. Leuchtend gefärbte Dachziegel und Einlegearbeiten, geformt als Rosetten und Blumen, die Akzente in der Wandbemalung setzen sollten, mußten in Brennöfen gebrannt werden.

In Amarna waren die beiden hauptsächlichen Baumaterialien des alten Ägyptens reichlich vorhanden: Stein und Nilschlamm. Tempel wurden aus Stein errichtet, denn sie sollten ewig halten. Häuser dagegen und sogar die königlichen Paläste entstanden aus Schlammziegeln, die Wände wurden verputzt und bemalt. Über der entstehenden Stadt muß ständig ein Dunstschleier gelegen haben, denn dauernd wurden Staub und Sand aufgewirbelt, wenn die Steinblöcke geschnitten und aus den Steinbrüchen zu den Tempelstätten gezogen wurden. Auf einem riesigen Bauplatz zu leben muß jedoch auf die Kinder großen Eindruck gemacht haben. Mit Scheu werden sie beobachtet haben, wie ein neuer Tempel Gestalt annahm. Wenn die Wände etwa 1,80 Meter hoch waren, mußten Ziegelrampen errichtet werden, damit die Steinblöcke auf Schlitten hinaufbefördert werden konnten. Fünf oder sechs Gebäude wurden gleichzeitig hochgezogen – ganz schön aufregend. In den frühen Tagen Amarnas wird wohl jedes Kind davon geträumt haben, später einmal Baumeister zu werden. Es ist schon sonderbar, daß bei der regen Bautätigkeit in Amarna und im übrigen Ägypten kein einziger Architekturpapyrus aufgefunden worden ist. Es gibt keine schriftlichen Aufzeichnungen, die uns verraten würden, wie eine Pyramide errichtet, ein Tempel entworfen oder auch nur eine Mauer gebaut wurde. Es könnte sein, daß es einmal solche Aufzeichnungen gegeben hat, die nicht erhalten geblieben sind. Aber das glaube ich nicht. Ich habe den Verdacht, daß solche Kenntnisse ein Berufsgeheimnis waren, das von jedem Baumeister an den Sohn weitergegeben wurde. Es gibt zahlreiche literarische und religiöse Papyri, aber keinen einzigen Papyrus zu den Zünften.

Die Anlage der Stadt wurde von der Geographie bestimmt, vom Nil im Westen und von den steilen Felsen im Osten. Das eigentliche Stadtgebiet war rund 5 Kilometer breit und 13 Kilometer lang. Die »Königsallee« erstreckte sich von Norden nach Süden und teilte die Stadt der Länge nach in zwei Hälften. Mit ihrer Breite von mehr als 38 Metern war sie vielleicht die größte Prachtstraße des Altertums. Ursprünglich sollte sie aufwendigen Wagenprozessionen der königlichen Familie dienen. Doch dann nutzten sie vor allem Verwaltungsbeamte, die von ihren Wohnungen in den Vororten mit Eseln zu ihren Büros in der Innenstadt ritten.

Von Osten nach Westen teilten zwei ausgetrocknete Flußbetten, die aus Furcht vor Sturzfluten unbebaut blieben, die Stadt in drei Bezirke: Zentrum, nördliche und südliche Vorstadt. Zusammen mit den Vororten – dort gab es neue helle Werkstätten, Tempel und Wohnhäuser – erstreckte sich die Stadt von Norden nach Süden über eine Länge von rund 27 Kilometern. Jenseits der nördlichen Vorstadt entstand seitwärts ein Dorf mit kleinen Häuschen für die Arbeiter. Die Villen der Reichen folgten dem gleichen Bauplan: Eine große Eingangshalle mit schlanken Holzsäulen, geschmückt mit Lotosmotiven in leuchtenden Farben, führte in einen großen Wohnraum, der von vier wuchtigen Säulen beherrscht wurde. Von ihm zweigten Schlaf- und Badezimmer sowie Gasträume ab. Hinter dem Haupthaus lagen die Unterkünfte für die Bediensteten, Getreidespeicher, Lagerräume, Küchen und Ställe. Auch diese größeren Häuser wurden zur selben Zeit schnell errichtet – ein Bauprogramm für die Oberschicht.

In der Innenstadt, der »Insel, geehrt in Jubiläen«, lag das Verwaltungszentrum der neuen Kapitale. In einem Gebäude, dem »Haus der Korrespondenz des Pharaos«, wurde der Briefwechsel Echnatons mit den Herrschern Vorderasiens aufbewahrt. Hier lagerten auch die Korrespondenz und die Handelsabkommen seines Vaters, Amenophis' III., mit ausländischen Abgesandten. Irgend jemand muß an die Dokumente gedacht haben, als sie sich aufgemacht hatten. Nahe dem Staatsarchiv lag die Polizeistation mit Schlafräumen, Trainingsgelände und Ställen für Streitwagen. Selbst in einer theokratischen Stadt mußten Diebe festgenommen, Ehestreitereien geschlichtet und Gräber, sobald sie errichtet waren, mit ihren kostbaren Reichtümern bewacht werden. In der Nähe war auch die Hochschule, Per-anch (»Lebenshaus«), an der die künftigen Priester ausgebildet wurden. Der Lehrplan war neu und wahrscheinlich von Echnaton selbst entworfen. Die jungen Priester waren nicht länger gehalten, den Mythos von Isis und Osiris zu rezitieren oder die »Hymne an Re« zu psalmodieren, bis sie sie auswendig kannten, denn alle diese Götter existierten nicht mehr. Echnaton war nicht nur eine neue Religion offenbart worden, er hatte auch selbst die neuen religiösen Texte, die neuen Gebete und Hymnen geschrieben.

Was für eine aufregende Zeit für die Seminaristen Atons! Denn es war eine radikale Theologie. In keinem Land war bisher das Pantheon auf eine einzige, allmächtige Gottheit reduziert worden. Es gab plötzlich eine neue, machtvolle Gottesidee, deren Konzept in den Einzelheiten noch ausgearbeitet werden mußte. Das, so meinten sie, würde die Welt verändern. Beaufsichtigt wurden die Priesterschüler von Merire, dem Hohenpriester Atons. Da sein Name »Geliebt von Re« bedeutet, könnte es sich vielleicht um einen unteren Priester aus Theben gehandelt haben, der frühzeitig zum Anhänger der neuen Religion geworden war und Echnaton nach Amarna begleitet hatte.

Beherrscht wurde das Stadtzentrum von der königlichen Residenz, die zu dieser Zeit vielleicht der größte Königspalast des Altertums war. Sie war ein riesiges, weitläufiges Labyrinth aus Audienzhallen, offenen Höfen, privaten Wohngemächern, Kinderstuben, Küchen und gewaltigen Lagerräumen. Der Palast erhob sich am Nil, von dem stets eine kühle Brise kam, davor lagen drei Terrassengärten mit exotischen Pflanzen. Höchst ungewöhnlich war eine gedeckte Brücke über die »Königsallee«, die den Ost- mit dem Westflügel verband, eine architektonische Neuerung. Diese Straßenüberquerung war das charakteristischste Merkmal des Palastes, ja der ganzen Stadt. Hier befand sich das »Fenster der Erscheinung«, in dem sich Echnaton und Nofretete zeigten, oft von den Prinzessinnen begleitet, um Würdenträger unten auf der

Straße in Audienz zu empfangen.[1] Von diesem Fenster aus überreichten sie auch das Ehrengold, vor allem goldene Halskrägen und Armreifen, als Belohnung für die Gläubigen. Religion hat zwar ihre eigene Anziehungskraft, doch etwas Gold machte sie noch attraktiver.

In einer Palastkapelle oder »Hofkirche« verrichtete die königliche Familie ihre persönliche Andacht und wurde von den Strahlen Atons verjüngt. Für die gewöhnlichen Bürger gab es bald einen riesigen Stadttempel, eine Herausforderung selbst für die unvergleichliche Tempelanlage von Karnak. Seine Maße betrugen rund 180 Meter in der Länge und etwa 46 Meter in der Breite; nichts Derartiges hatte man zuvor erblickt. Meist waren die ägyptischen Tempel geheimnisvolle Orte, mit Steinplatten gedeckt, durch deren schmale Schlitze nur gedämpftes Licht ins Innere drang. Traditionell lagen die einzelnen Abschnitte auf einer Linie hintereinander. Zunächst betrat man den offenen Hof, einen weiten Bezirk, wo die einfachen Leute den Göttern ihre Verehrung entgegenbringen konnten. Eine Rampe führte vom offenen Hof zu einem gedeckten Saal; er war für die Würdenträger reserviert. Die folgenden Räume wurden immer kleiner und intimer, da der Boden anstieg und die Decken niedriger wurden, wodurch eine weihevolle Atmosphäre entstand. Die dritte Abteilung war das Allerheiligste, zu dem nur die Priester, die den Gottesdienst versahen, zugelassen waren. Hier ruhten die »Orakel«, Kultstatuen für die Vorausschau der Zukunft und die Erlangung göttlicher Führung. Normalerweise blieben sie in ihren Schreinen aus Stein; lediglich an besonderen Festtagen wurden sie in vergoldeten Holzschreinen, die den heiligen Barken des Pharaos glichen, um die Stadt getragen.

All dies fegte Echnaton beiseite. Da es keine Statuen

von Aton gab und die anderen Götter verbannt waren, gab es auch kein Allerheiligstes. Und da die Sonnenscheibe im Mittelpunkt der Verehrung stand, wurde auf dunkle Durchgänge und sogar Dächer verzichtet. Der neue Tempel Atons war luftig und sonnendurchflutet. Er bestand aus einer Umfassungsmauer, die im Rechteck einen offenen Bezirk von der Größe zweier Fußballfelder umschloß. Drinnen gab es nichts außer dem weiten Raum und den Opfertischen, einen für jeden Tag des Jahres; hier wurden Aton täglich Speiseopfer dargebracht. Echnatons andere Tempel wichen von diesem Grundmuster nur geringfügig ab. Einige waren kleiner, aber alle hell, luftig und zum Himmel offen. Ich glaube, Echnaton und seine Anhänger waren braungebrannt wie kalifornische Sonnenanbeter.

Auf ein Charakteristikum der thebanischen Tempel aber verzichteten die neuen Tempel nicht, vielleicht weil es zu auffällig gewesen wäre. Massive Eingangstore, die Pylonen, trennten wie jene der Tempel in Karnak und Luxor die äußeren Bezirke vom inneren Tempel. Von hohen Stangen, die an den Vorderseiten der Pylonen befestigt waren, flatterten im leichten Wind lange Fahnen, die den Lebenshauch versinnbildlichten.

Alles, was wir heute von Amarna wissen, verdanken wir einer Reihe ungewöhnlicher Ausgräber, die von dem Rätsel der verschwundenen Stadt in Bann geschlagen waren. John Gardner Wilkinson, der Sohn eines Geistlichen und einer der ersten britischen Ägyptologen, studierte in Oxford, brach aber sein Studium ab, um eine militärische Laufbahn einzuschlagen. Als er in Italien stationiert war, hörte er von Versuchen, die Hieroglyphen zu entziffern. Neugierig wandte er sich nach Ägypten, wo er zwölf Jahre blieb. Wie alle Pioniere der Ägyptologie war Wilkinson

Autodidakt. Die kurze Erfahrung beim Militär war ihm nun bei der spartanischen Lebensweise von Nutzen, die seine Arbeit in den folgenden Zeiten mit sich brachte. Er ließ sich zunächst in Theben nieder und katalogisierte die Gräber im Tal der Könige. Das war recht einfach: Mit einem Farbtopf in der einen Hand und einem Pinsel in der anderen gab er jedem Grab eine Nummer. Diese Nummern gelten bis heute.

1824 reiste Wilkinson nach Amarna. Er entdeckte die Reste von Tempeln, Palästen, Gräbern, Häusern und von breiten Hauptverkehrsstraßen – alles, was man bei einer Stadt des Altertums erwarten würde. Doch irgend etwas stimmte nicht. Die Kunst – Wandbilder, Reliefs und Plastiken – war völlig anders als alles, was er jemals in Ägypten gesehen hatte. Wie auf den Steinblöcken, die ein Jahrhundert später in Karnak entdeckt wurden, waren der König und die Königin entstellt abgebildet. Der Pharao hatte breite Hüften und offensichtlich weibliche Brüste, fast eine feminine Erscheinung. Die Königin hatte ebenfalls breite Hüften und Brüste, was aber für eine Frau nicht weiter verwunderlich ist. Immerhin war ihr Nacken ungewöhnlich lang, ihre Arme waren spindeldürr, die Köpfe der Prinzessinnen nach hinten überlängt. Zusammen mit diesen Figuren war eine Sonnenscheibe mit Strahlen abgebildet, die auf die königliche Familie herabschien. Die Strahlen endeten in Händen, von denen jede ein Anchzeichen, das Lebenssymbol, oder ein Zepter, das Symbol der Macht, trug. Was waren das für seltsame Leute? Wilkinson konnte es nicht sagen; ihre Namen waren ausgemeißelt.

Wilkinson konnte zwar die Hieroglyphen auf den Grenzstelen der Stadt nicht entziffern, aber er entdeckte etwas, was später den entscheidenden Hinweis auf das

Schicksal Amarnas liefern sollte. Die Stadt war nicht nur aufgegeben, sie war regelrecht auseinandergenommen worden.[2] Paläste, Tempel und Häuser waren bis auf die Grundmauern zerstört worden, so daß praktisch nur ihre Fundamente und zufällig erhaltene Blöcke übriggeblieben waren. Nur die Gräber waren noch intakt, da man sie in den Fels gehauen hatte. Ihr Wandschmuck sollte später weitere Hinweise auf den Untergang der Stadt liefern. Jahrzehnte der Spekulation folgten. Doch zur ersten systematischen Ausgrabung kam es erst ein halbes Jahrhundert später.

1883 begannen französische Archäologen mit der Ausgrabung in Amarna, um die Rätsel des Schicksals der königlichen Familie, der seltsamen Kunst und der Zerstörung der Stadt zu lösen. Etwas Unerhörtes mußte hier vor sich gegangen sein. Der Ort war völlig anders als alles, was man bislang untersucht hatte. Die meisten Grabungen galten einzelnen Bauwerken, wie etwa dem Tempel von Luxor, oder Baukomplexen, wie in Karnak, aber dies hier war eine ganze Stadt, wenn auch nicht mehr viel von ihr übriggeblieben war. Alles, was die Franzosen sahen, waren Erdhügel über Kilometer hinweg. Man wußte nicht, wo man mit der Arbeit beginnen sollte. Da die Stadt absichtlich abgebaut worden war, war die Grabung eine Herausforderung für die Archäologen. Und es gab nur geringe Hoffnung auf Schatzfunde.

Dennoch machte die Grabung Fortschritte. Die Fundamente der Paläste, der Tempel und der Häuser wurden vom Sand befreit. Die Vorstädte und die breite »Königsallee« kamen zu Vorschein. Im Osten, wo sich aus der Ebene plötzlich die Felshänge erheben, entdeckten die Ausgräber die Felsgräber – eine Gruppe nach Norden, eine nach Süden. Es waren die Gräber der Oberschicht und der hohen Stadtbeamten. Innen waren fast auf jeder Wand der sonderbar ausschauende König, die Königin und die Sonnenscheibe eingemeißelt. Die Franzosen veröffentlichten ihre Funde nur langsam. Daher begann ein junger britischer Archäologe namens Flinders Petrie mit seiner eigenen Grabung, denn er wollte die Antworten auf die Fragen finden, die diese einzigartige Stätte aufwarf. Bald stellte er die gestandenen Ägyptologen in den Schatten.

Mit seinem langen weißen Bart und zerrissener Kleidung sah er aus wie Charlton Heston in der Rolle des Moses in Cecil B. DeMilles Film »Die Zehn Gebote«. Es machte ihm nichts aus, 25 Kilometer in die Stadt zu marschieren, um den Wochenlohn für seine Mannschaft abzuholen, und dann wieder zum Lager zurückzulaufen.

Schon in der Frühzeit der Grabungen gab es einen schwunghaften Handel mit Altertümern. Wenn ein Arbeiter einen kleineren Gegenstand wie etwa ein Schmuckstück fand und ihn in seinem Gewand verbarg, konnte er auf dem Schwarzmarkt dafür mehr erhalten, als er im Monat regulär verdiente. Doch wenn Petries Arbeiter auf etwas stießen und es ihm aushändigten, zahlte er ihnen einen angemessenen Preis. Auf diese Weise war er der einzige Ausgräber, der ein leidlich vollständiges Bild von den Funden auf seinem Ausgrabungsgelände gewann. Dennoch blieb Diebstahl ein Problem. Zwielichtige Gestalten lungerten in der Nähe der Grabungen herum, um auszuspionieren, was sich im Schutz der Nacht entwenden ließ. Das brachte Petrie nicht aus der Ruhe, der seine Begegnung mit einem Dieb festgehalten hat:

> Ein gewisser Quibell blieb liegen, als ich ihn verprügelte. Er schwor, daß er zum Konsul gehen würde, da ich ihm das Bein gebrochen hätte. Ich ließ ihn auf Händen und Knien wegkriechen. Dann rannte ich ihm mit lautem Gebrüll hinterher. Da schoß er wie ein Hase davon.[3]

Das war die wilde Anfangszeit der Ägyptologie.

Petrie war von dem neuen Kunststil fasziniert. Über 1000 Jahre lang war der Pharao als junger und kräftiger Mann dargestellt worden, muskulös, bereit zur Schlacht. Und immer war er siegreich. Doch in Amarna gab es keine Schlachtenszenen. Kein Pharao streckte die traditionellen Feinde Ägyptens nieder. Noch überraschender war, daß der Pharao nicht beim Opfer für die Götter dargestellt war; es waren überhaupt keine Götter zu erkennen. Dafür entdeckte Petrie Familienszenen: Der König wiegt seine Kinder liebevoll auf dem Schoß; er küßt zärtlich eine Tochter oder seine Frau; beide bei der Anbetung der Sonne, anstatt irgendeines erkennbaren ägyptischen Gottes. Nichts dergleichen war in den 2000 Jahren altägyptischer Kunst zuvor zu sehen gewesen.

Das war eine unglaubliche Abwendung von der jahrhundertealten Kunsttradition Ägyptens, in der nicht nur die Themen, sondern auch die Proportionen und die Größenverhältnisse der Figuren nach dem Bedeutungsmaßstab genau geregelt waren. Wenn die traditionellen Künstler mit dem Grab- oder Tempelschmuck begannen, zeichneten sie zunächst ein rotes Gitternetz auf die Wand, um die Proportionen zu bestimmen – zwei Quadrate für den Kopf, vier für die Schultern usw. Wandbilder beruhten im wesentlichen auf Zahlenverhältnissen. Unter Echnaton wurden die altüberlieferten Proportionen aufgegeben. Die Königin wurde oft so groß wie der Pharao dargestellt, entsprechend ihre Kinder; selbst die einfachen Leute werden oft nur etwas kleiner als ihr König abgebildet. Die Kunst von Amarna fesselte Petrie; durch diese künstlerische Sprache wehte ein frischer Wind.

Je mehr von der geheimnisumwitterten Familie ans Licht kam, desto mehr geriet Petrie in ihren Bann. Es sah so aus, als sei dieser Pharao – dessen Name sich schließlich als der Echnatons herausstellte – ein religiöser Visionär gewesen. Nach Jahrhunderten der Verehrung zahlreicher Götter, hatte dieser Pharao alle Götter bis auf einen in Acht und Bann getan, und dieser eine war die Sonnenscheibe Aton. Das war Monotheismus. »In der Wahrheit lebend«, der Wahlspruch Echnatons, schien für Petrie der springende Punkt der Revolution zu sein. Echnaton muß eine körperliche Mißbildung gehabt haben, aber entsprechend seinem Motto gestattete er oder bestand er vielleicht sogar darauf, daß er wirklichkeitsgetreu abgebildet wurde. Die Idee beeinflußte die Themenwahl und führte zu den innigen Familienszenen.

Alles in allem waren die Werke wunderschön. 1891 grub Petrie herrlich bemalte Böden des Palastes aus: Sumpfvögel und herumspringende Tiere in ihren ursprünglichen glühenden und vibrierenden Farben. Petrie zeichnete für eine etwaige Veröffentlichung mehr als 20 Quadratmeter der Bodenbemalung nach. Der Fußboden erregte solches Aufsehen, daß Petrie einen hölzernen Gehweg für Besucher baute. So konnten sie gemächlich um die Malereien herumwandeln, ohne sie zu beschädigen. Da er befürchtete, daß die einheimischen Zimmerleute die Böden mit ihrem Material zerschrammen könnten, führte Petrie alle Arbeiten selbst durch. Noch Jahre nachdem Petrie seine Ausgrabung beendet hatte, kamen die Touristen zu den wunderbaren Malereien. Da es keinen Fußpfad vom Fluß gab, nahmen die Besucher leider oft den Weg durch die Felder eines Bauern und verursachten dabei beträchtlichen Flurschaden. Eines Nachts hat der Bauer den alten Estrich in Stücke gehackt.

Petrie war ein religiöser Mensch, der die Anfänge seines eigenen Glaubens im Monotheismus Echnatons sah. Wie viele andere Ägyptologen mit ähnlichem Hintergrund war er damals nach Ägypten gekommen, weil es für ihn Teil des Heiligen Landes war, Schauplatz des Exodus, und weil er nach Bestätigung der Bibel suchte. Abgesehen von dem religiösen Aspekt war Petrie der Wahrheit recht nahe. Echnaton war der erste, dessen abstrakte Ideen großen Einfluß auf seine Gesellschaft hatten; der erste, der, soweit man weiß, einen einzigen Gott verkündet hat. In den Worten Petries:

> Kein anderer König Ägyptens oder einer anderen Weltgegend hat seine Auffassung so aufrichtig und so offen verwirklicht. In jeder Hinsicht war Echnaton der originellste Denker Ägyptens und einer der größten Idealisten der Welt. Keiner scheint einen größeren Schritt auf eine neue [Gottes-] Vorstellung hin unternommen zu haben als er [...][4]

Da Petrie in der Übersetzung von Hieroglyphen nicht genug ausgebildet war, konnte er das Schriftmaterial, das er entdeckte, nicht ganz verstehen. Dennoch begriff er, wie aufschlußreich die Grenzstelen für die Stadt waren, und hoffte, ihre Inschriften nutzen zu können. Zu jeder Stele legte er ein Schriftstück an; darunter war auch eine ganz und gar unerreichbare, die nur durch ein Fernrohr zu sehen war.[5] Emsig fertigte er Abschriften an. Als sie später von anderen übersetzt wurden, stellte sich heraus, daß die 14 Grenzsteine, die Echnaton hatte errichten lassen, um die Stadtgrenzen festzulegen, eine erstaunliche Geschichte berichteten.

Die Stelen, innerhalb von vier Jahren mit Inschriften und Reliefs versehen, lieferten zwei Fassungen der gleichen Proklamation. Echnaton verkündet, daß Aton selbst ihn hierher geführt und ihm aufgetragen habe, an der Stelle, an der sich Aton zum erstenmal geoffenbart und die Welt zu bestehen begonnen habe, eine Stadt zu gründen. Diesen Auftrag habe Echnaton in einer mystischen Vision erhalten. Die Stadt nannte er Achet-Aton – »Horizont Atons«. Er versicherte jedem, der die Inschriften las:

> *Seine Hoheit erschien im großen Staatswagen aus Elektron wie Aton, wenn er sich in seiner Stadt am Horizont erhebt [...] Aton, mein Vater, hat mich in allem beraten, was Achet-Aton betrifft. Kein Beamter, keiner aus dem ganzen Land hat mir jemals gesagt, daß ich Achet-Aton an diesem öden Platz errichten soll.*[6]

Vielleicht hatte Echnaton zum Horizont hinübergeschaut und festgestellt, daß die Felshügel nur von einem Wadi durchbrochen werden, wodurch die Form des Hieroglyphenzeichens für Horizont entstanden war:  Darin hat er vielleicht das Zeichen Atons gesehen. Als ich vor einigen Jahren in Amarna war, stand ich eines Tages früh auf und blickte aus dem Fenster. Da sah ich die Sonne, wie sie über einem Paß der Hügelkette jenseits des Nils aufging. Es konnte nicht anders sein, dachte ich: Echnaton hat das genau so gesehen.

Nachdem Echnaton die Bauwerke beschrieben hat, die er für »seinen Vater« Aton errichten würde, endet der Stelentext mit einem bemerkenswerten Gelöbnis:

> *Was den südlichen Grenzstein in den östlichen Bergen von Achet-Aton angeht [...] so werde ich ihn nie und niemals nach Süden überschreiten [...] Was den mittleren Grenzstein in den östlichen Bergen von Achet-Aton angeht [...] so werde ich ihn nie und niemals nach Osten überschreiten [...]*[7]

Echnaton gelobte, niemals die Stadt zu verlassen. Hat sich damals jemand klargemacht, was das für Ägypten bedeutete? Wenn der Pharao für immer in der Stadt blieb, konnte er die traditionellen Aufgaben eines Pharaos nicht erfüllen. Er konnte nicht die Armee gegen die Feinde Ägyptens ins Feld führen, sich nicht um Staatsangelegenheiten kümmern, die es erforderten, daß er die Stadt verließ. Es bedeutete, daß er die Verwaltung des Landes in die Hände ziviler Beamter legte. Der Rückzug von der königlichen Macht würde die ehrgeizigen Mitglieder des Hofes veranlassen, deren Reste an sich zu reißen. Auch gäbe es für Echnaton keine Gelegenheit mehr, sich mit den gekränkten, aber noch einflußreichen Priestern in Theben und Memphis zu arrangieren. Der König hatte mit seiner Thronbesteigung absolute Macht übernommen, und nun gab er alle Verantwortung ab. Echnaton änderte nicht nur die Religion, er veränderte die Rolle des Königs. Im traditionsgebundenen Ägypten war dies eine ebenso erschreckende Umwälzung wie die Verbannung der alten Religion. Es scheint, als habe Echnatons Vorstellung vom Königtum darin bestanden, daß er sein Volk nur in geistlichen Dingen lenken wollte.

Eines Tages versammelte Echnaton seine Anhänger bei einer der Grenzstelen zu einem Gottesdienst um sich und sprach in einer Art Bergpredigt zu ihnen:

> *An den großen und lebenden Aton […] Lebensspender, voller Leben, mein Vater […] mein Schutzwall aus Millionen Ellen, meine Mahnung an die Ewigkeit, mein Zeuge für das, was ewig ist, der sich selbst mit seinen eigenen Händen offenbart, den sich kein Künstler vorstellen kann, der sich ohne Ende jeden Tag im Aufgang und im Untergang der Sonne manifestiert […] Er erfüllt das Land mit Seinen Strahlen und macht, daß jeder mit Leben erfüllt ist […]*[8]

Der Text enthält einen wichtigen Satz – »den sich kein Künstler vorstellen kann«. Der tiefere Sinn ist klar: Aton, der wahre Gott, ist immateriell und abstrakt. Das bedeutete des Ende der Kultstatuen, der Mythologie und der Symbolik. Nie wieder würden Kunsthandwerker Götterfiguren schaffen. Nie wieder sollte es für die Gläubigen ein vertrautes Bild geben, auf das sie sich konzentrieren konnten, Totenbücher mit ihren Vignetten von der Reise ins Jenseits. Der neue Gott war so unfaßbar wie die Sonnenstrahlen.

Der Wechsel von sichtbaren Göttern zu einem abstrakten Konzept war vielleicht das wichtigste Element in Echnatons Neuerung. Die alten Ägypter waren in vielen Bereichen begabt und erfahren, aber eines konnten sie nicht: abstrakt denken. Sie haben keine philosophischen Schriften hinterlassen, anders als die Griechen ein Jahrtausend später. Die ägyptische Mathematik war die beste des Altertums, aber sie war nicht abstrakt. Die Ägypter hatten eine Geometrie entwickelt, um die Feldgrenzen der Bauern neu zu vermessen, wenn die jährliche Flut sie weggeschwemmt hatte. Aber sie haben nicht die Natur des Raumes untersucht. Ihr ganzes Nachdenken galt fest umrissenen, konkreten Erfordernissen. Echnaton scheint in Kategorien gedacht zu haben, die für die Ägypter völlig neu waren. Als er seine Anhänger mit nach Amarna nahm, nahm er sie auf eine größere geistige Reise mit, als sich irgendeiner von ihnen vorstellen konnte.

Echnaton der Träumer

Die vollständigste Darstellung der neuen Theologie enthält ein Hymnus, der in die Wände mehrerer Gräber in Amarna eingemeißelt ist. Die ausführlichste Fassung stammt von der Westwand des Grabes Ejes, eines Günstlings Echnatons. Alles spricht dafür, daß der Pharao selbst den Text entworfen hat. Obwohl er Jahrhunderte vor dem Alten Testament entstanden ist, hat er einen ähnlichen Tonfall. Tatsächlich haben Gelehrte Parallelen zu Psalm 104 festgestellt.

Gleißend erhebst du dich im Lichtland des Himmels,
O lebender Aton, Schöpfer des Lebens!
Wenn du im östlichen Lichtland aufscheinst,
Erfüllst du jedes Land mit Schönheit.
Schön bist du, groß und strahlend
Hoch über jedem Land.
Deine Strahlen umarmen alle Länder
Bis zum Rand deiner Schöpfung.
Herrsche, Re, du erreichst ihre Grenzen,
Du unterwirfst sie deinem geliebten Sohn.
Fern bist du, und doch ist dein Glanz auf der Erde.

Es seh'n dich die Menschen, doch niemand begreift
deine Bahn [...]

Wie zahlreich sind deine Werke,
Verborgen dem menschlichen Blick,
Einziger Gott, neben dem es keinen anderen gibt!
Nach deinem Willen hast du die Erde geschaffen, du allein,
Menschen, Rinder und Schafe:
Alles, was auf Erden mit Beinen geht,
Alles, was sich auf Flügeln in die Lüfte erhebt,
Die Länder Syrien und Kusch,
Das Land von Ägypten.
Du stelltest jeden an seinen Platz,
Du stillst den Mangel.
Jeder hat seine Nahrung,
Gezählt sind seine Tage.
Sie sprechen mit verschiedener Zunge,
Verschieden ist auch ihr Wesen,
Verschieden die Haut,
Denn unterschiedlich hast du die Völker geschaffen [...]

In meinem Herzen bist du,
Niemand ist sonst, der dich kennt,
Nur dein Sohn Nefercheperure [Echnaton], Einziger Re,
Ihn hast du eingeweiht in deine Pläne, deine Macht [...][9]

Der Atonhymnus zählt zu den großen geistigen Leistungen des Altertums. Da die theologische Lehre in eine derart elegante Form gekleidet war, muß er für die Anhänger Echnatons eine große Anregung gewesen sein. Nur ein einziger Gott – Aton – hat die Welt und alle Menschen, nicht nur die Ägypter, geschaffen. Wenn aber Aton der Gott aller Menschen war, dann waren die Ägypter nicht länger etwas Besseres. Indem Echnaton sämtliche Menschen der Welt mit einschloß, entzog er allen früheren Feldzügen Ägyptens die Rechtfertigung. Die Welt drehte sich nicht länger um Ägypten, sie drehte sich um die Sonne.

Der Atonhymnus zeigt Echnaton als einen Mann von hoher Sensibilität, als beseelten Dichter; wohingegen die Ansprache auf den Grenzstelen auf einen Visionär, einen Mystiker schließen lassen. Die Politik und die Veränderungen unter seiner Regierung waren in ihrem Humanismus so radikal und so sehr abweichend von der Tradition, daß sie nur vom Pharao selbst ins Leben gerufen sein konnten. Auf Tempel- und Grabwänden sehen wir einen Mann, der sich seiner Familie widmet. An seiner Stadt erkennen wir das kühne Planen eines schöpferischen Geistes. Aus seiner Kunstauffassung sprechen seine Liebe zur Schönheit und sein Glaube an »ein Leben in Wahrheit«.

Nofretete, deren Name bedeutet »Die Schöne ist gekommen«, ist stets neben dem Pharao zu sehen, wie sie Aton die täglichen Opfer darreicht. Beide treten bei offiziellen Anlässen gemeinsam auf. Auch in der Öffentlichkeit halten sie sich an der Hand. Sie umarmen sich im Staatswagen auf dem Weg zum Tempel. Der König redet von ihr als der »Süße der Liebe« und »am Klang ihrer Stimme erfreut sich der König«. Jede Grenzstele hat eine lange Präambel, in der er die Tugenden seiner geliebten Gemahlin preist:

Und die Erbin, groß im Palast, schön von Gesicht, geschmückt mit der Doppelfeder, Herrin der Glückseligkeit, voll der Gnade, an deren Stimme sich der König erfreut, die Große Königliche Gemahlin, von ihm geliebt, die Gebieterin der Beiden Länder, Nefer-neferu-Aton-Nofretete [Gütig wie die Schönheit Atons – Die Schöne ist gekommen], möge sie allezeit und immerdar leben.[10]

Hingebungsvoll hat er eine oder zwei seiner Töchter auf den Knien und küßt sie zärtlich. Echnaton, ein Vorkämpfer für die Werte der Familie, ersteht aus den Ruinen von Amarna als ein Mann, den wir mögen, nachdenklich und fürsorglich. Wir können nachvollziehen, warum Petrie von ihm eingenommen war.

Es ist verführerisch, nur diese Seite Echnatons wahrzunehmen – der Mann, der Liebe und Frieden predigte. Aber es gab noch eine andere, dunklere Seite: Echnaton war unduldsam und elitär. Ein zweiter Blick auf die Kunst von Amarna enthüllt, daß Aton seine Strahlen nur auf Echnaton und die königliche Familie hinabsendet, nicht auf das ägyptische Volk. Der einfache Mann wird niemals dargestellt, wie er die Strahlen Atons und die Symbole des Lebens und der Macht empfängt. Aton war Echnatons persönlicher Gott. Jeder andere mußte sich mit dem zweitklassigen Licht zufrieden geben, das Echnaton reflektierte.

Die Aufzeichnungen aus Amarna ergeben, daß der König das Land nicht regieren konnte und wollte. Das Ägypten, das er von seinem Vater, Amenophis III., geerbt hatte, war in seinem Goldenen Zeitalter, auf der Höhe seiner Macht gewesen. Abgaben aus fremden Ländern flossen jedes Jahr nach Ägypten. Doch nachdem Echnaton die Macht übernommen hatte, dachte niemand mehr daran, Abgaben zu machen. Die Einnahmen waren nur geflossen, solange Ägypten eine starke Armee gehabt hatte, um die Tribute mit Gewalt einzutreiben. Echnaton überantwortete die Verwaltung des Landes de facto seinen Beamten. Ohne einen starken König mußten die Abgaben zurückgehen und einträgliche Handelsabkommen durchlöchert werden. Die Armee erhielt nur wenig Unterstützung. Während Echnaton Aton anbetete, wurden die Staatsangelegenheiten vernachlässigt, bis sie zerfielen. Er war das »Blumenkind« eines reichen Vaters, Amenophis' III., das das Familiengeschäft geerbt hatte, sich aber nicht darum kümmerte.

Unter der nachlässigen Regierung Echnatons nahm der ägyptische Einfluß im Vorderen Orient rapide ab. Der Ägyptologe Donald Redford, der mehr als ein Vierteljahrhundert in Amarna gearbeitet hat, glaubt, daß seine Funde »einen der unangenehmsten Züge der Lebensart, die Echnaton zum Vorbild erklärte, [enthüllen]: kultivierte Trägheit«[11]. Als Ägypten allmählich seine Vorherrschaft im Vorderen Orient verlor, müssen die Einwohner Amarnas trotz ihrer Isolation gespürt haben, daß mit dem Land etwas nicht in Ordnung war. Der neue Gott, der abstrakte Aton, hatte für Ägypten nicht so gut gesorgt wie die alten Götter. Schließlich versuchte Echnaton, die Gläubigen mit Geschenken bei der Stange zu halten. Reliefs in den Gräbern zeigen Echnaton, Nofretete und die Prinzessinnen im »Fenster der Erscheinung«[12], wie sie an die Bürger unten auf der Straße goldene Halsbänder verteilen. Gegen Ende der Regierungszeit Echnatons dürfte die Verteilung des Ehrengoldes in erster Linie Bestechung gewesen sein, um die Leute beim Glauben zu halten.

Als ihm die Kontrolle immer mehr entglitt, schickte Echnaton in einem Anfall von Fanatismus Arbeiter durch das ganze Land, die den Namen Amuns, des traditionellen Hauptgottes von Theben, auf allen Monumenten tilgen sollten. Selbst die drei Hieroglyphen, die im Namen seines Vaters (Amenophis/Amenhotep) für »Amun« stehen, wurden entfernt.

Echnaton starb im 17. Jahr seiner Regierung. Seine Vision von einer neuen Welt nahm er mit ins Grab. Sein Körper wurde nie gefunden. Keine Inschrift berichtet uns, woran er gestorben ist. Wir wissen nur, daß eine Regierung, die damit begann, den Frieden zu predigen, als Regime der Intoleranz endete.

V. Tutanchamuns Eltern

Gott wird den Aufrührer um
des Tempels willen schlagen,
Er wird überwältigt werden für das,
was er getan hat […]
Er wird keine Gnade finden
am Tag der Not.

König Cheti
um 2150 v. Chr.

Gleich nach Echnatons Tod wurde Boten losgeschickt, um die Nachricht im Land zu verbreiten. Sie eilten nach Theben im Süden und nach Memphis im Norden. Normalerweise hätte eine solche Neuigkeit das ganze Land in Kummer und Trauer gestürzt, denn der Tod demonstrierte den Sieg Seths über Osiris, den Bruch der göttlichen Ordnung. Echnatons Tod jedoch muß ganz anders aufgenommen worden sein. In verschiedenen Gesellschaftsbereichen dürfte er ganz unterschiedliche Gefühle ausgelöst haben. Denn die göttliche Ordnung war bereits gründlich zerstört, und zwar durch den Pharao selbst in vielen Jahren der Verwirrung. Zumindest insgeheim werden sich die Priester des Amun in Theben gefreut haben. Ihre Gebete waren erhört worden: Der Pharao, der den Namen ihres Gottes Amun hatte ausmeißeln lassen, war dessen Rache anheimgefallen. In Memphis warteten die Priester auf den Tag, an dem sie wieder Ptah, den Weltenschöpfer, verehren konnten, wie sie es in den vergangenen Jahrhunderten getan hatten.

Auch beim Militär muß Jubel ausgebrochen sein. Nichts hatte ihnen größeren Kummer bereitet, als tatenlos zuzusehen, wie Ägyptens Machtstellung dahingeschwunden war. Jahrzehnte waren ins Land gegangen, seitdem sie ihren letzten jährlichen Feldzug unternommen hatten, um aus fremden Ländern Tribute zu pressen. Zunächst hatte sich Amenophis III. 35 Jahre lang ganz auf die Bauten Thebens konzentriert: Unsterblichkeit hatte er in den Tempeln gesucht, nicht in den Schlachten, wie es die Tradition wollte. 35 Jahre nur Paraden waren schwer zu ertragen gewesen. Wenigstens waren die Vasallenstaaten von ihren früheren Niederlagen so eingeschüchtert, daß sie loyal geblieben waren. Doch die letzten 15 Jahre hatten an den Nerven gezerrt. Eines nach dem anderen waren die ehemals tributpflichtigen Länder in den Machtbereich der verhaßten Hethiter oder des verachteten Mitannireichs geraten, nachdem Klagebriefe der Gesandten, die um militärische Unterstützung durch Ägypten baten, auf taube Ohren beim Pharao gestoßen waren. Die Militärs müssen in größeren Jubel ausgebrochen sein als irgendeine andere Gruppierung, als sie vom Tod Echnatons hörten – nun würde es mit ihnen wieder aufwärtsgehen.

Die Einwohner Amarnas müssen Unsicherheit und Furcht geplagt haben. Wo würde ihr Platz in der neuen Welt sein? Ihre Religion, weswegen es Amarna überhaupt gab, war die Vision eines einzigen Mannes gewesen. Wer würde nun nach seinem Tod seine Stelle einnehmen? Was würde aus seiner Stadt und seinen Leuten werden? Diese Fragen sollten bald ihre Antworten finden. Doch zuerst mußten die Begräbnisfeierlichkeiten abgehalten werden.

Für die Mumifizierung eines Pharaos und die begleitenden Rituale waren üblicherweise 70 Tage erforderlich. Doch mit seiner neuen Religion hatte Echnaton auch die Vorstellung vom Leben nach dem Tod geändert. Nach dem alten Glauben war das Jenseits die bessere Fortsetzung des Diesseits. Das war für Echnaton, der der Welt ihren ersten abstrakten Gott geschenkt hat, zu materialistisch und irdisch. Er glaubte, daß das Leben nach dem Tod eine Schattenexistenz sei: Der Verstorbene, oder doch sein Geist, bleibt im Grab und erwacht jeden Morgen, wenn Aton am Horizont erscheint. In seinem Grab haben Ausgräber Reste von Uschebtifigürchen gefunden. Nach der Tradition waren sie Diener im Jenseits, die in ihren Händen Ackergeräte für ihre Arbeit in den elysischen Gefilden halten. Doch hier halten sie Anchzeichen, Symbole des Lebens.[1] Wir wissen nicht, welche neuen Rituale abgehalten oder welche neuen Gebete zu Ehren Echnatons aufgesagt wurden. Doch ich nehme an, daß der Hohepriester Merire zumindest den Atonhymnus rezitiert hat.

Die Arbeiten an Echnatons Grab hatten gleich nach seinem Umzug nach Amarna begonnen und waren bis zu seinem Tod fortgeführt worden. Der einsame Platz, den er sich als letzte Ruhestätte ausgesucht hatte, liegt rund 10 Kilometer von der alten Stadt entfernt. Als ich das erste Mal durch die Ödnis ging, fragte ich mich: Warum ausgerechnet hier? Der einzige Weg zum Grab führt durch ein Tal voller Geröll, was den Transport von Arbeitern und Proviant behindert haben muß. Doch dann habe ich begriffen, was Echnaton hierher gezogen hat. Der Platz hat unverkennbar die Ausstrahlung des Tals der Könige in Theben-West. Aus dem Tal steigen weiße Kalksteinwände steil empor. Die Anlage des Grabes ähnelt jener der Gräber in Theben, wo Echnaton seinen Vater, Amenophis III., zur letzten Ruhe geleitet hat. Vielleicht hat Echnaton, der noch immer unter der Zurückweisung in seiner Kindheit litt, am Ende seines Lebens die Anerkennung seines Vaters gesucht.

Der rund 7,50 Meter lange Eingangskorridor des Königsgrabs ist in den Talboden geschlagen. Unten führt ein waagrechter Korridor nach rechts zu sechs unvollendeten Räumen. Geradeaus führt der Abstieg wieder rund 7,50 Meter nach unten zu einer weiteren Zimmerflucht, ebenfalls nach rechts gelegen. In einem dieser Räume werden wir auf die Spur Tutanchamuns stoßen. Der Gang endet in dem Raum mit Echnatons Sarkophag. Die Rekonstruktion mit Hilfe der Bruchstücke hat ergeben, daß Echnaton sogar in der Gestaltung seines Sarkophages die Überlieferung aufgegeben hat. Er hat eine einfache rechteckige Steinkiste aus Granit gewählt, wohingegen sich die meisten seiner Vorgänger in Steinsärgen bestatten ließen, die die Gestalt von Kartuschen, dem Zeichen des Königtums, hatten. An jeder Ecke ist eine weibliche Figur zu sehen, die mit ihren Flügelarmen den Sarkophag umfaßt, um den Pharao zu schützen. Nach der Tradition waren es Göttinnen, bei Echnaton viermal seine geliebte Nofretete.[2]

Während der Körper des Pharaos für das Begräbnis vorbereitet wurde (es gibt dazu keine Aufzeichnungen, daher wissen wir nicht, wie und ob überhaupt die Körper nach der neuen Religion mumifiziert wurden), mußte etwas Dringenderes erledigt werden. Das Land konnte nicht 70 Tage auf die neue Regierung warten. Ein Pharao mußte gekrönt werden. Den Inschriften auf den zerbrochenen Blöcken in Amarna können wir entnehmen, daß die königliche Familie ziemlich geschwächt war. Nofretete war einige Jahre zuvor gestorben. Ein weiteres Mitglied des königlichen Hauses, der das Erwachsenenalter erreicht hatte, ist nur schattenhaft zu erkennen: Semenchkare. Vielleicht war er der Bruder Tutanchamuns. Doch als Kind wird er nicht erwähnt oder mit den anderen königlichen Kindern dargestellt. Aber am Ende der Regierung Echnatons erscheint er als dessen Mitregent. Allerdings starb Semenchkare, nachdem er zwei Jahre den Thron mit Echnaton geteilt hatte, und ließ den König bis zu dessen Tod allein zurück.

Von den sechs Töchtern Echnatons und Nofretetes wird nach dem Tod ihres Vaters nur Anchesenpaaton erwähnt. Vielleicht hat noch eine andere gelebt; doch dafür gibt es keinen eindeutigen Beweis. Nicht nur die Säuglingssterblichkeit, die sich im Altertum der 50-Prozent-Marke näherte, war hoch, sondern auch die Kindersterblichkeit. Wenigstens vier Töchter waren gestorben; Anchesenpaaton könnte sehr wohl das einzige lebende Familienmitglied mit reinem königlichem Blut gewesen sein. Das einzige Kind, in dem wenigstens teilweise königliches Blut floß, war ein kleiner Junge namens Tutanch*aton,* der später den letzten Teil seines Namens in *-amun* ändern sollte. Ich nehme an, daß er der Sohn Echnatons war. Unter den Ägyptologen sind die Meinungen geteilt. Es wird Zeit, daß wir uns damit beschäftigen, wer er war.

Als Petrie mit der Freilegung des Palastes in Amarna begann, untersuchte er zunächst die Abfallhaufen, denn die liefern meist aufschlußreiche Informationen über das damalige Leben im Palast. Königliche Gegenstände wie Krüge, Geschirr, Lampen, Kosmetikgefäße wurden oft mit den Namen ihrer Besitzer versehen. Zerbrachen sie, warf man sie auf die königlichen Müllhaufen. Petrie wußte, wie aufschlußreich es sein konnte, solche Reste sorgfältig durchzusieben, und beauftragte einige Männer mit dieser Arbeit. Hunderte von Gegenständen mit Namensinschriften der königlichen Familie kamen zum Vorschein, darunter einige mit dem Namen Tutanch-

atons. Für Petrie war es klar, daß dieser mysteriöse Tutanchaton, von dem die damaligen Ägyptologen nur wenig wußten, irgend etwas mit der religiösen Revolution in Amarna zu tun gehabt haben mußte.

Glücklicherweise war es zur Zeit Tutanchamuns Mode am königlichen Hof, Fingerringe aus Keramik mit dem Namen des einen oder des anderen Mitglieds des königlichen Haushalts zu tragen. Diese leuchtendblauen Keramikringe waren sehr zerbrechlich. In den Abfällen fand Petrie Dutzende von ihnen mit den Namen Echnatons, Nofretetes, der sechs Prinzessinnen und Tutanchatons. Ohne Zweifel hatte er zum königlichen Haushalt gehört. Doch wer waren seine Eltern? Und warum wurde er nicht zusammen mit den Prinzessinnen dargestellt? Eine Frage mag die andere beantworten. Beginnen wir also mit Tutanchamuns Vater.

Stünden noch die Tempel und die Paläste Amarnas, würde der Wandschmuck wahrscheinlich die fehlenden Einzelheiten zur Herkunft Tutanchamuns liefern. Es muß Tausende von Steinblöcken mit Inschriften gegeben haben, aus denen einst die großen Tempel errichtet worden waren. Sie können nicht alle restlos zerschlagen worden sein. Wo sind sie geblieben? Diese Frage scheint sich Petrie nicht gestellt zu haben. Jahre nachdem er Amarna verlassen hatte, fand eine deutsche Gruppe heraus, daß die Blöcke über den Nil gebracht und für andere Tempel der späteren Stadt Hermopolis wiederverwendet worden waren. Diese Blöcke lieferten den ersten realen Hinweis auf die Eltern Tutanchamuns.

Als die Deutschen die Inschriften auf den Blöcken in Hermopolis übersetzten, fanden sie die Zeile »leibhaftiger Sohn des Königs, von ihm geliebt, Tutanchaton«. Verschiedentlich war sein Name in Kartuschen gesetzt, woraus hervorgeht, daß Tutanchaton König war. Damit stand fest, daß dieser König auch der Sohn eines Königs war. Doch wer war dieser König?

Seitdem diskutieren die Ägyptologen darüber, wer die Eltern Tutanchamuns waren. Einige glauben, daß er der Sohn Amenophis' III. und seiner Großen Königlichen Gemahlin Teje war. Gegen diese Theorie spricht eine einfache Rechnung. Aus anderen Quellen, auf die ich später zurückkomme, kennen wir das Todesjahr Tutanchamuns; und aus der sorgfältigen Untersuchung seiner Mumie geht hervor, daß er mit 19 Jahren gestorben ist. Wenn man nun von seinem Todesjahr zurückrechnet, ergibt sich, daß er in der Mitte der 17jährigen Regierungszeit Echnatons geboren wurde. Amenophis III., der Vater Echnatons, heiratete Teje am Anfang seiner 38jährigen Regierungszeit. Selbst wenn sie damals 15 Jahre alt war, war sie, als Tutanchamun geboren wurde, in den Fünzigern, also deutlich jenseits des gebärfähigen Alters. Auch erwähnen Amenophis und Teje niemals einen Sohn Tutanchaton, wenn die Rede von ihren anderen Söhnen ist. Aus den Aufzeichnungen geht hervor, daß sie sechs Kinder hatten, vier Mädchen und zwei Jungen, und von allen kennen wir die Namen. Schließlich gehört der Name Tutanchaton eher nach Amarna, denn er hat mit Aton zu tun, nicht mit Amun oder den anderen alten Göttern, nach denen Amenophis III. seine Kinder benannt hat.

Als Tutanchamuns Vater kommt noch am ehesten Echnaton selbst in Frage. Allerdings liegt ein Problem darin, daß Tutanchamun niemals mit der übrigen Familie dargestellt wurde. Auf den Wänden der Gräber von Amarna sind immer wieder Echnaton, Nofretete und ihre sechs Töchter zu sehen – niemals ein Sohn. Wenn Tutanchamun tatsächlich der Sohn Echnatons war, warum wurde er nicht mit der übrigen Familie abgebildet? Darauf gibt es zwei gute Antworten. Erstens kam es in der 18. Dynastie selten vor, daß auf Monumenten königliche Prinzen dargestellt wurden – normalerweise nur Prinzessinnen. Keiner weiß, warum das so ist. Vielleicht fürchteten die Pharaonen, daß die Bilder von Söhnen den »konkurrierenden« Nachfolger offiziell verkündeten, ehe der Vater bereit war, den Thron abzugeben. Aber was auch immer die Gründe waren, aus der Tatsache, daß in dieser Dynastie bei der Darstellung der königlichen Familie keine Söhne abgebildet wurden, kann man keineswegs schließen, daß es keine Söhne gab.

Ein noch überzeugenderer Grund dafür, daß Tutanchamun nicht mit der königlichen Familie dargestellt wurde, kam in den 60er Jahren des 20. Jahrhunderts zutage. Im Britischen Museum in London und im New Yorker Metropolitan Museum of Art befinden sich Salbgefäße mit dem Namen und der Titulatur einer bis dahin unbekannten Königin in Amarna: Kija.[3] Das New Yorker Gefäß wurde Howard Carter 1920 abgekauft, der damals – in der Zeit vor seiner Entdeckung des Grabes Tutanchamuns – mit Altertümern handelte, um damit seinen Lebensunterhalt zu bestreiten. Die Inschrift, geschnitten in den weißen Stein und mit blauer Farbe nachgezogen, gibt die Titulatur Kijas wieder: »Ehefrau und große Geliebte des Königs von Ober- und Unterägypten, der in der Wahrheit lebt [Echnaton], das schöne Kind des lebenden Aton, das immerfort und ewig leben möge, Kija«. Das Gefäß im Britischen Museum trägt eine fast identische Inschrift.[4] Nachdem nun bekannt war, daß Echnaton eine zweite Gemahlin hatte, haben die Ägyptologen nach weiteren Spuren von ihr gesucht.

Bald darauf wurden Blöcke von den niedergerissenen

Tempeln in Amarna entdeckt; sie trugen den Namen Kijas (Abb. 2). Zwar war sie nicht die Große Königliche Gemahlin – das war Nofretete –, aber immerhin die zweite Gemahlin des Königs, eine wichtige Person am Hof. Die Blöcke zeigen Kija zusammen mit Echnaton beim Opfer für die Sonnenscheibe. Auf anderen Darstellungen sieht man sie beim Gottesdienst für Aton in einem Tempel, der eigens für sie errichtet wurde. Allerdings taucht sie niemals auf Bildern auf, die die Große Königliche Gemahlin Nofretete zeigen. Sie haben sich den Ehemann geteilt, aber nicht den Rang.[5]

Viele Reliefblöcke mit Kija stammen von ihrem Tempel, einem sogenannten Sonnenschatten, in Amarna. Diese Anlage war eigentlich ein großes Parkgelände mit Kiosken aus Stein und diente wohl eher der Meditation als dem Gottesdienst.[6] Kijas »Sonnenschatten« war ein Platz der Schönheit mit einem zentralen Teich. Die Fußböden schmückten Motive aus der Natur – Sumpflandschaften, Wasservögel, Pflanzen und Bäume –, alles, was Aton geschaffen hatte. Der Kiosk, ausgelegt mit farbigen Keramikfliesen und Steinen, zeigte Kija beim täglichen Opfer für Aton.

Kijas Name erscheint auf den Monumenten seit etwa dem neunten Regierungsjahr Echnatons nicht mehr. In dieser Zeit wurde Tutanchamun geboren, so daß es nicht ganz ausgeschlossen ist, daß sie bei der Geburt des künftigen Königs gestorben ist. Kurz nach ihrem Tod wurde ihr Name auf ihrem Sonnenschattentempel getilgt und durch den der ältesten Prinzessin ersetzt. Wenn Kija tatsächlich die Mutter Tutanchamuns war, dann würde das erklären, warum der junge Prinz nicht auf den offiziellen Darstellungen der königlichen Familie erscheint. Kinder des Königs mit einer Nebenfrau besaßen einen geringeren Rang als die Kinder der Großen Königlichen Gemahlin. Tutanchamun würde niemals zusammen mit seinen ranghöheren Halbschwestern abgebildet worden sein.

All das war nur graue Theorie, bis im einsamen Grab Echnatons die Bestätigung dafür gefunden wurde. Seit der Zeit der Pyramiden waren die Königsgräber nur selten rechtzeitig zum Begräbnis fertig geworden. Ich nehme an, daß man es für ein Unglück gehalten hat, wenn das Grab vor dem Tod des Königs vollendet wurde. Und allgemein dürfte die Zeitspanne zwischen Tod und Begräbnis des Pharaos nicht gereicht haben, um das Grab fertigzustellen. Also war auch das Grab Echnatons bei seinem Tod nicht vollendet. Doch der Wandschmuck in einigen Räumen war abgeschlossen. Derartige Szenen hatte man noch nie zuvor in einem Pharaonengrab gefunden. Das waren keine Darstellungen von Göttern, die den Pharao im Jenseits willkommen hießen. Die Tradition war durch intime Einblicke in das Privatleben des Pharaos ersetzt worden. Seit langem kennen Ägyptologen[7] die anrührende Szene, in der Echnaton und Nofretete den Tod ihrer zweiten Tochter, Maketaton, betrauern. Verwirrend ist, daß es im Grab tatsächlich zwei solche Szenen gibt, die sich sehr ähneln, eine in Raum Alpha und eine in Raum Gamma. Auf beiden Darstellungen sind eine tote Frau auf einem Bett, Echnaton und Nofretete in Trauergebärde und ein Säugling in den Armen einer Amme zu sehen. Die meisten Fachleute vermuteten, daß der Tod Maketatons im Kindbett festgehalten sei. Aber warum sollte dasselbe Ereignis in zwei Szenen dargestellt worden sein? In den 70er Jahren fand Professor Geoffrey Martin vom University College in London bei den Arbeiten zu seiner umfangreichen Dokumentation, in der er alles genau aufzeichnete, was sich an den Grabwänden erhalten hat, den Beweis dafür, daß Echnaton der Vater Tutanchamuns gewesen ist.

Martin bemerkte, daß bei aller Ähnlichkeit der beiden Szenen nur eine (in Raum Gamma) den Namen der sterbenden Frau mit Maketaton angibt, der Tochter von Echnaton und Nofretete. Die Szene in Raum Alpha nennt weder die Identität der Mutter noch die des Säuglings. Es könnte durchaus sein, daß zwei verschiedene Frauen, beide im Kindbett gestorben, getrennt betrauert wurden. Auf der Darstellung mit der ungenannten Mutter in Raum Alpha lehnen sich Echnaton und Nofretete über die gerade verstorbene Mutter. Hinter ihnen hält eine Frau (eine Amme?) das Neugeborene. Höchst bemerkenswert ist, daß Amme und Neugeborenes von einem Fächerträger begleitet werden, was anzeigt, daß es sich um ein Königskind handelt. Überzeugend legt Martin nahe, daß die Szene in Raum Alpha die Geburt Tutanchamuns wiedergibt und daß die Mutter wahrscheinlich Kija ist, die Nebenfrau Echnatons.[8]

Alles in allem könnte es so gewesen sein: Irgend jemand hat ein königliches Kind zur Welt gebracht (daher der königliche Fächerträger). Kija, eine Nebenfrau, hatte besondere Vorrechte erhalten, etwa eine eigene kleine Kapelle, woraus man schließen kann, daß sie etwas getan hatte, was sie aus der Rolle einer Haremsdame heraushob. Doch bei dem höheren Status blieb es nicht (sie starb im Kindbett). Darauf wurde ihre Kapelle jemand anderem zugesprochen. Eine neugeborene Tochter hätte den Pharao, der bereits sechs Töchter hatte, nicht weiter in Aufregung versetzt. Anders lagen die Dinge, wenn Aussicht auf einen Sohn bestand, vor allem dann, wenn der Pharao keinen von seiner Hauptfrau hatte – dies wäre einer Darstellung im Grab des Königs wert gewesen. Sehr wahrscheinlich hat also Kija, die Nebenfrau Echnatons, dem König einen Sohn geboren. Wir wissen von den Steinblökken in Hermopolis, daß Tutanchamun der Sohn eines Königs war, und zwar wahrscheinlich nicht Amenophis' III. und seiner gealterten Gemahlin. Die Schlußfolgerung ist nicht zwingend, aber ich glaube, sie stimmt. Tutanchamun war der Sohn von Echnaton und Kija. Das würde die Erklärung dafür liefern, warum Tutanchamun niemals zusammen mit den anderen Prinzessinnen zu sehen ist. Er war der Sohn einer niedereren, wenn auch geehrten Frau des Pharaos.

Nur weil er nicht in den offiziellen Familienbildnissen zu sehen ist, sollten wir nicht annehmen, daß Tutanchamun vernachlässigt oder gar übersehen wurde. Solange nichts weiter passierte, stand Tutanchamun nur einen Schritt hinter dem rechtmäßigen Thronerben, Semenchkare. Er wird alle Privilegien genossen und jegliche Aufmerksamkeit erfahren haben, die einem Mitglied des königlichen Haushalts zustanden, einem, der eines Tages Pharao sein könnte.

Wir können uns das Leben des jungen Tutanchamun in Amarna nun ganz gut vorstellen. Er kam etwa um die Mitte der größten religiösen Umwälzung, die Ägypten je erlebt hatte, zur Welt. Sein Leben begann in einer höchst umtriebigen und tatkräftigen Familie, die voller Optimismus und Begeisterung für die neue religiöse Bewegung war, aber weit entfernt vom übrigen Ägypten und seinen alten Göttern. Als kleines Kind wird er wohl nicht verstanden haben, was sein Vater predigte, aber er wird gespürt haben, daß sein Vater, der Pharao, der wichtigste Mann an der Spitze des Staates war.

Tutanchamun wuchs in der königlichen Kinderstube

heran, zusammen mit sechs Prinzessinnen, seinen Halbschwestern, alle bis auf eine älter als er. Der Thronerbe Semenchkare war mehr als zehn Jahre älter als er und wahrscheinlich sein Bruder oder Halbbruder; er stand vielleicht schon auf eigenen Füßen. Mit etwa vier Jahren dürfte Tutanchamun lesen und schreiben zu lernen begonnen haben. Hieroglyphen lesen zu lernen ist schwieriger, als der Laie es sich vorstellt. Es handelt sich ja nicht um eine Bilderschrift. Wenn eine Inschrift die Hieroglyphenzeichen »Eule« und »Fuß« enthält, dann ist darin nicht von Eulen und Füßen die Rede. Die Eule steht für den Lautwert M und der Fuß für B. Viele Hieroglyphen sind Lautzeichen wie unsere Buchstaben. Tutanchamun lernte zunächst die 25 Buchstaben des ägyptischen Alphabets, dann begann er mit den Hunderten von anderen Hieroglyphen, den Ideogrammen (Wortzeichen) – Bildern der Dinge oder der Begriffe.

Stunden über Stunden hingebungsvollen Schreibens waren nötig, um die Hieroglyphen mit einem Binsenrohr korrekt hinzumalen. Die Schüler kauten am Ende des Schreibgerätes, bis es gespreizt und weich wie ein Pinsel war. Die Schreibpalette war rechteckig und bestand aus Holz oder Stein mit Vertiefungen für die rote und die schwarze Farbpaste sowie einem eingeritzten Schlitz für die Schreibbinsen. Tutanchamuns Schreibpalette, die später in seinem Grab gefunden wurde, war aus Elfenbein geschnitzt und mit seinem Namen versehen. Um zu schreiben, tauchte er die Binse in einen kleinen Napf mit Wasser, strich damit über die feste Tuschpaste und schrieb die Hieroglyphen zur Übung auf Ostraka, Keramikscherben, später auf Papyrus. Die Hieroglyphe für »schreiben« besteht aus den Bildern der Geräte, mit denen auch Tutanchamun schreiben gelernt hat:  Palette, kleiner

Wassernapf und Binse. Tutanchamuns Schreibübungen bestanden darin, Weisheitslehren früherer Generationen abzuschreiben. Beliebt waren Texte, die gleichermaßen den Verstand wie die Schönschreibkunst verbesserten: »Laß deinen Ruf gedeihen, während dein Mund schweigt.« – »Berichte nur, was du beobachtet, nicht, was du vom Hörensagen weißt.« Vermutlich hat Tutanchamun, als er heranwuchs, Gebete für Aton abgeschrieben.

Doch sein Leben bestand nicht nur aus Lernen. Mit seinen Schwestern und den Kindern der Hofleute wird er zum Schwimmen an die Ufer des Nils gegangen sein, bewacht von Wärtern und Ammen, die auf die Krokodile achteten. Ein bekanntes Liebesgedicht aus jener Zeit klagt: »Meine Liebe ist auf der einen Seite des Flusses, ich bin auf der anderen, dazwischen liegt ein Krokodil auf der Sandbank.« Mit einem kleinen Bogen, extra für die kurzen Arme eines Jungen angefertigt, lernte er Enten zu schießen. Oft in Begleitung einer seiner Schwestern, hat er sich wahrscheinlich gerne im Schilf versteckt und auf Beute gewartet. Der junge Prinz führte ein sorgenfreies Leben. Sein älterer Bruder würde einmal König werden. Daher spürte Tutanchamun nicht die Verantwortung oder die Notwendigkeit, sich auf Staats- und religiöse Aufgaben vorzubereiten.

Mit etwa acht Jahren wird Tutanchamun mit dem Wagentraining begonnen haben. Ein erfahrener Wagenlenker muß ihm zur Seite gestanden haben, um die feurigen Pferde zu zügeln, bis er stark genug war, selbst die Zügel zu führen. Sein Lehrer hat ihm über Wochen die Feinheiten beigebracht, wie man geschickt über unebenes und sandiges Gelände fährt. Dieses Wagentraining sollte ihn nicht auf spätere Schlachten vorbereiten, denn sein Vater war an Kriegen nicht interessiert. Er sollte vielmehr bei den Familienaufzügen auf der »Königsallee« eine stattliche Figur im Wagen abgeben.

Einiges jedoch hat Tutanchamun verpaßt. Sein Vater hatte gelobt, niemals die Stadt zu verlassen. Daher war es ihm wohl nicht gestattet, einen Ausflug ins Delta, rund 400 Kilometer nördlich von Amarna, zu unternehmen. Dort war das Papyrusdickicht so dicht, daß sich zwei Menschen aus 3 Meter Entfernung nicht sehen konnten, das beste Revier für die Jagd auf Enten und andere Wasservögel. Hier fingen Vogelfänger mit ihren Netzen 20 Vögel auf einmal. Davon wird Tutanchamun gesprächsweise im Palast gehört haben; doch er konnte an der Jagd nicht teilnehmen. Er wird auch einiges über Theben vernommen haben, über die große Stadt mit Tempeln, die sogar größer als die in Amarna waren; dort hatte sein Großvater regiert und war sein Vater aufgewachsen. Doch auch sie konnte er nicht besuchen. Denn dort waren die Priester des Amun, und sein Vater hatte erst vor kurzem Leute ausgeschickt, die den Namen Amuns auf allen Tempeln ausmeißeln sollten, sogar von der Spitze des Obelisken der Königin Hatschepsut – obwohl er so hoch war, daß die wenig begeisterten Arbeiter die befohlene Tat unterließen, da sie der Meinung waren, es sei doch nicht zu erkennen.

Als Tutanchamun acht oder neun Jahre alt war, dürfte er mitbekommen haben, daß es am Hof seines Vaters Ärger gab. Das Außenministerium hatte Briefe aus fernen Ländern, weit jenseits der Grenzen Ägyptens, erhalten. Es waren kleine Tontafeln, hart wie Stein. Die Tafeln, etwa 6 bis 9 Zentimeter breit und 6 bis 23 Zentimeter lang, waren in Keilschrift beschrieben, eine Schrift, die völlig anders war als die Hieroglyphen, die Tutanchamun gerade zu schreiben lernte. Die Briefe waren in Akkadisch verfaßt, der internationalen Diplomatensprache der damaligen Zeit. Viele Briefe stammten von Herrschern anderer Länder; sie kamen aus Byblos (Libanon), Ugarit (Syrien), Assur (Irak) und Hattusa (Türkei). Andere hatten Vasallen geschrieben, die um die Gunst des Pharaos buhlten. Viele brachten ihre Verwirrung darüber zum Ausdruck, daß der König nicht auf ihre Bitten antwortete.

So hat etwa der loyale Fürst von Byblos, Rib-Addi, eine Reihe von Briefen an Echnaton geschickt, in denen er verzweifelt um Hilfe bat. Er schrieb nicht weniger als 64 Briefe. Wir kennen Rib-Addi aus früheren Briefen an Echnatons Vater, als die Zeiten noch besser waren. Sie lassen einen Mann mit gutem Geschäftssinn erkennen, der die Staatsangelegenheiten mit Würde und Stolz erledigte. Während Echnatons Regierung war seine Stellung in Byblos schwächer geworden. Der getreue Fürst schrieb wiederholt an Echnaton und bat darum, Truppen zu schicken.

Was bildet sich Abdi-Assuta ein, der Knecht, der Hund,
daß er das Land des Königs für sich beansprucht?
[...] Daher schicke mir 50 Pferdegespanne und
200 Fußsoldaten. Dann könnte ich in Sigata bleiben [...][9]

Als die Truppen nicht kamen, schrieb er an den ägyptischen General Amanappa:

An Amanappa, meinen Vater, dies [sagt] Rib-Adda,
dein Sohn:
Zu Füßen meines Vaters werfe ich mich nieder [...]
Warum hast du dich zurückgehalten und nicht gesprochen
zum König, deinem Herrn, damit du aufbrächest
mit Bogenschützen [...]

Daher sprich dies Wort zum König, deinem Herrn [...]
Damit er mir Hilfe schicke so schnell wie möglich.[10]

Als sogar diese mitleidheischende Bitte unbeantwortet blieb, wandte sich Rib-Addi wieder an Echnaton:

Rib-Addi sprach zu [seinem] Herrn, dem König der Länder,
Der große König, der König der Schlachten [...]
Zu Füßen meines Herrn, meiner Sonne,
werfe ich mich siebenmal nieder.
Lasse den König, den Herrn, wissen, daß es Gubla gutgeht,
Die treue Dienerin des Königs aus der Zeit seines Vaters.
Aber siehe, nun hat Abdi-Asirti Sigata genommen
und sagt den Leuten von Amnia: »Tötet eure Fürsten. Dann werdet ihr sein wie wir, und ihr werdet Ruhe haben.«
Sie haben seinen Worten beigepflichtet
Und führen sich als das Gaz-Volk auf.
Und siehe nun,
Abdi-Asirti hat an die Krieger geschrieben:
»Versammelt euch im Haus von Nimit,
dann werden wir über Gubla herfallen [...]«
So haben sie eine Verschwörung
nach der anderen gemacht,
und daher habe ich große Furcht,
daß mich niemand aus ihrer Hand erretten wird.
Wie ein Vogel im Netz, so bin ich.[11]

Auch dies blieb unbeantwortet. Fast wäre Rib-Addi getötet worden.

Ein Fremder stand mit gezogenem Dolch [...] gegen mich.
Aber ich habe ihn getötet [...]
Ich kann [das Haus] nicht verlassen,

ich habe an den Palast geschrieben.
[Aber du hast mir keine] Antwort geschickt.
Ich wurde [neun]mal verwundet
Und habe sehr [um] mein Leben gefürchtet [...][12]

Man kann sich nur fragen, welches Ende der arme Rib-Addi genommen hat. Tutanchamuns Vater, ein Idealist und religiöser Visionär, hatte kein Interesse an dem komplizierten Geschäft, ein größeres Land zu regieren.

Tutanchamun wuchs also unter privilegierten Umständen heran und hatte alles zur Verfügung, was sich ein kleiner Junge nur wünschen konnte. Allerdings lebte er in den Grenzen einer einzigen Stadt. Da von ihm nicht viel erwartet wurde, solange Semenchkare, sein älterer Bruder, sich den Thron mit seinem Vater teilte, war sein Leben andererseits sorgenfrei, vielleicht ein wenig getrübt von dem Gefühl, daß es mit Ägypten nicht gerade zum Besten stand. Dann starb Semenchkare. An diesem Tag nahm Tutanchamuns Leben eine entscheidende Wendung. Nun würde er eines Tages König sein. Nach zwei Jahren starb auch sein Vater, der Pharao.

Dieser Tod ließ die Verhältnisse in Ägypten ungeordnet. Nachdem seine Gemahlinnen und sein einziger erwachsener Sohn vor ihm verschieden waren, starb mit Echnaton der letzte Erwachsene der königlichen Familie. Es muß große Verwirrung darüber geherrscht haben, was nun geschehen, womit man überhaupt beginnen und wer die Kontrolle übernehmen solle. Anchesenpaaton und ihr Halbbruder Tutanch*aton* waren die einzigen Menschen königlicher Abkunft, aber sie waren Kinder. Dennoch erledigte sich die Frage, wer Echnaton auf den Thron Ägyptens folgen solle, fast von allein. Tutanchaton war eben der einzige männliche Nachkomme der königlichen

Linie, und Anchesenpaaton war die einzige weibliche Person königlichen Geschlechts. Tutanchaton konnte also Pharao werden, bedurfte dazu aber des reinen königlichen Blutes seiner Schwester. Daher wurden Tutanchaton und Anchesenpaaton miteinander vermählt. So konnte der schmächtige Zehnjährige auf den hohen Thron des Pharaos von Ägypten gesetzt werden.

Der Tod Echnatons hatte ein Machtvakuum geschaffen, und das Schicksal Ägyptens war ziemlich ungewiß. Kein Wunder, daß unter den Hofbeamten in Amarna ein heftiger Machtkampf entbrannte. Zwei Zehnjährige konnten doch nicht das Land regieren, egal, welchen Rang sie hatten. Jeder aus dem engeren höfischen Kreis muß eine andere, aber genaue Vorstellung von dem gehabt haben, was nun nach dem Tod ihres exzentrischen Führers zu geschehen habe. Mancher wird sich selbst für den geeigneten Mann gehalten haben, um das Land glücklich durch die unsicheren Zeiten zu steuern.

Die am meisten zu verlieren hatten, mußten ziemlich bestürzt gewesen sein festzustellen, daß ihre Positionen in Gefahr waren. Merire, der Hohepriester Atons, verdankte seine herausgehobene Stellung, seinen immensen Reichtum und seinen hohen gesellschaftlichen Rang dem Träumer, dem er nach Amarna gefolgt war. Die Untersuchung seines Grabes, eine der größten Grabanlagen der Nekropole, zeichnet ein deutliches Bild. Seine Titel lauteten: »Fächerträger zur Rechten des König«, »Hoherpriester des Aton«, »Königlicher Kanzler«, »Erbfürst« und »Dem König bekannt«. Daraus geht die wichtige Rolle Merires in der Verwaltung des Staates hervor.[13] Auf den Wänden seines Grabes ist zu sehen, wie Echnaton ihn in das Amt des Hohenpriesters des Aton einsetzt und ihn mit Ehrengold überhäuft. Merire hatte eine Schlüsselstellung im neuen Kult inne und stand Echnaton nahe. Höchstwahrscheinlich war er noch am Leben, als Echnaton im 17. Jahr seiner Regierung starb.[14] Für den Kindkönig wird er Entscheidungen getroffen und ihn angehalten haben, die neue Religion zu praktizieren und zu verteidigen.

Ein anderer hochgestellter Mann, Panehesi, wird ihm dabei zur Seite gestanden haben. Er war »Zweiter Priester des Herrn der Beiden Länder«, »Vorsteher des Kornspeichers Atons«, »Oberaufseher der Rinder Atons«, »Nordkanzler des Königs« und »Vertrauter des Königs«.[15] Zwar stand Panehesi in religiösen Dingen hinter Merire an zweiter Stelle, doch er verwaltete und beaufsichtigte die Reichtümer des Atonkultes und der Priesterschaft. Auf den Wänden seines Grabes ist er mit reichlich Ehrengold dargestellt; seine Diener tragen Hals- und Armbänder sowie anderen Schmuck, den er vom König erhalten hat.[16]

Zum engeren Kreis des Königs hatte auch der einflußreiche Hofmann Eje gehört, der bereits unter Tutanchamuns Großvater, Amenophis III., gedient hatte. Vielleicht war er sogar das älteste Mitglied der vorausgegangenen Regierung gewesen, der dem eigenartig aussehenden Echnaton auf seiner Suche nach Erleuchtung gefolgt war. Am Hof scheint er der höchste Beamte gewesen zu sein. Aus seinen Äußerungen und einigen seiner Handlungen kann man auf seine Fürsorglichkeit für den Pharao und dessen Familie schließen. Anderes jedoch spricht, wie wir noch sehen werden, dafür, daß er in Intrigen verstrickt war. Beim jetzigen Stand unserer Untersuchung läßt sich mit Sicherheit nur sagen, daß Eje zu den wenigen in der Umgebung des neuen Pharaos gehörte, die eigene Erfahrungen mit einer anderen Regierung als der Echnatons gemacht hatten.

Eje war der höchste Regierungsbeamte. In seinem Grab, das das größte und am kunstvollsten ausgearbeitete in Amarna ist, sind seine Titel verzeichnet: »Fächerträger zur Rechten des Königs«, »Aufseher der Pferde Seiner Hoheit«, »Königlicher Schreiber« und vor allem »Gottesvater«; diesen Titel erhielten nur jene, die dem Pharao (dem lebenden Gott) sehr nahe standen; er könnte Vormund, an des Vaters Statt, bedeuten. »Aufseher der Pferde Seiner Hoheit« läßt an ein militärisches Amt denken. In Echnatons Zeit war es vielleicht nur ein Ehrenamt, weil das Militär damals keine Rolle spielte.

Auch Ejes Gemahlin, Ti, hatte eine hohe Stellung in Amarna inne: sie war die Kinderfrau Nofretetes gewesen. In politischer Hinsicht waren sie das einflußreichste Paar in Amarna. Ti hatte ständigen Zugang zur Königin und kannte daher vertrauliche Einzelheiten aus dem Palastleben. Ihr Ehemann Eje besaß das Vertrauen des Pharaos. Gemeinsam waren sie die Augen und die Ohren des Palastes. Ihr Ansehen bei Hof spricht auch aus der Malerei in Ejes Grab, auf der Echnaton Eje und Ti in Anerkennung ihrer Dienste das Ehrengold überreicht, was Ti als einzige Frau in den Rang der »Leute des Goldes« erhob. Daraus kann man schließen, daß sie an sich ein Machtfaktor war. Eine Inschrift in Ejes Grab preist:

Ich habe täglich die Gunst des Herrn genossen und war sehr beliebt von Jahr zu Jahr, weil ich seiner Meinung nach äußerst vortrefflich bin. Er hat sein Wohlwollen für mich verdoppelt, als sei es Sand. Ich war der erste Beamte an der Spitze des Volkes […] Mein Name ist bis in den Palast gedrungen, weil ich dem König nützlich war, weil ich seinen Worten gelauscht habe.[17]

Das klingt nicht nach den Worten eines selbstlosen Gefolgsmannes. Sie bringen vielmehr die selbstverherrlichende Sicht eines Menschen zum Ausdruck, der die Ehrenzeichen der Macht genießt, die er für seine ungewöhnlichen Fähigkeiten erhalten hat.

Auf den Wänden seines Grabes sind Eje und seine Frau zweimal zu sehen, wie ihnen der Pharao Auszeichnungen und Gold überreicht. In einer Szene sitzt ein Mann auf einem Hocker und fragt einen kleinen Jungen, der die Zeremonie verläßt: »Über wen freuen sie sich, Junge?« Der Junge antwortet: »Sie freuen sich für Eje, den Gottesvater, und für Ti. Sie sind Leute des Goldes geworden.«

Doch die Arbeit in Ejes Grab wurde beendet, lange bevor Echnaton starb. Das ist sonderbar, ja sogar recht bedenklich. Auf das vorzeitige Ende der Arbeiten weisen gleich mehrere Anzeichen hin. Es gibt einige Anhaltspunkte, aus denen hervorgeht, wann die Arbeit in einem Grab beendet wurde. Manchmal liefert eine Inschrift das Datum, wann sie eingeschnitten worden ist – zum Beispiel: »Jahr zwölf von Echnaton«. Ein anderer Hinweis liegt in der Schreibweise Atons. Vor dem Jahr 9 der Regierungszeit Echnatons lautete der vollständige Name: »Re-Harachte, der Lebende, der da jubelt am Horizont in seinem Namen Schu, der Aton ist«. Nach dem Jahr 9 wurde der Name geändert in »Re, der Vater, der als Aton zurückkam«. Eine weitere Datierungsmöglichkeit bietet die Anzahl der abgebildeten Töchter Echnatons. Die vierte Prinzessin erscheint um das Jahr 9, die fünfte um das Jahr 11 usw. Auf den Wänden in Ejes Grab ist der Name Aton nur in seiner frühen Form zu lesen; und in den Szenen mit der königlichen Familie treten lediglich drei Töchter auf. Es sieht danach aus, als sei die Arbeit in Ejes Grab um das achte Jahr der 17jährigen Herrschaft Echnatons beendet worden. Aber aus welchem Grund? Die Anwort könnte darin liegen, daß Eje als Insider in privilegierter Stellung zu diesem Zeitpunkt begriffen hatte, daß sich die Dinge in Amarna nicht gut entwickelten. Ihm könnte klar geworden sein, daß das Verhängnis seinen Lauf nahm. Das ist zwar nur eine Spekulation, was aber außer Zweifel zu stehen scheint, ist, daß Eje nicht die Absicht hatte, bis zu seinem Tod in Amarna zu bleiben. Bleibt die Frage, welche Pläne Eje für seine Zukunft hatte.

Irgend jemand mußte das Land für Tutanchamun regieren, zumindest so lange, bis er das Erwachsenenalter erreichen würde. Höchstwahrscheinlich haben Merire, Panehesi und Eje ihren Willen dem unmündigen Thronerben aufgezwungen. Zwar dürften ihn alle drei beraten haben, doch offenbar haben große Meinungsverschiedenheiten das Triumvirat auseinandergetrieben. Bei wem aber lag die letzte Entscheidung? Wer war die wirkliche Macht hinter dem Thron? Merire hatte am meisten zu verlieren, wenn der junge König Aton aufgab. Panehesis Vermögen und Stellung waren ebenfalls von den Besitztümern des Atonkultes abhängig. Auch er wird also dem jungen Pharao geraten haben, an der Religion seines Vaters festzuhalten. Beide drängten sicher darauf, daß Amarna die religiöse und die politische Hauptstadt blieb – wenn schon nicht dem Land, dann doch ihnen selbst zuliebe. Von allen dreien aber hatte Eje den höchsten Rang – nur er trug den Titel »Gottesvater«. Und er mußte weder an der neuen Religion noch an der neuen Hauptstadt festhalten.

Fast unverzüglich gab sich der wahre Herrscher Ägyptens zu erkennen. Es fiel die Entscheidung, nach Theben zurückzukehren und die alte Religion wieder einzusetzen. Von den drei Führern in Amarna wechselte nur Eje nach

Theben. Merire und Panehesi verschwanden aus der Geschichte. Wir können nur vermuten, was mit ihnen geschah. Zwar deutet keine Inschrift darauf hin, daß Eje Wesir von Ägypten wurde, was unserem Premierminister entspricht, aber die meisten Ägyptologen stimmen darin überein, daß er diese Aufgabe übernommen hat.[18]

Nun, da er an der Macht war, sah sich Eje den einflußreichen Interessengruppen, wie der Armee und der Priesterschaft, gegenüber, die laut über den Zustand des Landes murrten. Ejes Macht beruhte auf zwei sehr jungen Königskindern. Sein erster Schritt zur Restauration sollte darin bestehen, daß er den neuen Pharao in Theben, der traditionellen religiösen Hauptstadt Ägyptens, krönen ließ. So bald als möglich sollten des weiteren Tutanch*aton* und Anchesen*paaton* ihre Namen in Tutanch*amun* und Anchesen*amun* ändern, um ihre Verbindung mit dem Gott Amun zum Ausdruck zu bringen. Beides würde von den Priestern unterstützt werden. Das Militär würde sich seine Zukunftschancen ausrechnen und aus der Tatsache wieder Mut schöpfen, daß der neue Pharao wenigstens die Isolation in Amarna beendet hatte.

Die Flußfahrt zur Krönung in Theben war für die beiden Königskinder die erste Reise, die sie aus Amarna herausführte. Sie lenkte ein wenig vom Tod des Vaters und den Unruhen in ihrer Heimatstadt ab. Auf der Fahrt nilaufwärts sahen sie Dorfbewohner, die das Flußufer säumten, um einen Blick auf ihren neuen König und ihre neue Königin zu erhaschen. Als die beiden Kinder, die nur eine einzige Stadt mit einem einzigen Gott kannten, in Theben landeten, müssen sie von der geschäftigen Stadt, den zahlreichen Tempeln und dem Pantheon verschiedener Götter überwältigt gewesen sein. Sie waren Waisen, fern ihrer vertrauten Heimat, und sollten ihrer Religion abschwören. Es muß für sie ganz entsetzlich gewesen sein.

Eje und seine Gemahlin Ti werden vieles wiedererkannt haben, aber seit etwa einem Dutzend Jahren hatten sie Theben nicht mehr gesehen. Die Stadt glühte nicht mehr vor Überheblichkeit und lockte nicht mehr mit Reichtum. Der Ort war düsterer und auch gefährlicher geworden. Man wird die Kinder mit Argwohn, sogar mit Feindseligkeit betrachtet haben. Was für ein Unterschied zu den ehrfurchtsvollen Gesichtern der einfachen Bauern auf ihrem Weg! Die beiden müssen sich dicht aneinandergepreßt haben, vielleicht haben sie sich an den Händen gefaßt und sich gefragt, was sie in dieser erschreckenden weiten Welt erwartete. Von Bildnissen und Inschriften wissen wir, daß zwischen ihnen eine echte Liebe aufkeimte, genährt vielleicht von solchen gemeinsam erlebten frühen Erfahrungen (Abb. 6).

Sie bezogen den einst prächtigen Palast ihre Großvaters Amenophis' III. Hier hatte seit fast zwei Jahrzehnten kein König mehr residiert. Daher hatten Arbeiter und Maler den Bau in aller Eile für das königliche Paar wiederhergerichtet. Der Palast war aus luftgetrockneten Ziegeln erbaut. Die Wände waren verputzt und mit schönen Motiven bemalt. Das Ganze war eine weitläufige Anlage mit Gärten, Teichen und geräumigen Quartieren für die Gemahlin des Pharaos, seine Nebenfrauen und Kinder. Hier war Tutanchamuns Vater herangewachsen und hatte die ersten Jahre als Amenophis IV. regiert. Vielleicht war Eje hier zu Besuch gewesen. Gewiß werden alte Gefolgsleute dem jungen Königspaar von dessen Großmutter Teje und ihrem legendären künstlichen See sowie vom Großvater, Amenophis III., und dessen bis dahin unerreichter Bautätigkeit erzählt haben. Sie werden von den

Tributen aus fremden Ländern, die vor dem Palast vorgeführt wurden, berichtet haben und von exotischen Tieren wie Straußen und Giraffen, die beide Kinder noch nie gesehen hatten. Verglichen mit diesem Palast und seinem emsigen Treiben im Mittelpunkt einer größeren Welt war Amarna so etwas wie ein Elfenbeinturm gewesen. Beide mußten viel Neues verarbeiten, und zwar möglichst schnell, um zu überleben.

Dann kamen die Krönungsfeierlichkeiten. Der kleine Thronfolger stand vor dem Eingangstor des Tempels in Karnak, des größten Gebäudes, das er je zu Gesicht bekommen hatte. Der Hof war gefüllt mit Tausenden von Priestern, die dem Gott dienten, den sein Vater verfolgt hatte. Draußen drängte sich die Menschenmenge; zum erstenmal sahen die Einwohner Thebens den neuen König, der, so hofften sie inständig, das Land in die gute alte Zeit zurückführen würde.

Tutanchamun wurde mit geweihtem Wasser aus vier goldenen Gefäßen rituell gereinigt. Nun durfte er das Haus der Götter betreten. Die Prozession bewegte sich feierlich an den Obelisken seiner Vorfahren Thutmosis' I. und Hatschepsuts, am Schrein, den Thutmosis III. hatte errichten lassen, vorbei, hielt an verschiedenen Stellen an, um Rituale zu vollziehen und Gebete zu sprechen. Dann wurden Tutanchamun die Königskronen – die hohe Weiße Krone Oberägyptens und die Rote Krone Unterägyptens – nacheinander auf den Kopf gesetzt. Er war nun »Herr der Beiden Länder«, »König von Ober- und Unterägypten«. Anschließend erhielt er die blaue Cheperesch-Krone (manchmal »Kriegshelm« genannt); damit war er Oberbefehlshaber der Armee (Abb. 5).

Den Kronen Ägyptens wurden magische Kräfte zugesprochen, die ihre Träger unbesiegbar machten. Wahrscheinlich gab es stets nur jeweils ein einziges Exemplar, das von Pharao zu Pharao weitergereicht wurde. Niemals hat man bei Ausgrabungen eine solche Krone gefunden – sie allein durften die Könige nicht mit in ihre Gräber nehmen.

Die Prozession bewegte sich nun langsam zwischen den Tempeln auf den kleinen goldbedeckten Thron zu, der für die Körpermaße eines Kindes gearbeitet war. Hier zeigte sich Tutanchamun mit Geißel und Krummstab, den königlichen Insignien – der Pharao war zugleich Herr und Hirte seiner Herde. Im Grab Tutanchamuns wurden zwei Paar Geißeln und zwei Krummstäbe gefunden, jeweils eines für ein Kind (bei der Krönung getragen) und das andere für einen Erwachsenen; das kleinere trug den Namen Atons, eine letzte Erinnerung an das Leben, das er nun aufgab.

Als Tutanchamun zum erstenmal auf dem Thron saß, rezitierte der Hohepriester des Amun die Königstitulatur:

1. Der Horusname, der den König in Verbindung mit Horus setzt, dem Falkengott:
   »Horus, starker Stier, dessen Erscheinungsformen ins Leben getreten sind.«
2. Der Name der Beiden Herrinnen, der den Pharao mit der Kobra- und der Geiergöttin in Verbindung bringt:
   »Dessen Gesetze Gültigkeit haben und der alle Götter beschwichtigt.«
3. Der Name des Goldhorus, eine zweite Verbindung zu Horus:
   »Der die göttliche Ordnung gewährleistet und die Götter zufriedenstellt.«
4. Der Thronname, der erste der beiden Königsnamen, die in eine Kartusche, einen Ring in länglicher Form,

geschrieben wurden, vorangestellt die Hieroglyphenzeichen Biene und Binse, die Sinnbilder für Ober- und Unterägypten:
»Re offenbart sich selbst als Herr.« –
»Herr des seienden Re« (Nebcheperure).
5. Der Geburtsname, der zweite Name in der Kartusche, vorangesetzt die Hieroglyphen für »Sohn des Re«, die zum Ausdruck bringen, daß der Pharao vom Sonnengott Re abstammt:
*»Tutanch*aton, *lebendes Abbild Atons.«*
(Noch hatte kein Namenswechsel stattgefunden.)

Nachdem Tutanchamun die fünf Königsnamen erhalten hatte, war er offiziell Pharao von Ägypten. Die Prozession bewegte sich durch den Tempel zurück zum Eingangspylonen. Die Zeremonie war beendet. Auf dem Weg zum Palast, wo weniger steif gefeiert werden sollte, kam der neue König an Menschenmengen vorbei, die in den Straßen festlich schmausten, denn Brot und Bier waren reichlich verteilt worden. Es gab Tänzerinnen mit Gewichtssteinen im langen Haar, so daß es zu schweben schien, wenn sie sich drehten, Musikanten, Leute, die in die Hände klatschten, Sänger – alles zur Freude des neuen Königs. Man kann sich gut die Aufregung vorstellen, die die beiden Kinder empfunden haben, als sie miteinander über die Krönungsfeierlichkeiten, die phantastischen Götter und Rituale sprachen. Über die sonderbaren Götterbilder, menschengestaltig mit Tierköpfen von Löwinnen, Falken und Widdern, an den Wänden der Tempel müssen sie sehr verwundert gewesen sein. Warum brachten die Pharaonen ihnen auf den Wänden Räucherwerk und Bier dar? Ihr Vater hatte so etwas nie getan. So großartig auch Theben war, so werden sie doch sehnsuchtsvoll an die vertrautere und ruhigere Umgebung von Amarna zurückgedacht haben. Theben war zu groß und kompliziert.

Kurz darauf kehrten die beiden tatsächlich nach Amarna zurück. Doch blieben sie dort nur etwa ein Jahr. Nach dem Tod ihres Vaters war die Stadt seelenlos geworden. Die getroffene Entscheidung sollte nicht zwei feindliche religiöse Lager aussöhnen; das eine oder das andere mußte aufgegeben werden, wenn Ägypten wieder vereint sein sollte. Die beiden Kinder hatten sich lange genug gehärmt, hatten erfahren müssen, daß Amarna nicht die Welt war. Nun änderten sie ihre Namen in Tutanchamun und Anchesenamun, um die Rückkehr zu Amun, dem Gott von Theben, zum Ausdruck zu bringen.

Innerhalb von zwei Jahren zogen der königliche Hofstaat und die Regierung nach Theben um. Die alte Religion und die Traditionen der Vergangenheit wurden vollständig wiederhergestellt. Ohne Unterstützung und Existenzgrundlage wurde Echnatons heilige Stadt praktisch aufgegeben, sein Gott verschwand im Dunkel der Bedeutungslosigkeit. Aber nicht alle konnten nach Theben zurückkehren. Die Priester Atons mußten wohl bleiben, bis sie konvertierten. Die Hofleute Echnatons erwartete in jeder anderen Stadt Feindseligkeit, da sie an Echnatons verhaßter Politik beteiligt gewesen waren. Keiner ihrer Namen taucht in den Aufzeichnungen Thebens auf.

Von Echnatons hohen Beamten scheint nur Eje die Häresie überstanden und seine Karriere wiederaufgenommen zu haben. Er lenkte die Politik Tutanchamuns in die richtige Richtung. Einige werden ihn mit Mißtrauen beobachtet haben, aber die Priesterschaft begrüßte enthusiastisch die Wiedereinführung Amuns und die Wiederherstellung der Tempel. Jede Kritik an Eje wäre als Ausdruck von Defätismus aufgefaßt worden. Unter der Anleitung Ejes schien Tutanchamun alles richtig zu machen. Es war ein schwieriger Balanceakt, aber Eje hatte alle Fäden in der Hand. Er hatte das Vertrauen seines jungen Herrn *und* die Bewunderung der Priester gewonnen. Er konnte wahrlich stolz auf sein »vortreffliches« Werk sein.

Der Amarna-Traum war ausgeträumt. Die einfachen Leute zogen in Massen nach Theben und machten über Nacht aus Amarna eine Geisterstadt, bevölkert nur noch von Priestern einer Religion, die keiner wollte, und Hofleuten ohne Hof. Einen Hinweis darauf, was die Einwohner Amarnas damals empfunden haben, liefert das, was sie zurückließen. 1912 machte ein deutsches Grabungsteam unter der Leitung von Ludwig Borchardt in der Werkstatt des Meisterbildhauers Thutmosis eine sensationelle Entdeckung. In einem verschlossenen Lagerraum fanden sie wunderbare Büsten und Statuenköpfe, die beim Auszug aus der Stadt noch nicht alle vollendet waren, darunter die berühmte Büste der Nofretete. Daß ein solches Kunstwerk zurückgelassen wurde, kann nur bedeuten, daß die Menschen nicht mehr an die Epoche erinnert werden wollten, die sie mit geschaffen hatten.

Echnaton wurde als Ketzer gebrandmarkt. Weniger als 15 Jahre nach seinem Tod wurden Arbeitstrupps nach Amarna geschickt, um die Tempel abzutragen, damit die Steinblöcke bei anderen Bauvorhaben wiederverwendet werden konnten. Amarna wurde dem Erdboden gleichgemacht. Was einmal eine Oase der Schönheit in einer kargen Landschaft gewesen war, wurde zu einer vergessenen Stadt in der Wüste. Ägyptens kurze Begegnung mit Aton war vorüber. Der Monotheismus sollte 1500 Jahre lang nicht mehr ins Niltal zurückkehren. Ägypten hatte gezeigt, daß es keine einschneidende Veränderung der Religion oder der Rolle seines Pharaos duldete – nicht in weiteren 1000 Jahren und solange es nicht seine Vorherrschaft in der Welt verloren hatte.

Die Häresie von Amarna war eine einzigartige Abkehr von der bisherigen Geschichte Ägyptens, etwas, was die Physiker heute eine Singularität nennen würden, ein Vorgang ohne jede Parallele. Die Ursachen sozialer Revolutionen liegen oft in Armut und Unzufriedenheit. Diese Bewegung aber war im Reichtum entstanden. Die meisten Umwälzungen, die die politischen Fundamente erschüttern, geschehen mit Gewalt. Echnaton liebte den Frieden. Sein Traum erfüllte sich für eine gewisse Zeit, weil er die Machtfülle eines Pharaos hatte, genug, um Erfolg zu haben. Aber er starb zu früh, und so endete, was zu einem Wendepunkt in der Weltgeschichte hätte werden können. Heutzutage sind uns monotheistische Religionen so selbstverständlich, daß wir uns kaum vorstellen können, wie revolutionär diese Idee damals auf die Bewohner des Niltals gewirkt haben muß. Über 2000 Jahre hinweg hatten die alten Ägypter zahllose Götter verehrt. Die Gottheiten gewannen und verloren an Bedeutung, übernahmen Aspekte anderer Götter, aber sie wurden niemals aufgegeben. Es kam auch häufig vor, daß fremde Götter, verstanden als Aspekte ägyptischer Gottheiten, in das eigene Pantheon aufgenommen wurden. Wenn es bereits eine ganze Reihe von Göttern gibt, dann sind ein paar mehr kein Problem. Und warum sollte man seine Chancen verringern, indem man einen Gott ausschloß, der vielleicht mächtig war? Es gab keinen Grund, nur eine Gottheit auszuwählen, wenn es zur Zufriedenheit aller so viele Götter gab. Monotheismus zwang die

Menschen zu einer Art Denken, das, wenn schon nicht unnatürlich, so doch zumindest unvernünftig zu sein schien. Selbst Echnaton erkannte die große Gefahr nicht, die im Monotheismus liegt – er wirkt entzweiend. Wenn es nur einen Gott gibt, dann sind die, die an diesen Gott nicht glauben, im Unrecht. Der Monotheismus zieht eine Grenze zwischen »uns« und »denen«, er teilt Menschen und Völker in Gläubige und Ungläubige. Zwischen polytheistischen Völkern ist niemals darüber Krieg geführt worden, welche Götter die wahren Götter sind. Das vergleiche man einmal mit den vielen Kriegen, die im Namen der jüdischen, der christlichen und der islamischen Religion geführt worden sind!

Der Mann, der das alles verursacht hatte, fand in seinem Grab keine ewige Ruhe. Bald nachdem die Stadt aufgegeben worden war, wurden alle Gräber nach Schätzen durchwühlt. Die Mumien von Nofretete, Kija und den fünf Prinzessinnen, die in Amarna gestorben waren, wurden niemals gefunden. Wie die Echnatons wurden sie wahrscheinlich in Stücke gerissen.

VI. Rückkehr nach Theben

Nimm dir ein Weib, solange du jung bist,
Damit sie ein Kind dir schenke.
Es komme zur Welt, solange du jung bist.
Glücklich, wer Nachkommen hat.

Die Lehre des Ani
um 1400 v. Chr.

Tutanchamuns Thron schwankte wegen der vorausgegangenen Versäumnisse und Spaltungen. Angesichts der inneren Schwierigkeiten Ägyptens waren die Nachbarvölker kühner geworden. So hatten etwa die verbündeten Stämme Nubiens Truppen zusammengezogen, um die Macht in Ägypten an sich zu reißen. Sie hielten Schiffsladungen mit Gold zurück und griffen die Militärposten an der Südgrenze an; es kam zu Plünderungen und Brandstiftungen. Nordöstlich von Ägypten drückten sich die »Länder Asiens«, wie sie bei den Ägyptern hießen, mit fadenscheinigen Ausreden um die vereinbarten Tributlieferungen, weswegen lebensnotwendige Güter ausblieben. Die Versorgung mit dem Nötigsten hatte nun höchste Priorität für die neue Verwaltung; nur so konnten die Tempel, die in der Vergangenheit sehr unter der Vernachlässigung und dem religiösen Fanatismus gelitten hatten, wieder unterstützt werden. Das Motto der Regierung Tutanchamuns lautete: Restauration.

Zunächst mußte etwas mit der Armee geschehen, die seit Jahren ohne Führung war. In der Vergangenheit hatte sie vor allem die Leibwache Echnatons in Amarna gestellt. Seit langem waren die Truppen nicht mehr nach Syrien im Norden, nach Libyen im Westen oder nach Nubien im Süden marschiert, um Land zu erobern und

Tributlieferungen zu sichern; seit Jahren hatte sie überhaupt nicht mehr in einem Krieg gekämpft. Die Armee mußte wieder gedrillt und vergrößert werden. Die Fußsoldaten sollten mit den besten Waffen ausgerüstet werden – Lanzen, Pfeil und Bogen sowie Lederschilden. Die Wagenkämpfer, die Elitetruppe der ägyptischen Armee, mußten mit Pferden, Wagen und Geschirren versorgt werden. Das bedeutete Arbeit für Hunderte von Arbeitern. Damit würde neuer Wohlstand einkehren.

Um Ägypten wiederaufzubauen, mußte Bauholz aus dem Libanon beschafft werden; doch der einst blühende Handel war praktisch zum Erliegen gekommen. Ausgesuchtes Zedernholz ging nun an andere, vertrauenswürdigere Nachbarn. Jetzt galt es, gerissene Unterhändler zu finden, damit der lukrative Handel wieder in Gang kam. Furcht vor einer wiedererstandenen ägyptischen Armee würde ihnen eine unschätzbare Hilfe dabei sein, günstige Bedingungen auszuhandeln. Die Armee spielte bei allen Problemen eine Schlüsselrolle. Doch die Wiederbewaffnung kostete Geld.

In Memphis wurden wieder Verwaltungsstellen geöffnet. Die Bürokratie, entstaubt und auf Vordermann gebracht, kam in Schwung. Während Echnaton in seiner eigenen Welt in Amarna versunken war, hatte die großartige Bürokratie Ägyptens ziemlichen Schaden genommen. Zwar wurden noch Steuern erhoben, aber aus schriftlichen Zeugnissen geht hervor, daß Korruption das ganze System durchwucherte, wenn die Beamten von den Bauern Getreide herauspreßten. Ganz neue Beamte sollten jetzt für einen reibungslosen Ablauf der verbesserten Verwaltung sorgen.

In der ägyptischen Geschichte gab es zwei Konstanten: der Fluß und das Land. Auf diese Quellen des Wohlstandes war stets Verlaß gewesen, so auch jetzt. Getreide würde wachsen und geerntet werden, wie es immer gewesen war. Und der neue Steuereinnehmer würde hoffentlich ehrlich sein. Bei sorgfältiger Aufsicht könnten die örtlichen Statthalter für ihre Unternehmungen zur Verantwortung gezogen werden, wodurch das Steuersystem deutlich verbessert würde.

Wenn erst einmal wieder Handelsgüter und Tribute ins Land flössen, könnten die Tempel und die Schreine, die Echnaton geschlossen hatte, erneut geöffnet, die Heiligtümer der Götter wieder aufgebaut und ihre goldenen Kultstatuen wiederhergestellt werden. Handwerker würden wieder nach Tausenden Statuen gießen und aus Stein hauen. Theben wäre wieder das religiöse Zentrum des großen Amun. Alles wäre wieder normal. Doch es würde Jahre und einen großen Teil des Wohlstandes kosten.

Die komplizierte wechselseitige Abhängigkeit von Staatsvermögen und einer stärkeren Armee, beides notwendig zum Wiederaufbau und angewiesen auf ein effizienteres Steuersystem, war einfach mehr, als ein Elfjähriger begreifen konnte. Er war auf die Hilfe sehr fähiger Leute angewiesen. Die Natur lieferte die lebensnotwendigen Dinge, und die neue Regierung bestimmte für das kommende Jahrzehnt den Lauf, den das Land nehmen würde, während Tutanchamun und Anchesenamun heranwuchsen. Selbstverständlich waren sie in der Öffentlichkeit zu sehen – bei der Einweihung von Tempeln, bei Feierlichkeiten, bei der Besichtigung von Arbeiten und Restaurierungen in den Tempeln, bei der Begrüßung von ausländischen Würdenträgern und bei Staatsbanketten –, aber sie waren noch Kinder, die lernen mußten.

Als Tutanchamun heranwuchs, begriff er allmählich, was es bedeutete, König von Ägypten zu sein. Es gibt keinen Grund anzunehmen, daß er diese Aufgabe nicht begrüßt und die im Verlauf der Zeit größer werdende Verantwortung nicht freudig übernommen hätte. Er wird um Treffen mit seinen hohen Beamten gebeten haben, mit den Wesiren Ober- und Unterägyptens, dem Vorsteher der Schatzkammer, dem Aufseher der Königlichen Arbeiten, dem Generalstab der Armee. Allen wird er Fragen über jede Region seines großen Reiches gestellt haben. Das Land war riesig, und der junge Pharao konnte nicht alles im Auge behalten. Aus diesem Grund verfügten seine Beamten über außerordentlich viel Macht. Daher mußten sie vertrauenswürdig und ehrlich sein. Ein altes Sprichwort lautete: »Gnädiger König, gesetzestreuer Wesir.«

Öffentlichkeitsarbeit zeigte den Leuten, daß ihr neuer Pharao sehr wohl wußte, was sie erduldet hatten. Vor dem Tempel in Karnak wurde eine Stele, rund 2,50 Meter hoch, errichtet. Sollte dies die erste Werbekampagne der Geschichte sein, dann war der Verfasser wahrhaft erfindungsreich. Auf dem oberen Ende der Stele ist ein Relief zu sehen, auf dem Tutanchamun Amun ein Opfer darbringt. Auch dem, der nicht lesen konnte, wurde klar, daß der Pharao Amun Weihrauch opfert. Wie hatten sich doch die Verhältnisse seit dem letzten Regime geändert! Im Text darunter beklagt Tutanchamun den jämmerlichen Zustand, in dem er die Tempel Ägyptens vorgefunden hat, und schildert seine Bemühungen, ihre frühere Pracht wiederherzustellen.

Als Seine Hoheit König wurde, waren die Tempel der Götter und der Göttinnen von Elephantine bis ins Sumpfland des Deltas [...] vernachlässigt.

Ihre geheiligten Stätten lagen verlassen und waren von Unkraut überwuchert.
Die Heiligtümer sahen aus, als hätten sie nie existiert, ihre Korridore waren Trampelpfade.
Im Land herrschte Verwirrung, die Götter hatten es verlassen […]
Seine Hoheit hat die Regierungsgeschäfte in diesem Land übernommen, Tag für Tag herrscht er über beide Nilufer.
Dann ging er mit sich selbst zu Rate und suchte nach der besten Möglichkeit, die seinem Vater Amun von Nutzen wäre, um sein erlauchtes Abbild aus Feingold zu formen […]
Alle [Spenden] für die Tempel wurden verdoppelt, verdreifacht und vervierfacht mit Silber, Gold, Lapislazuli, Türkisen, allen seltenen Edelsteinen, königlichem Linnen, weißen Tuchen, Olivenöl, Harz […], Weihrauch und Myrrhe, mit allem Guten, ohne Beschränkung […]
Die Herzen der Götter und der Göttinnen dieses Landes sind mit Freude erfüllt.
Die Inhaber der Schreine sind froh,
Die Länder frohlocken und feiern,
[Das ganze Land] begeht Feste, und [die Verhältnisse] gestalten sich gut.[1]

Hier gibt es das deutliche Eingeständnis, daß unter seinem Vater »im Land Verwirrung herrschte«, die Tempel vom Süden bis zum Norden »vernachlässigt« lagen. Der Text berührt nicht nur Probleme der Religion, er trifft den Kern des ägyptischen Unglücks. Seit Jahren hatte die Armee keine Unterstützung erhalten. Der Text der Stele verweist darauf, daß in dieser Zeit die Armee nach Syrien gesandt wurde – »ohne jeden Erfolg«. Das war nicht nur politische Werbung, der Text gibt an, was getan werden muß: Wiederaufbau des Heeres, neuer Wohlstand, Wiedereröffnung der Tempel.

Es gibt sogar einen feinen, wenn auch unmißverständlichen Hinweis darauf, daß der Isolationismus der Zeit Echnatons in Amarna endgültig vorbei war. Die Stele nennt als Regierungssitz Tutanchamuns Memphis, wo sie wahrscheinlich auch beschriftet wurde. Aber aufgestellt wurde sie in Theben. Daran kann man erkennen, wie weit die Entwicklung bereits war. Tutanchamun war König von Ober- und Unterägypten, Pharao des ganzen Landes.

Tutanchamun war etwa elf Jahre alt, als die Restaurationsstele aufgestellt wurde. Irgend jemand hat ihm Worte in den Mund gelegt, die die Öffentlichkeit und die Priesterschaft hören wollten. Danach sollten die Tempel wiederaufgebaut und den Göttern wieder Opfer dargebracht werden. Doch Versprechungen waren noch keine Taten – jede Bekanntmachung Tutanchamuns wurde mit einer gewissen Skepsis betrachtet. Taten erforderten eine leistungsfähige und erfahrene Verwaltung. Wer würde alle diese wunderbaren Absichten in die Wirklichkeit umsetzen?

Die verantwortlichen Beamten waren neue Männer, die durch die Zeit in Amarna nicht verdorben waren. Eje selbst muß bei ihrer Auswahl mitgewirkt haben, und seine Wahl war gut. Von zentraler Bedeutung bei der Umsetzung der Pläne war Maja, Tutanchamuns neuer Schatzmeister. Er hat uns an der Wand seines Grabes seine Lebensgeschichte hinterlassen, der wir vieles über die inneren Vorgänge während der Regierungszeit Tutanchamuns entnehmen können. Er war für die Steuereinnahmen verantwortlich; er überwachte, daß sie im königlichen Schatzamt ordnungsgemäß verzeichnet wurden, und bestimmte ihre Verteilung. Er beaufsichtigte sogar den Guß der goldenen Statuen für die Tempel. Von seinem Amt in Memphis schickte er eine ganze Armee von Schreibern in die Gauprovinzen, damit sie genau verzeichneten, wieviel Getreide von jedem Bauern eingetrieben wurde.

Die Steuern wurden nicht nach der tatsächlichen Ernte bemessen, sondern nach Schätzungen anhand der Angaben der Nilometer. An den Ufern des Nils standen Steinblöcke. Auf ihnen wurde über Jahrhunderte die Höhe des jährlichen Hochwassers verzeichnet. Wenn feststand, wie hoch das Wasser in jedem Teil des Landes anstieg, konnten die Beamten berechnen, wieviel Getreide pro Morgen wachsen könnte. Von der vorausberechneten Menge wurde ein Teil als Steuer angesetzt. Dieses System hatte den Vorteil, daß die Steuereinnehmer nicht nach Getreideverstecken zu suchen brauchten. Wenn ein Bauer weniger erntete, als geschätzt worden war, mußte er dennoch die volle Steuerlast tragen. Wenn er dagegen fleißig war und das Land mehr abwarf, gehörte der Mehrbetrag ihm.

Majas Arbeit war um so schwieriger, als das Geld noch nicht erfunden war. Das Getreide wurde eingesammelt, in die königlichen Speicher gebracht, registriert und gelagert. Kam eine Anweisung, Getreide an jemanden auszuteilen, mußte die entsprechende Menge gewogen, berechnet, ausgeliefert und nochmals nachgezählt werden. Ganze Armeen von Schreibern waren im Auftrag Majas nilauf- und nilabwärts unterwegs. Majas Bruder, Nahuher, war ein »Königlicher Schreiber«, was nicht heißt, daß er Diktate des Pharaos aufgenommen hätte; es bedeutete vielmehr, daß er im königlichen Schatzamt tätig war. Schließlich gab es so viele »Königliche Schreiber«, daß einer, der tatsächlich im Palast arbeitete, die Bezeichnung »*Wahrer* Königlicher Schreiber« trug.

Majas Grab liegt ein paar Kilometer von Memphis entfernt in der Nekropole von Sakkara, wo mehr als ein Jahrtausend zuvor die erste Pyramide errichtet worden war. In den Tagen Majas war der Grabbezirk zur Touristenattraktion geworden. Die alten Ägypter besuchten die Gräber ihrer Vorfahren, wie wir heute berühmte Friedhöfe aufsuchen. In schwierigen Zeiten durchstreiften sie Sakkara, um an Ägyptens bessere Tage erinnert zu werden. Daher adressierte Maja seine Lebensgeschichte an der Grabwand an »die Leute, die kommen, um sich dem Westen und dem Bereich der Ewigkeit zuzuwenden«[2]. Maja war auf seine Rolle stolz, die er bei der Rückkehr Ägyptens zu den alten Verhältnissen gespielt hatte. Seine Laufbahn faßte er in die Worte zusammen: »Anfangs war ich gut, am Ende hervorragend.«

Doch alles hatte seinen Preis. Im achten Jahr der Regierung Tutanchamuns erging an Maja das Gebot, daß »das ganze Land geschätzt wird und fromme Opfer [für] alle [Götter] Ägyptens darzubringen sind«[3]. Als die nächste Steuer festgesetzt werden sollte, war Tutanchamun fast 18 Jahre alt. Mit Maja wird es lange Diskussionen über den zu erwartenden Hochwasserstand und die daraus resultierenden Staatseinnahmen gegeben haben. An ihrem Treffen hat wahrscheinlich Eje teilgenommen, der das Gespräch unmerklich in die richtige Bahn gelenkt haben dürfte. Zwar waren Steuerhebungen keineswegs gern gesehen, aber die Bauern wußten, daß die Abgaben dazu verwendet wurden, die Tempel wieder zu öffnen und neue Statuen für ihre Götter herzustellen. Ihr Getreide kam nicht länger in eine Stadt, die sie noch nie gesehen hatten, um einen Gott, den sie nicht verehrten, und einen Pharao, den sie nicht verstanden, zu ernähren.

Nicht weit entfernt von Majas Grab liegt das eines Zeitgenossen, der für die Wiederbelebung Ägyptens ebenso wichtig gewesen ist, aber auf ganz andere Weise. Wie die meisten Steuerbeamten hat auch Maja die längste Zeit seines Lebens damit verbracht, das »Geld« anderer Leute zu zählen. General Haremhab stellte sicher, daß es etwas zu zählen gab.

Haremhab, der sich zum obersten Feldherrn in der Armee Tutanchamuns emporgedient hatte, kam aus der im Norden gelegenen Stadt Herakleopolis, Heimat des widderköpfigen Gottes Herischef. Seine militärische Laufbahn hatte er als junger Fußsoldat entweder am Ende der Regierung Amenophis' III. oder zu Anfang jener Echnatons begonnen. Er wird recht entmutigt gewesen sein, daß er zu einer Zeit diente, in der es keine Kriege gab; so konnte er sich nicht weiter auszeichnen. Aber Haremhab hielt durch. Er muß ein entschlossener Mann gewesen sein, voller Selbstvertrauen und überzeugt, einmal Befehle zu erteilen. Im besten Mannesalter hatte er nun ein höchst wichtiges Amt in der Verwaltung Tutanchamuns inne. Als oberster General der Streitkräfte würde er die Kontrolle über den Vorderen Orient und Nubien wiederherstellen. Mit Hilfe der Steuereinnahmen Majas konnte Haremhab eine Armee aufstellen, ausrüsten und ausbilden, die schließlich die Grenzen überschritt, um Nubien zu unterwerfen. Nun flossen wieder Goldlieferungen für den Handel in die Staatskasse Ägyptens. Es blieb noch der syrisch-palästinensische Raum zu erobern, der für das Wohlergehen des Landes nicht minder wichtig war. Ägypten hatte keine Wälder und war auf die Zedern des Libanon für Schiffe, große Tempeltüren und die mächtigen Fahnenstangen vor den Tempeltoren angewiesen. Die Hieroglyphe für das Wort »Gott« ist ein Banner auf einer Fahnenstange 𓊹 einer Fahnenstange aus Zedernholz.

Natürlich wissen wir nicht, wann und wo (in Memphis oder in Theben) Versammlungen stattgefunden haben. Aber man kann sich gut vorstellen, wie der junge Pharao, der unmittelbar vor dem Mannesalter stand, endlich die volle Verantwortung für die Regierung des Landes übernehmen wollte, und wie er sich mit seinem Schatzmeister Maja, seinem General Haremhab und seinem getreuen Ratgeber Eje besprach. Sollten Haremhabs Truppen zuerst Libyen niederwerfen, weil es das schwächste Land war? Dabei könnten die jungen ägyptischen Soldaten die notwendige Kampferfahrung für den großen Feldzug nach Syrien erwerben. Oder war es ratsam, zunächst nach Nubien zu ziehen, um noch mehr Gold zu erlangen? Bei Begegnungen wie dieser wurden die Einzelheiten der Wiedererstarkung Ägyptens ausgearbeitet. Ich glaube, von den »Großen Drei« – Maja, Eje und Haremhab – ging jeder anders vor. Maja vergrub sich in sein »Büro«, umgeben von Papyrusrollen, während Schreiber hin und her eilten und über Staatseinnahmen und Verluste Bericht erstatteten. Er war der Buchhalter, konservativ und ordentlich, aber stets im Zentrum der Ereignisse. Er kannte die Finanzlage Ägyptens.

Ganz anders Eje. Er war der Staatsmann, der hinter den Kulissen die Fäden zieht und alles aufeinander abstimmt. Vielleicht sah und hörte er alles, was im Palast vor sich ging – so wie seinerzeit in Amarna. Er hielt sich dicht an Tutanchamun, suchte Kontakt zu jedem, der das Ohr des Königs wollte. Ein altes ägyptisches Sprichwort lautet: »Enthülle dein Herz nicht einem Fremden. Er könnte deine Worte gegen dich verwenden.« Das war Eje. Wir beginnen zu verstehen, wie ehrgeizig er gewesen ist. Ein kleines Stück von einem beschrifteten Goldplättchen, gefunden im Tal der Könige[4], liefert einen interessanten Einblick in seine Persönlichkeit. In die Folie ist eine Szene eingeprägt, auf der Tutanchamun in der traditionellen Haltung des »Erschlagens der Feinde« zu sehen ist: Er hält einen libyschen Gefangenen am Haar, bereit, ihn mit seinem Krummschwert niederzustrecken. Hinter Tutanchamun steht Anchesenamun. Üblicherweise erscheint vor dem Pharao der Gott, dem der Feind als Opfer dargebracht wird. Aber auf diesem Plättchen, das wahrscheinlich von einem Möbelstück aus dem Grab Ejes stammt, steht dieser dort, wo sonst der Gott erscheint. Eje hat sich gar nicht so unbemerkt selbst in eine göttliche Stellung erhoben. Er war ein Mann mit wahrlich grandiosen Träumen.

Noch anders war Haremhab. Auch er spielte in den Plänen Tutanchamuns zur Errettung Ägyptens eine wesentliche Rolle; doch stand er weder im Zentrum der Ereignisse, noch zog er hinter den Kulissen die Fäden. Zwar war er ehrgeizig wie Eje, aber auch redlicher. Erhielt er den Marschbefehl, machte er sich auf den Weg. Sobald sein Quartiermeister die Liste mit der nötigen Ausrüstung vorgelegt hatte – bronzene Streitäxte, Bogen, Pfeile, Schilde, Sandalen, Wasserschläuche – und alles beschafft war, ging es los. Bald darauf würde er mit Gefangenen und Tributen zurückkehren. Haremhab, manchmal monatelang auf Feldzügen, war nicht in die inneren Vorgänge und die Politik des Palastes eingeweiht. Er wirkte nach außen, aber mit sehr viel Einfluß.

In wenigen Jahren hatte Haremhab alle Gebiete, die unter Echnaton verlorengegangen waren, zurückgewonnen. Kam er von einem Feldzug in den Norden zurück, führte er Tutanchamun asiatische Gefangene vor, und kehrte er aus dem Süden zurück, hatte er nubische Gefangene für seinen König dabei. Niemand war vor seinen Angriffen sicher, auch nicht die Libyer – mit ihren typischen Spitzbärten und Seitenlocken –, auch sie mußten als Kriegsgefangene an den Tempeln Ägyptens Frondienste tun.

Ein dankbarer Tutanchamun belohnte Haremhab für dessen Erfolge. Als Ägypten stärker wurde, stieg auch der Einfluß Haremhabs. Er war nicht nur Oberbefehlshaber der Armee, er wurde auch zum »Aufseher über alle Arbeiten des Königs« und zum »Stellvertreter des Königs im ganzen Land« ernannt. Eine Auszeichnung, über die er sich besonders gefreut hat, hatte nichts mit seiner militärischen Laufbahn zu tun; sie war eher ein Ehrentitel: »Königlicher Schreiber«. Seine Freude war so groß, daß er eine lebensgroße Granitstatue in Auftrag gab, die ihn als Schreiber mit einer Papyrusrolle auf dem Schoß zeigt (Abb. 11). Die Inschrift an der Basis besagt, daß er die Vorschriften beachtet und durchgesetzt hat:

Ich habe das Gesetz aufgezeichnet
Und gebe den Hofleuten Anweisungen.
Bedächtig in Worten, beachte ich alles.[5]

Haremhab ließ sich in Sakkara ein wundervolles Grab anlegen. Als »Aufseher über die Königlichen Arbeiten« hatte er die fähigsten Handwerker des Landes unter sich. Die Skulpturen und die Reliefs gehören zu den besten Werken des alten Ägypten, in jeder Hinsicht Meisterwerke. Zwar sind sie im traditionellen Stil gefertigt, aber die Konturen sind so bewegt und die Liebe zum Detail ist so ausgeprägt, daß die Künstler noch in Amarna ausgebildet worden sein müssen. Über dem Grab erhob sich ein kleiner Tempel mit zwei Säulenhöfen. Die Nachkommen sollten bei einem Besuch im Schatten der Säulen sitzen und zu Ehren ihres Vorfahren ein Mahl zu sich nehmen können. Umgeben wären sie dann von Reliefs, auf denen die großen Schlachten Haremhabs gegen die »elenden Asiaten«, die Bewohner des »niederträchtigen Nubien« und die »Barbaren Libyens« dargestellt waren. Sie würden sehen, wie Haremhab vom Pharao Tutanchamun, dem er diente, das Ehrengold empfing. So mußte sich wohl ein General das wiedergewonnene Paradies vorstellen.

Während Haremhab, Eje und Maja damit beschäftigt waren, Ägyptens Wirtschaft und außenpolitischen Einfluß wiederaufzubauen, bestand Tutanchamuns Aufgabe darin, die Priester davon zu überzeugen, daß er auch wirklich die alten Götter Ägyptens annehmen werde. Sein erstes größeres Bauprojekt in Theben – die Vollendung der Säulenhalle des Tempels in Luxor – war ein Geniestreich. Sein Großvater, der große König Amenophis III., hatte die 45 Meter lange Halle erbauen lassen, aber er war gestorben, bevor der Bildschmuck in Angriff genommen war. Nachdem Echnaton die Götter Thebens verbannt hatte und nach Amarna gezogen war, blieben die Säulen für mehr als ein Jahrzehnt leer. Zweifellos erhielt Tutanchamun von Eje den Rat, die Halle ausschmücken zu lassen.

Mit diesem Projekt würden Tutanchamun und Anchesenamun voll beschäftigt sein. Sicherlich haben beide den Tempel häufig besucht und mit den Priestern, Schreibern und Künstlern erörtert, wie die Geschichte des Opetfestes am besten illustriert werden könne. Diese Begegnungen müssen für Tutanchamun Nachhilfestunden in einer Religion gewesen sein, die für ihn ganz neu war. Es wird so etwas wie Religionsunterricht anhand von Bildern gewesen sein.

Es war eine kluge Entscheidung, die Kolonnaden zu vollenden, denn dies legitimierte Tutanchamun in den Augen der Priester als Nachfolger seines Großvaters, der bei ihnen wegen seiner Arbeiten hoch angesehen war. Auf diese Weise wurde die Kontinuität der königlichen Linie betont, die Rechtmäßigkeit des Thronanspruchs Tutanchamuns von den Priestern anerkannt, und darüber hinaus konnte sich der neue Pharao damit von den Abwegen seines Vaters distanzieren.

Offen bleibt: Wie hat Tutanchamun persönlich auf die neue Religion reagiert? Hat er sie bereitwillig angenommen? Oder hat er insgeheim weiter zu Aton gebetet? Was hat er sich dabei gedacht, als er wichtige Rollen bei religiösen Festen übernahm?

Die Säulenhalle wurde mit Szenen vom Opetfest, dem höchsten Fest in Theben, ausgeschmückt, bei dem der jährliche Besuch Amuns und seiner Familie in Luxor gefeiert wurde. Opet war der alte Name für Karnak, den Tempelbezirk, in dem das Fest seinen Ursprung hatte, und für die Heimat der thebanischen Triade: Amun (der Vater), Mut (seine Gemahlin) und Chons (beider Sohn). Zur Eröffnung des Festes wurden die Statuen von Amun, Mut und Chons aus ihrem Naos (Götterschrein) im Tempel von Karnak geholt und auf Festbarken etwa zweieinhalb Kilometer den Nil aufwärts nach Luxor (südliches Opet) gebracht. Tutanchamuns Bauschmuck zeigt aufschlußreiche Einzelheiten von der Jubelprozession nach Luxor und zurück nach Karnak am Ende des Festes. Tutanchamun selbst ist an prominenter Stelle auf den Reliefs der Westwand der Säulenhalle dargestellt. Er opfert

Amun, Mut und Chons, begleitet die Heiligen Barken zum Nil, segelt mit den Göttern nilaufwärts, folgt den Barken vom Nil zum Tempel von Luxor und bringt den Göttern im Allerheiligsten des Tempels ein Opfer dar.[6] Konnte jemand größere Verehrung zeigen?

Als das Opetfest erstmals wieder abgehalten wurde, müssen die Leute von Theben außer sich vor Freude gewesen sein. Sie standen an den Ufern des Nils, um die Götterbarken zu sehen und einen Blick von jenem Tutanchamun zu erhaschen, der die alte Religion wiederhergestellt hatte. Als die Prozession den Tempel erreichte, versammelten sich Tausende im offenen Hof, um zu beobachten, wie die Schreine zu ihrem zeitweiligen Aufenthaltsort tief im Inneren des Tempels getragen wurden, wohin den gewöhnlichen Sterblichen der Zutritt verboten war. Zumindest von den Szenen auf den Tempelwänden wußten die Menschen, daß Tutanchamun den Göttern Weihrauch, Fleisch, Gemüse, Bier und Wein zum Opfer reichte, was sie mit großer Freude erfüllte. Denn es war seit Jahren das erste Mal, daß ihr Pharao den Göttern die Ehre erwies. Ich bin sicher, daß viele Menschen Tränen vergossen haben.

Trotz der Aufregung unter den Leuten und ihrer eigenen ausgefüllten Tage werden Tutanchamun und Anchesenamun den Vater vermißt haben, wie überhaupt das frühere, ungezwungenere Leben in Amarna. Allmählich jedoch werden sie am geschäftigen Treiben in Theben und Memphis Gefallen gefunden haben.

Von Memphis war es nicht weit ins Delta, wo es landesweit die besten Möglichkeiten zur Vogeljagd gab. Vogelfänger glitten auf flachen Einmannbooten aus Papyrusstauden durch die Sumpfgebiete und warteten mit ihren Fangnetzen auf Vogelschwärme. Tutanchamun liebte vor allem die Jagd mit Pfeil und Bogen. Leichte Holzpfeile mit kleinen scharfen Holzspitzen waren am besten, sie flogen schneller als die Vögel. (Tutanchamuns Pfeile und Bogen wurden in seinem Grab aufgefunden.) Mit Anchesenamun verbrachte er im Sumpfland einige seiner schönsten Stunden: Er schoß auf vorbeiziehende Enten, und sie reichte ihm den nächsten Pfeil. Waren sie des Jagens mit Pfeil und Bogen überdrüssig, gab es noch das Wurfholz, das aber schwieriger zu handhaben war – es sieht einem Bumerang ähnlich. Man mußte schon einen kräftigen Arm haben, um damit einen Vogel im Flug hart genug zu treffen.

Vom südlichen Theben ging es zur Straußenjagd in die Wüste. Das war stets ein Abenteuer. Während der Wagenlenker mit dem Gefährt hinter den Laufvögeln herraste, schoß Tutanchamun seine Pfeile von dem holpernden Wagen ab. Für den jungen Pharao und seine Gemahlin gab es also zahlreiche Zerstreuungen. Und wahrscheinlich waren seine Ratgeber ganz zufrieden, daß beide mit Jagd und Sport völlig ausgelastet waren.

Zudem war Tutanchamun mit seiner Grabanlage beschäftigt. Der junge König hatte einen Platz nahe am Grab seines Großvaters im westlichen Seitental gewählt. In diesem Gebiet hatte Amenophis III. als erster ein Grab ausheben lassen. Nicht weit davon liegt ein unvollendetes Grab (WV 25), von dem die meisten Ägyptologen annehmen, daß es von Amenophis IV. begonnen wurde, bevor er seinen Namen in Echnaton änderte und nach Amarna zog.[7] Wenn das stimmt, dann hätte Tutanchamun seine Grabstelle nächst dem Grab seines Großvaters und nahe dem Grab, das einmal für seinen Vater vorgesehen war, gewählt. Die Arbeit hatte Anfang seines zweiten Lebensjahrzehnts begonnen und machte nur gemächlich Fortschritte, denn der Aufseher wird sich bestimmt gedacht haben, daß es noch viele Jahre dauern dürfte, bis das Grab benötigt würde.

Der königliche Baumeister zeichnete den Grundriß und legte ihn dem Aufseher der Königlichen Nekropole vor. Dann wurde auf dem Fels der Eingang markiert. Darauf begannen Steinmetzen von oben her den Stein mit Bronzemeißeln und Holzschlegeln auszuhauen. Die Arbeit an Gräbern begann stets von oben, denn so wurden die Steinmetzen beim Schwingen der Schlegel von der Schwerkraft unterstützt, was nicht der Fall gewesen wäre, hätten sie sich von unten nach oben gearbeitet. Als sich der Abraum häufte, schaufelten ihn Jungen in Strohkörbe und trugen ihn davon. In wenigen Wochen wurde der absteigende Eingang erkennbar, der Tag für Tag tiefer in den Fels hinabreichte, bis Gehilfen mit Bronzespiegeln gerufen wurden, die das Sonnenlicht in den Schacht lenkten, damit die Arbeiter etwas erkennen konnten. Wenn der Gang die Tiefe erreicht hatte, die der Baumeister angegeben hatte, wurde aus dem Muttergestein ein großer Raum herausgeschlagen, wobei rechteckige Pfeiler stehenblieben, die die Decke stützten. Sobald die grobe Arbeit getan war, glätteten erfahrenere Steinmetzen die Wände, damit sie dekoriert werden konnten. Der Grabraum war nun groß genug, daß gleichzeitig links und rechts gearbeitet werden konnte. Wenn die Meißel stumpf wurden, brachten Jungen sie nach oben zum Schärfen – es war richtige Teamarbeit. Alle Arbeiter und ihre Familien lebten in einem kleinen Dorf in der Nähe. Dies war von einer Mauer umgeben, so daß es nachts verschlossen werden konnte. Zu den Arbeitern zählten Bauzeichner, Steinmetzen, Maler, Bildhauer, Kunsthandwerker, die die Hieroglyphen einschnitten, und Aufseher –

sie alle waren erforderlich, um ein Grab für die Ewigkeit herzurichten.

Als Tutanchamun älter wurde, nahm er aktiver an den Gesprächen Ejes und Majas über die Finanzen teil, traf ausländische Agenten, wenn Handelsabkommen erörtert wurden, wählte seine eigenen Diener aus und entschied, wer für treue Dienste belohnt wurde. Immerhin war er ja der Enkel Amenophis' III., des großen Diplomaten und gewitzten Verwalters. Regieren lag in seinem Blut. Glücklicherweise ist das Grab Huis, eines der Gesandten, denen Tutanchamun am meisten vertraute, erhalten geblieben. Es liefert unmißverständlich Auskunft darüber, welche Rolle Tutanchamun gespielt hat. Damals war er ein Teenager. Haremhab hatte soeben Nubien unterworfen. Ein Vizekönig wurde gesucht, der das Land verwalten sollte. Nubien war wichtig wegen seiner Tonnen Goldes, die es jährlich förderte; dazu kamen Luxusartikel wie Ebenholz für Möbel, Elfenbein, das zu Schmuck verarbeitet wurde, Giraffen- und Leopardenfelle – alles Zeichen des Reichtums Ägyptens. Es war daher bedeutsam, wer hier Vizekönig wurde (Abb. 12).

Hui berichtet auf seinen Grabwänden, daß er in den Palast bestellt wurde, um das Siegel des Vizekönigs entgegenzunehmen, mit dem er das Gold stempeln sollte, das nach Theben verschifft werden würde. Seit dem Alten Reich wurden kleine Rollsiegel als Zeichen der Staatsautorität verwendet. Die Hieroglyphen für das Wort »Schatzmeister« enthalten ein Siegel, das an einer Schnur um den Hals zu tragen war. Es galt als Amtssiegel. Als Hui in den Palast zu Theben gerufen wurde, war dies ein großes Ereignis in seinem Leben. Seine Familie erhielt die Erlaubnis, dem nicht alltäglichen Vorgang beizuwohnen. Er wurde vor den Pharao geführt, vor dem er sich verneigte. Dann sagte ihm ein Regierungsbeamter: »Euch ist das Land von Nechen bis Nesut-Towey überantwortet worden.« Hui gab zur Antwort: »Möge Amun von Nesut-Towey alles erfüllen, was du angeordnet hast, o Gebieter, mein Herr.« Dann befahl Tutanchamun, daß er aufbrechen und mit Gold, Elfenbein, Ebenholz, Giraffen und anderen Kostbarkeiten aus Nubien zurückkehren solle. Man beachte, daß nicht Tutanchamun, sondern ein Regierungsbeamter das Amt verlieh. Tutanchamun sekundierte dabei nur.

Hui hielt nun das Amtssiegel offiziell in Händen. Er verließ den Palast, um sich auf seine Expedition nach Nubien vorzubereiten. Einer seiner Söhne trug den Titel »Herr des Pferdes«. Auf den Wänden von Huis Grab sind Pferde zu sehen, die aus ihren Ställen schauen, als sein Schiff nach Nubien ausläuft. Von der Reise und seinem Aufenthalt in Nubien wird nichts berichtet. Aber wir können uns gut vorstellen, daß Haremhabs jüngster Feldzug alle Hindernisse beseitigt haben dürfte, die Hui vielleicht daran gehindert hätten, seine Pflichten zu erfüllen. Die Unternehmung war erwartungsgemäß ein voller Erfolg. Hui kehrte mit einer Flotte nach Ägypten zurück, die so reich mit Schätzen beladen war, daß die Übergabe an Tutanchamun draußen im Hof des Palastes erfolgen mußte: Gold, soweit das Auge reichte, zu Armreifen gegossen, Stapel von Elfenbein und Ebenholz, eine lebende Giraffe und vieles mehr. Dem jungen König wurden Gefangene in Handfesseln vorgeführt, damit er sich die aussuchen konnte, die ihm gefielen. Eine Herde besonders fetter Rinder sollte Amun geopfert werden. Am Opetfest wurden am Gehörn einer Kuh geschnitzte Hände angebracht, dazwischen ein winziger Kopf eines Nubiers. Wenn das Tier seinen Kopf senkte, brachte Nubien symbolisch seine Huldigung dar.

Zufrieden mit dem feierlichen Aufzug – die Giraffe wird er wohl besonders gemocht haben –, belohnte Tutanchamun Hui mit goldenen Halsbändern, dem sogenannten Ehrengold. Dachte er dabei an die Zeiten in Amarna, als sein Vater das Ehrengold vom »Fenster der Erscheinung« aus verteilte? Doch hier war es keine Bestechung, um Gläubige zu gewinnen, sondern die Belohnung für gelungene Taten. Viel von dem Gold aus dem Grab Tutanchamuns stammt aus der mühevollen Unternehmung Huis. Der berühmte massive Goldsarg könnte aus dieser Goldladung gegossen worden sein.

Mit den Jahren wuchsen Tutanchamun und Anchesenamun heran und verliebten sich ineinander. Seit sie zehn Jahre alt war, hatte sie an seiner Seite gestanden; nun wurde sie fast immer neben ihm abgebildet, entweder stehend oder kniend. In den königlichen Werkstätten entstanden Statuen des hübschen Paares, wie sie Seite an Seite sitzen und die Kronen Amuns und Muts tragen. Eine dieser Statuen lächelt noch heute auf die vorbeiströmenden Touristen im Tempel von Luxor hinab.

Anders als alle seine Vorgänger, die Harems besessen hatten, heiratete Tutanchamun keine anderen Frauen; auch dies ein Hinweis darauf, daß sich die beiden sehr nahe standen. Da sie die letzten Nachkommen der 18. Dynastie waren, mußten sie Kinder haben, damit die königliche Linie nicht erlosch. Denn sonst könnte bei der nächsten Thronbesteigung die göttliche Ordnung zerbrechen und Ägypten in Unruhe geraten.

Und tatsächlich wurde Anchesenamun schwanger. Während sich der Hof auf die Geburt vorbereitete, kümmerte sich der Königliche Arzt um sie, ein erfahrener Mann, berühmt für seine Heilkünste.

Die alten Ägypter nannten die Medizin »die Kunst des

Notwendigen« und unterwarfen sie genauen Regeln. Jeder Arzt behandelte nur eine einzige Krankheit. Die höchstgestellten Ärzte waren Priester. Da Sachmet die wichtigste Göttin war, die in Verbindung mit der Heilkunst stand, brachten ihre Priester die besten Ärzte hervor. Das verwundert etwas, da die löwenköpfige Göttin in der Geschichte Ägyptens wegen ihres Zorns immer gefürchtet war. Dem Mythos zufolge hat sie einmal fast die gesamte Menschheit vernichtet. Ihre Priester hatten oft mehrere Titel, einen medizinischen und einen magischen. Nedschemu etwa war »Oberhaupt der Priester Sachmets« und »Oberhaupt der Ärzte«, und Herischefnacht hieß »Oberhaupt der Magier«, »Hoherpriester Sachmets« und war Arzt des Pharaos. Neben den Priesterärzten, den *wabu*, gab es die *sunu*, die Laienärzte. Da die medizinische Berufsausübung gewissenhaft geregelt war und ärztliche Kunstfehler streng geahndet wurden, waren die *sunu* fast immer sehr gut ausgebildet, obwohl sie nicht zu einem bestimmten Tempel gehörten und sich keinem bestimmten Gott geweiht hatten. Sie eigneten sich ihre Kenntnisse aus allen zur Verfügung stehenden Quellen und nicht nur aus der Tradition eines einzigen Tempels an.

Priester- und Laienärzte pflegten eine Verbindung aus solider klinischer Medizin und Magie. Es gab aber noch eine dritte Gruppe, die keine medizinische Ausbildung hatte und nur Zauberformeln, Amulette und Beschwörungen zur Heilung ihrer Patienten nutzte. Die meisten medizinischen Papyri, die erhalten sind, stammen von dieser Gruppe, denn sie führen Zaubersprüche und Arzneien an, die nicht auf wissenschaftlichen Kenntnissen oder sorgfältiger Beobachtung beruhten.

Anchesenamuns Leibarzt hatte sich auf Gynäkologie,

auf »Frauenkrankheiten«, spezialisiert. Es war ihr erstes Kind, der »Bauchöffner«. Als das Ende der Schwangerschaft nahte, wurde ein Geburtsstuhl vorbereitet. Ägyptische Mütter saßen bei der Niederkunft auf einem Hocker aus Schlammziegeln, so daß die Schwerkraft den Geburtsprozeß erleichterte. (Der Volksmund nannte die Niederkunft »auf Ziegeln sitzen«.) Dies gehörte so sehr zum Leben der alten Ägypter, daß die Hieroglyphe für »geboren« eine sitzende Frau zeigt, bei der gerade der Kopf des Neugeborenen zum Vorschein kommt.

Doch im achten Monat hatte Anchesenamun eine Fehlgeburt und verlor ihr Kind, ein Mädchen. Hätte das Kind gelebt, wäre es mißgestaltet gewesen: Die Wirbelsäule war verkrümmt, und die eine Schulter stand höher als die andere. Wahrscheinlich hat man im Palast getuschelt, daß auf dem Kind oder der Mutter ein Fluch liege. Der Königliche Magier wurde bestellt. Da die Heilkunst im alten Ägypten sowohl von »klinischen« Ärzten als auch von zauberkundigen Heilern betrieben wurde, bestimmte die Art der Erkrankung die Heilmethode. War die Ursache bekannt, etwa bei Knochenbrüchen oder Krokodilbissen, kam die Behandlung ohne Magie aus. Bei Krokodilbissen wurde die Wunde genäht und rohes Fleisch darauf gelegt. War jedoch die Erkrankung zum Beispiel ein Fieber, dessen Ursache den alten Ägyptern unbekannt war, dann wurde sie auf Dämonen oder auf böse Magie zurückgeführt, was eine Zauberbehandlung erforderlich machte. Es gab sogar einen Spezialisten für »unbekannte Krankheiten«, der sich wahrscheinlich mit Leiden ohne bekannte Ursachen beschäftigt hat. Die Fortpflanzung wurde im alten Ägypten nicht völlig verstanden; daher wurde eine Fehlgeburt leicht auf einen Fluch zurückgeführt. Anchesenamuns Fehlgeburt, verbunden mit der

Mißgestaltung des Fetus, machte einen Zauberheiler erforderlich, der sicherstellen sollte, daß das nicht noch einmal vorkam. In solchen Fällen wurde eine Wachsfigur Thots, des Gottes der Schreibkunst und der Zauberei, auf glühende Kohlen unter den Geburtsstuhl gelegt. Möglicherweise hat Anchesenamun darauf Platz genommen, so daß der Rauch ihren Bauch von allerlei bösen Mächten reinigen konnte. Die Fehlgeburt war mehr als eine Staatstragödie. Die Ägypter liebten Kinder und hatten große Familien, typisch für agrarische Gesellschaften: Die vielen Kinder mußten bei der Feldarbeit helfen. Tutanchamun und Anchesenamun litten ganz persönlich. Eine verbreitete Maxime lautete: »Heirate jung und hab viele Kinder!« Ihr Versuch, eine Familie zu gründen, hatte sich schlecht angelassen.

Da der Fetus eine Totgeburt war, erhielt er keinen Namen. Hätte das Kind nur einen Atemzug getan, hätte es eine Seele gehabt – Ba und Ka, die beiden wichtigsten Aspekte der Seele. Der Ba des Verstorbenen ist an Grabwänden stets als Vogel mit menschlichem Kopf dargestellt. Man stellte sich vor, daß der Ba das Grab verlassen und wieder zurückfliegen könne, während er auf die Auferstehung des Körpers im Westen wartete. Der Ba war die Persönlicheit, entscheidend für die Auferstehung. In einem altägyptischen Literaturwerk[8] erwägt ein Mann seinen Selbstmord. Da schimpft ihn sein Ba aus, denn wenn er sich selbst töte, werde ihn sein Ba verlassen, und damit verliere er jede Chance auf Unsterblichkeit. Ein anderes Element der Seele war der Ka, eine Art geistiger Doppelgänger, der in der Mumie wohnte. Ohne Ba und Ka konnte der Fetus nicht auferstehen – so die Vorstellung der altägyptischen Religion. Doch das bedeutete für die jungen Eltern nicht viel, die wie alle Eltern Hoffnungen und Träume gehabt hatten, die für sie nun zerplatzt waren. Entgegen aller Tradition haben sie das kleine Mädchen einbalsamieren lassen.

Der Fetus war nur etwas mehr als 30 Zentimeter groß, so daß für die Mumifikation besondere Werkzeuge hergestellt werden mußten. Mit einem dünnen Draht hat man das Gehirn durch den Nasengang entfernt. Schmale harzgetränkte Leinenstreifen, in den Schädel eingeführt, sollten das verbliebene Gewebe austrocknen, um eine Zersetzung zu vermeiden. Dann wurde am linken Unterleib ein Einschnitt, keine 2,5 Zentimeter lang, vorgenommen, um die Eingeweide zu entnehmen. Doch dabei versagten selbst die hervorragenden Fähigkeiten der königlichen Einbalsamierer. Der Fetus war zu klein. Mit keinem Instrument konnten Magen, Leber, Niere und Darm entfernt werden, ohne daß der Körper schrecklich verletzt worden wäre. Daher ließen die Einbalsamierer die Organe zurück, füllten die Bauchhöhle mit Harz und verschlossen sie so für die Ewigkeit. Dann wurde das Baby sorgfältig in Leinenstreifen gewickelt, während Priester die alten Gebete rezitierten. Ein kleiner Sarg wurde mit schwarzem Harz ausgelegt. Um die Außenseite zogen sich dünne Goldbänder, die wie Mumienbinden gestaltet waren. Eine Inschrift lautet »Die Verehrte« und »Osiris« – denn das Kind hatte ja keinen Namen. In diesem Sarg befand sich ein zweiter, kleinerer, an der Vorderseite mit einem Gebet an Osiris versehen, in der Hoffnung, daß der Totengott dem Kind im Jenseits zur Seite stehen werde. Die Priester legten die zierliche Mumie in den kleineren Sarg, rezitierten aus dem Totenbuch und umwickelten das Ganze mit Binden aus makellosem Linnen. Danach wurde das Tonsiegel der Königlichen Nekropole – ein Schakal über neun gefesselten Gefangenen (den traditionellen Feinden

1 Kolossalstatue Echnatons, des Vaters Tutanchamuns. *Ägyptisches Museum, Kairo*

2 Echnatons zweite Gemahlin, Kija, Tutanchamuns Mutter. Relief aus Hermopolis. *Ny Carlsberg Glyptothek, Kopenhagen. Fotografie: Pat Remler*

3 Kanopendeckel aus Grab Nr. 55, vielleicht Kija, Tutanchamuns Mutter, darstellend. *The Metropolitan Museum of Art, New York. Fotografie: Pat Remler*

4 Eje und seine Gemahlin Ti verehren Aton. *Grab des Eje in Amarna. Fotografie: Pat Remler*

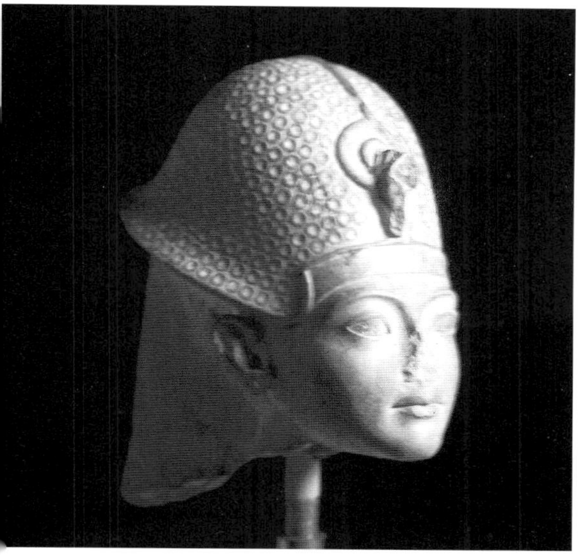

5 Kopf des jungen Tutanchamun, von einer Statue, die möglicherweise zu seiner Krönung angefertigt worden ist. *The Metropolitan Museum of Art, New York. Fotografie: Pat Remler*

Anchesenamun reicht Tutanchamun Lotosblüten. Szene vom Deckel einer 'ruhe aus Holz und Elfenbein aus Tutanchamuns Grab. *The Metropolitan Museum f Art, ehemalige Leihgabe des Ägyptischen Museums, Kairo. Fotografie: Lee Boltin*

13 a Das Innere des vergoldeten Sarges des größeren Fetus, gefunden im Grab Tutanchamuns, mit der in Binden gehüllten Mumie. *Fotografie der Egyptian Expedition. The Metropolitan Museum of Art, New York*

13 b Der größere Fetus, teilweise ausgewickelt. *Fotografie der Egyptian Expedition. The Metropolitan Museum of Art, New York*

c Der größere Fetus. Am Schädel die Beschädigung, die durch Derry hervorrufen wurde, als er das Leinen, das die Einbalsamierer hineingefügt hatten, tfernen wollte. Hätte das kleine Mädchen gelebt, wäre es wahrscheinlich formiert gewesen. *Fotografie der Egyptian Expedition. The Metropolitan Museum Art, New York*

14 a Äußerer Sarg (Deckel daneben) des kleineren Fetus aus dem Grab Tutanchamuns. *Fotografie der Egyptian Expedition. The Metropolitan Museum of Art, New York*

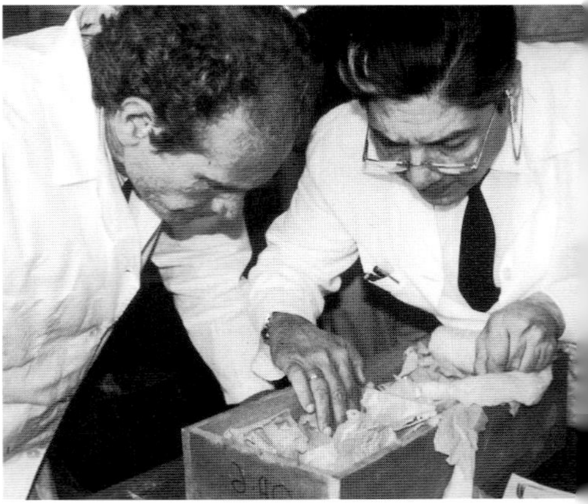

15 Der Autor mit Dr. Fawzi Gabella bei der Untersuchung eines der beiden Feten aus dem Grab Tutanchamuns. *Kasr El Einy Hospital, Kairo. Fotografie: Pat Remler*

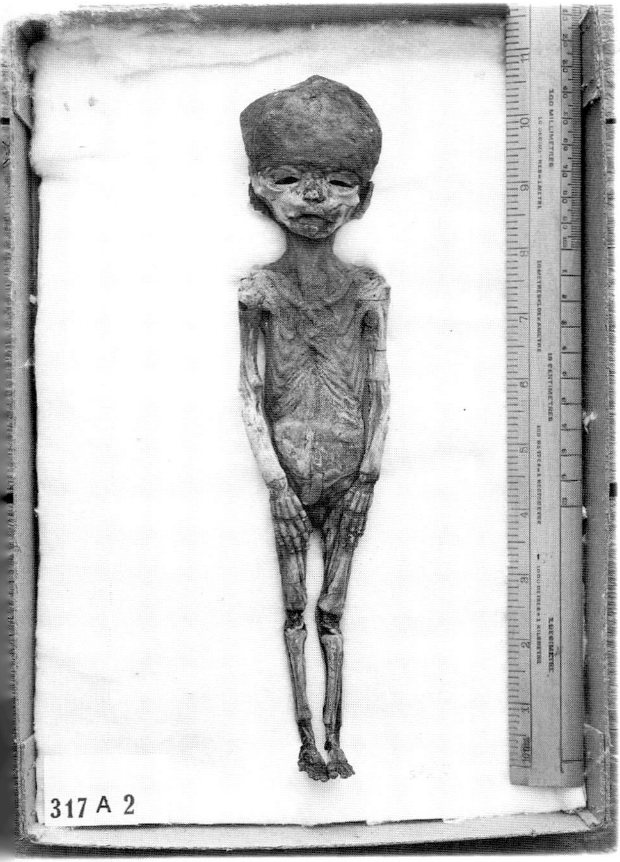

14 b Der kleinere Fetus. *Fotografie der Egyptian Expedition. The Metropolitan Museum of Art, New York*

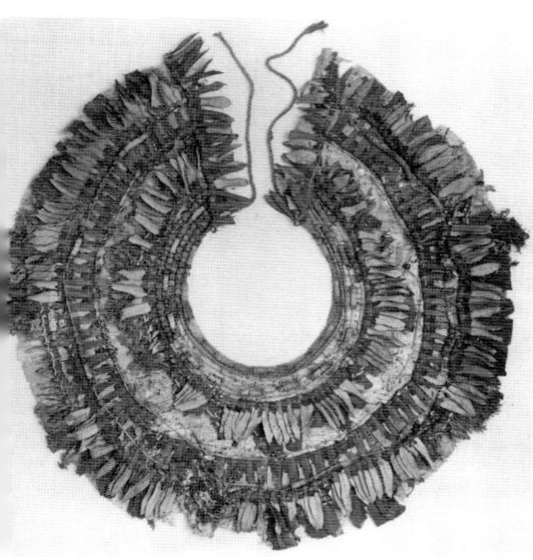

16 Dieser Halskragen mit Blumenmuster schmückte einen Trauergast bei dem rituellen Mahl zur Bestattung Tutanchamuns. *The Metropolitan Museum of Art, Schenkung von Theodore Davis, 1909*

17 Eje vollzieht das Ritual der Mundöffnung an Tutanchamuns Mumie. Wandbild im Grab Tutanchamuns im Tal der Könige. *Fotografie: Pat Remler*

18 Der Brief, in dem Percy Newberry Howard Carter von dem Ring berichtet, der die Eheschließung Ejes und Anchesenamuns anzeigt. *Mit freundlicher Genehmigung des Griffith Institute, Oxford*

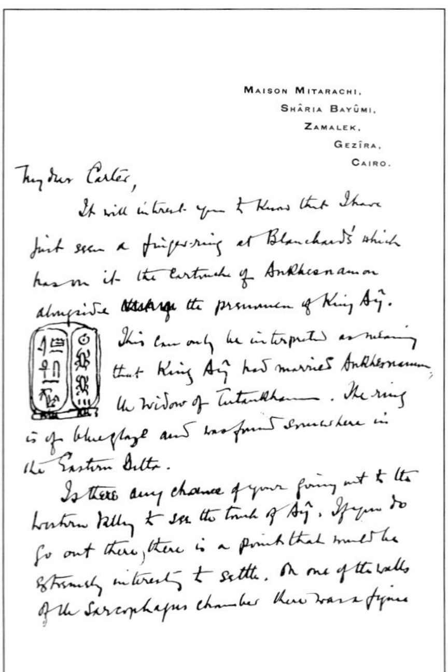

MAISON MITARACHI,
SHÂRIA BAYÛMI,
ZAMALEK,
GEZÎRA,
CAIRO.

My dear Carter,

It will interest you to know that I have just seen a finger-ring at Blanchard's which has on it the cartouche of Ankhesenamon alongside ~~[illegible]~~ the prenomen of King Aŷ. This can only be interpreted as meaning that King Aŷ had married Ankhesenamun, the widow of Tutankhamun. The ring is of blue glaze and was found somewhere in the Eastern Delta.

Is there any chance of your going out to the Western Valley to see the tomb of Aŷ. If you do go out there, there is a point that would be extremely interesting to settle. On one of the walls of the Sarcophagus chamber there was a figure

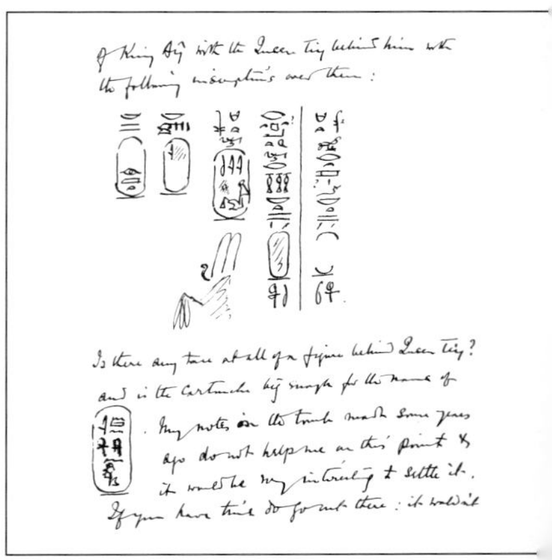

of King Aŷ with the Queen Tiy behind him with the following inscriptions over them:

Is there any trace at all of a figure behind Queen Tiy? and is the Cartouche being sought for the name of [cartouche]. My notes on the tomb made some years ago do not help me on this point & it would be very interesting to settle it. If you have time do go out there: it wouldn't

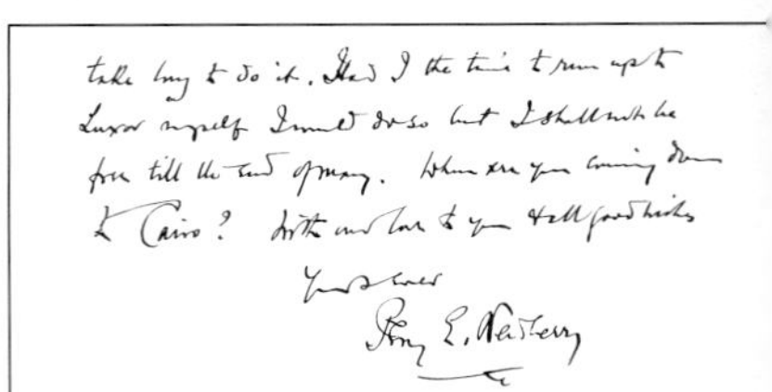

take long to do it. Had I the time to run up to Luxor myself I would do so but I shall not be free till the end of May. When are you coming down to Cairo? With our love to you & all good wishes

Yours ever
Percy E. Newberry

19 Eines der Hunderte von Dienerfigürchen (Uschebtis), die Tutanchamun ins Jenseits folgen sollten, gefunden in seinem Grab. *The Metropolitan Museum of Art, Leihgabe des Ägyptischen Museums, Kairo. Fotografie: Lee Boltin*

20 Kolossalstatue Tutanchamuns aus seinem Totentempel. Sein Name in der Kartusche wurde gelöscht und durch den Haremhabs ersetzt. *Ägyptisches Museum, Kairo. Fotografie: Pat Remler*

21 Die einzige Stelle im Tempel von Luxor, an der Tutanchamuns Name nicht getilgt wurde, befindet sich hoch an der Ostwand der Säulenhalle. *Tempel von Luxor. Fotografie: Pat Remler*

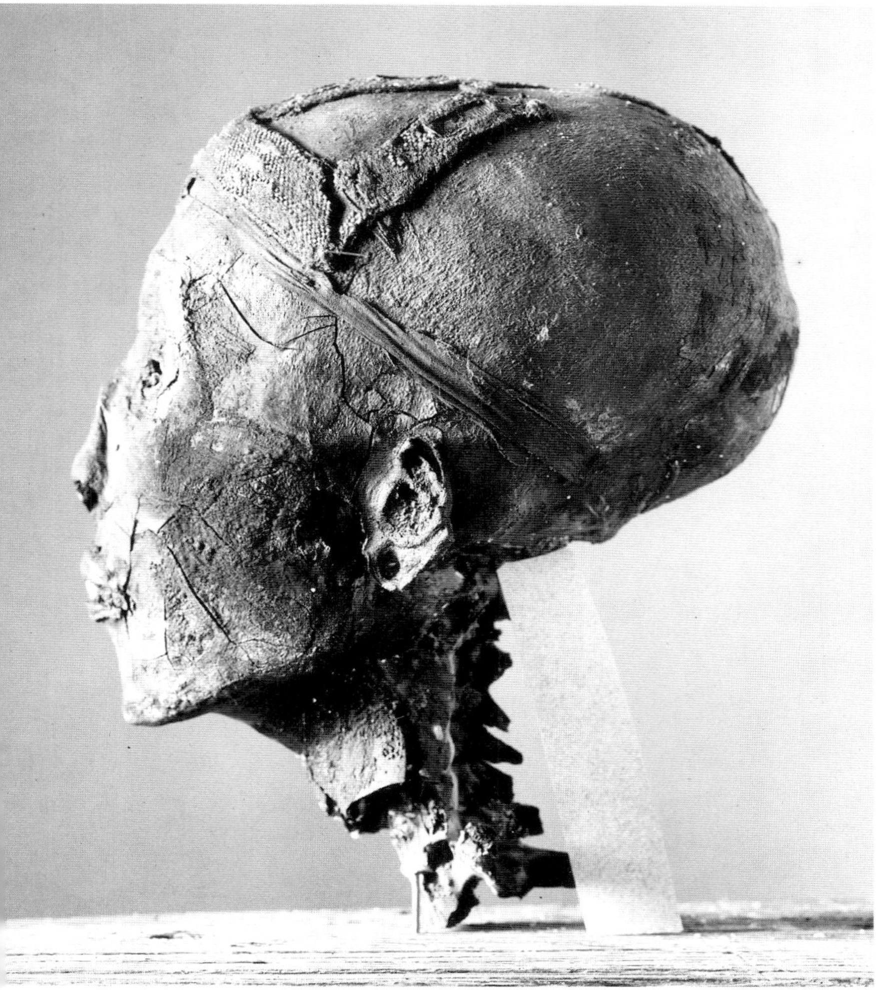

Der langgestreckte Schädel Tutanchamuns, wie er für die königliche Familie ihrend der Amarnaperiode typisch ist. *Fotografie der Egyptian Expedition. ie Metropolitan Museum of Art, New York*

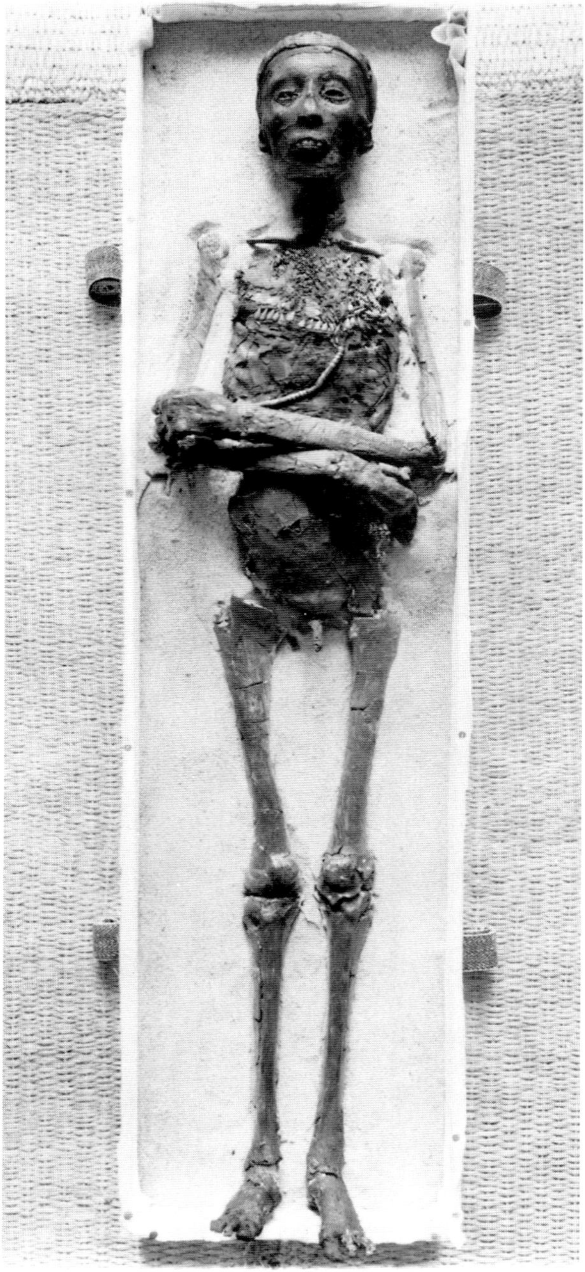

23 Die Mumie Tutanchamuns auf einer Sandschale im äußeren Sarg in seinem Grab im Tal der Könige. Hier ruht sie seit der Autopsie durch Dr. Derry. *Fotografie der Egyptian Expedition. The Metropolitan Museum of Art, New York*

4 a Einer der vier Miniatursärge, die ls Kanopen die Eingeweide Tutanchmuns enthielten. *Fotografie der gyptian Expedition. The Metropolitan Museum of Art, New York*

24 b Einer der vier Kanopen Tutanchamuns in Gestalt von Miniatursärgen. Der Deckel ist entfernt, das umwickelte Organ ist noch an seinem Platz. *Fotografie der Egyptian Expedition. The Metropolitan Museum of Art, New York*

c Ein ausgewickeltes Organ: Tutanchamuns Leber. *Fotografie der Egyptian pedition. The Metropolitan Museum of Art, New York*

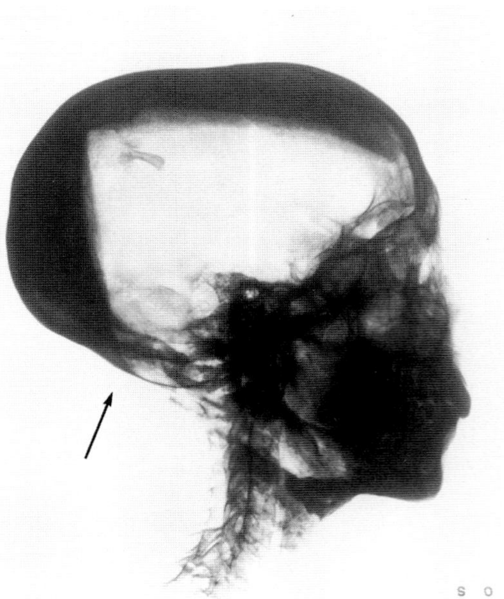

25 Röntgenaufnahme vom Schädel Tutanchamuns. Das Knochenstückchen oben links in der Hirnschale stammt von einer Einwirkung, die nach dem Tod auf die Mumie ausgeübt worden ist. Der Pfeil deutet auf die Stelle, an der vielleicht der Schlag auf den Hinterkopf getroffen hat. *Mit freundlicher Genehmigung des Department of Human Anatomy and Cell Biology, University of Liverpool*

26 Der Autor mit Dr. Gerald Irwin, dem medizinischen Direktor des Radiologischen Forschungsprogramms am C. W. Post Campus der Long Island University. Irwin hat als erster den Verdacht geäußert, daß Tutanchamun nach einem Schlag auf den Hinterkopf ein längeres Siechtum durchlitten haben könnte, bevor er gestorben ist. *Fotografie: Gina Mosti*

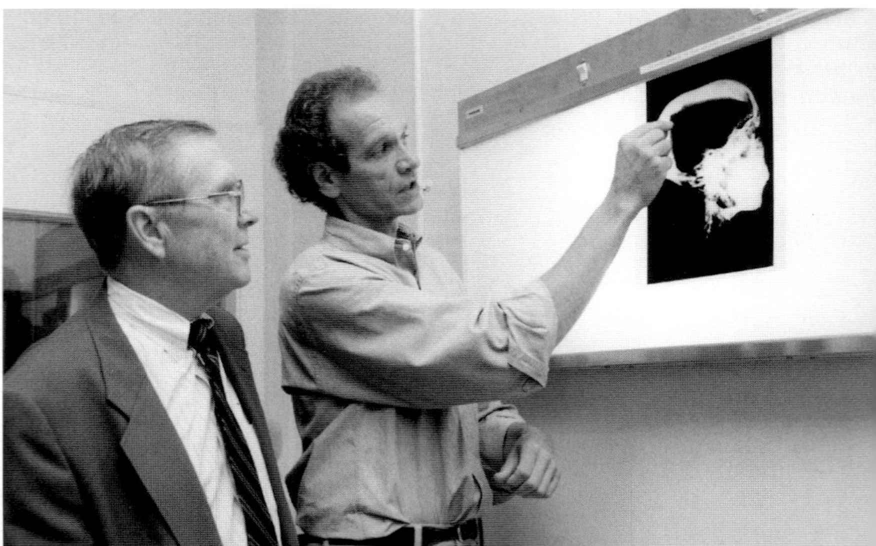

Ägyptens) – angebracht. Eines Tages sollte die kleine Mumie mit ihren Eltern bestattet werden. Das Unglück der Fehlgeburt muß Anchesenamun und Tutanchamun noch enger aneinandergebunden haben.

Als Tutanchamun 18 Jahre alt wurde, waren die drei Stützen der ägyptischen Gesellschaft – Priesterschaft, Militär und Königtum – in die soziale Struktur wieder fest eingebunden. Die Tempel Amuns florierten. Theben wurde wieder von der Betriebsamkeit in den Tempeln zu Luxor und Karnak beherrscht, den Zentren, um die die Restauration Tutanchamuns kreiste.

Die Tempel waren voller Leben. Der Bilderschmuck der Säulen stand vor der Vollendung; leuchtend erglänzten ihre Farben. Die Wände wurden ausgebessert und neu verputzt, wo Schäden aufgetreten waren. Die Übermalungen waren so geschickt, daß die Reparaturen nicht zu sehen waren. An den großen Tempeltoren und den Schreinen wurden schimmernde Bronzeverzierungen angebracht. Und über alles wachte die wachsende Priesterkaste. Jeden Morgen wurden wieder die Türen zu den inneren Kapellen geöffnet, damit die ersten Sonnenstrahlen hineinfielen, wenn die Priester die goldenen Götterstatuen mit Duftstoffen und geweihtem Öl salbten, deren Augenlider mit Schminke nachzogen und vor ihnen Brot, Zwiebeln, Bier und Früchte als Morgenmahlzeit hinstellten. Dann psalmodierten sie das Gebet an Amun:

Lotse, der das Gewässer kennt,
Steuermann [der Schwachen],
Wer gibt dem Brot, der keines hat,
Wer nährt den Diener seines Hauses.
Ich suche nicht den Schutz eines Großen,
Ich verbünde mich nicht mit einem Reichen,

Ich gebe meinen Anteil nicht in eines anderen Obhut,
Mein Gut ist das Haus meines [Herrn].
Mein Herr bewahrt mich.
Ich kenne seine Macht:
Ein Helfer mit fester Hand,
Keiner außer ihm ist stark,
Amun, der Erbarmen hat,
Der den hört, der ihn anruft,
Amun-Re, König der Götter,
Der Stier, groß an Kraft, der die Stärke liebt.

Bei den Tempeln öffneten wieder Werkstätten, die geweihtes Öl und weißes Leinen für die Priester produzierten. Bäckereien und Brauereien florierten. Die Lagerhäuser füllten sich mit Gütern. Tiere wurden für Opferungen zusammengetrieben. Bittsteller hinterließen Opfergaben. Träume wurden anhand des Traumbuches im »Bücherhaus«, der Tempelbibliothek, gedeutet. Zum Beispiel: »Wenn ein Mann sich selbst im Traum mit einem Zwerg sieht – schlecht. Sein Leben ist zur Hälfte vorüber.« Die alte Religion hatte sich wieder voll entfaltet.

Auch das Militär war erstarkt – Haremhab hatte die Armee zu einer gefürchteten Macht aufgebaut. Die Tradition des ägyptischen Königtums war wiederhergestellt: Tutanchamun opferte an den Altären Amuns und nahm am Opetfest teil. Unter den wachsamen Augen Majas füllten sich die Lagerhäuser Ägyptens. Alle konnten sich davon überzeugen: Die Versprechen der Restaurationsstele wurden gehalten.

Tutanchamun begann mit dem Bau seines Totentempels am Westufer des Nils. Er wählte eine Stelle nur wenige Kilometer von seinem Grab entfernt. Es war ein ansehnlicher rechteckiger Bau mit mehreren Kolossalstatuen, die den König darstellten. An dieser Gedenkstätte konnte Tutanchamun noch Jahrhunderte nach seinem Tod verehrt werden. Als Maja den Tempel mit Mitteln ausstattete, machte er auch Landschenkungen als eine Art von Pfründen für die Ka-Priester, die als Tempelwächter der Seele Tutanchamuns Opfer darbringen würden. Der landwirtschaftliche Ertrag würde Generationen von Priestern ernähren und für immer die Unterhaltskosten des Tempels bestreiten. Tutanchamun ließ das Bauwerk mit Szenen aus seinem Leben schmücken: Tutanchamun führt in seinem Streitwagen die Armee in die Schlacht. Wahrscheinlich hatte er noch nicht mit Haremhab an einem Feldzug teilgenommen, aber er rechnete fest damit, er war ja noch jung. Die Darstellungen an den Tempelwänden sollten dem Volk klarmachen, daß ihr Pharao stark genug war, eine Armee zu führen, wie es der große Thutmosis III. getan hatte.

So weit hatte Tutanchamuns Regierung Ägypten in die gute alte Zeit zurückgebracht, in eine Zeit des Wohlstandes, der Expansion und der Toleranz. Doch gerade als es den Anschein hatte, als sei in Ägypten die göttliche Ordnung wiederhergestellt, da trafen zwei weitere Schicksalsschläge die unglückseligen Teenager. Anchesenamun, seit fünf Monaten zum zweitenmal schwanger, hatte eine weitere Fehlgeburt – wieder ein kleines Mädchen. Es muß niederschmetternd gewesen sein. Gewiß waren sie verflucht. Als letzte Nachkommen der großen 18. Dynastie mußten sie einen Thronerben zeugen. Anchesenamun mußte einen Sohn zur Welt bringen. Der zweite Winzling wurde in Binden gewickelt und wie die Schwester in einen kleinen Sarg gelegt, wobei man sich der Hoffnung hingab, daß Osiris, der Totengott, wenigstens ein Leben im Jenseits ermöglichen werde.

Trotz der wiedererstarkten Wirtschaft und des wiederhergestellten religiösen Lebens würde es in Ägypten erneut drunter und drüber gehen, sollte Tutanchamun ohne Erben sterben. In den folgenden Thronwirren würden die gesellschaftlichen Kräfte gegeneinander antreten, um die Herrschaft über das Land zu erringen. Daran könnte Ägypten wieder zerbrechen. Doch niemand dachte im Ernst an diese Möglichkeit. Tutanchamun war jung. Es gab reichlich Zeit, einen Erben zu zeugen. Und dann passierte es doch. Im Januar 1323 v. Chr. starb Tutanchamun, der elfte Pharao der 18. Dynastie, unter mysteriösen Umständen. Er war 19 Jahre alt. Kurz darauf verschwand sein Name für mehr als 3000 Jahre aus der Geschichte.

Um zu verstehen, warum das so war, müssen wir uns jetzt dem Tal der Könige zuwenden.

VII. Das berühmteste Grab der Geschichte

Rüste deinen Platz im Tal her,
Dein Grab, in dem dein Körper ruhen soll;
Behandle es als deine Sache […]
Wetteifere mit den großen Toten,
Die in ihren Gräbern ruhen.

Lehre des Ani
um 1400 v. Chr.

Meist entdecken Ägyptologen bereits völlig ausgeplünderte Gräber, so daß sie nur die Wände studieren können. Wie wir gesehen haben, geben die Darstellungen an den Wänden eines Grabes bereits sehr reichlich Auskunft. Wie aufschlußreich aber wäre erst ein Grab, das noch alles enthielte, was dem Verstorbenen auf die letzte Reise mitgegeben worden ist, darunter ganz persönliche Dinge – und wenn dann noch der Grabherr ein Pharao wäre! Bisher hat es nur ein einziges derartiges Grab gegeben. Es wurde gegenüber von Luxor, jenseits des Nils, im Tal der Könige gefunden.

Das Tal der Könige umgibt eine geheimnisvolle Aura. Hier würde jeder Ausgräber gerne arbeiten. Nicht mögliche Entdeckungen locken Ägyptologen – die historische Ausstrahlung des Ortes zieht sie an; es ist die große Geschichte. Hier wurden Ramses der Große, der Pharao des Auszugs der Kinder Israel, und Hatschepsut, die Königin, die König sein wollte, zu Grabe getragen. Alle diese Gräber liegen in einem Gelände, das sogar ein müder Tourist in 15 Minuten durchstreifen kann. Auch ein Besucher, der von der Geschichte des Platzes nichts weiß, fühlt, daß es mit dem Ort eine besondere Bewandtnis hat. Wenn man über die kahle Landschaft mit ihren in der Hitze flirrenden weißen Kalksteinhängen schaut, empfindet man die Ewigkeit, fühlt man, daß sich hier seit Jahrtausenden nichts geändert hat. 3000 Jahre alte Graffiti an den Felswänden, in die fromme Priester ihre Namen eingraviert haben, wirken so frisch wie an dem Tag, an dem sie entstanden sind.

Heutzutage fliegt ein Talbesucher zunächst nach Luxor, nimmt die Touristenfähre über den Nil zum Westufer und den Bus, der in zehn Minuten das Tal der Könige erreicht. Schnell verschwindet das Dorf, und über Zukkerrohrfelder schweift der Blick zur Wüste. Durch ein enges Tal geht es weiter. Etwa eine Minute lang ist links und rechts nichts anderes zu sehen als Kalksteinwände. Dann taucht plötzlich eine Raststätte für Touristen auf. Rund 400 Meter weiter hält der Bus unter Arkaden, die Stände verschiedenster Händler beherbergen, beladen mit Souvenirs. Hinter dem Eingangstor ist das Spießrutenlaufen durch die Scharen fliegender Händler vorbei, und der Besucher folgt den ordentlich gemalten Markierungen zu den Gräbern Thutmosis' III., Ramses' VI. und, geradeaus, Tutanchamuns. Von den mehr als 60 bekannten Gräbern im Tal der Könige sind nur etwa ein Dutzend für Touristen geöffnet.

Als der griechische Reisende Diodorus Siculus das Tal Mitte des ersten vorchristlichen Jahrhunderts besuchte, erfuhr er von den Priestern in Theben, daß ihre Listen 74 Gräber verzeichneten. Es seien aber nur 15 übriggeblieben. Die anderen seien von Schatzsuchern zerstört worden.[1] Rund 18 Jahrhunderte später, 1739, reiste der englische Geistliche Richard Pococke den Nil aufwärts, um das Tal der Könige zu besuchen. Er konnte nur neun Gräber betreten.[2] Als Napoleon[3] 1798 in Ägypten einmarschierte, brachte er zahlreiche Wissenschaftler mit, die u. a. das Tal der Könige erforschten. Sie verzeichneten auf einer Karte 16 Gräber, von denen elf zugänglich waren. Ihr Überblick ist eine erstaunliche Leistung, wenn man bedenkt, daß Napoleons Soldaten die Mamelucken bekämpften, die damals Ägypten beherrschten. Die Kugeln flogen den Gelehrten um die Ohren, als sie unter Lebensgefahr die Gräber vermaßen und Beschreibungen von ihnen verfaßten.

Die ersten systematischen Ausgrabungen im Tal der Könige wurden im 19. Jahrhundert von Giovanni Battista Belzoni vorgenommen. Der stattliche Italiener von 2 Meter Größe war zum Hydraulik-Ingenieur ausgebildet worden, hatte aber von Kraftakten im Zirkus gelebt, bevor er auf der Suche nach Schätzen nach Ägypten kam. Von 1815 bis 1819 grub er an verschiedenen Stellen entlang des Nils. Als erster moderner Europäer betrat er die Chephrenpyramide, die zweitgrößte Pyramide in Gise, und in Nubien den Großen Tempel von Abu Simbel, erbaut von Ramses II., dem Großen. Die größten Anstrengungen aber unternahm Belzoni im Tal der Könige, wo er die wertvollsten Schätze vermutete. Sein Interesse galt nicht so sehr der Erweiterung des Wissens als vielmehr antiken Gegenständen, die er außerhalb Ägyptens verkaufen konnte.

Als die Gräber in die Talwände geschlagen wurden, mußten große Mengen Abraum weggetragen und außerhalb des Grabgeländes deponiert werden, wo sie über Jahrtausende hinweg unberührt lagen. Belzoni nutzte diese Schutthügel als Wegweiser. Denn viele Grabeingänge waren verschüttet und vergessen. Manchmal waren Steine auf den Eingang herabgefallen, häufiger aber hatten gelegentliche Sturzbäche Schlamm, Sand und sogar Geröll in die Eingänge geschwemmt. Mit der Zeit waren diese unter den Schuttmassen verschwunden, manchmal für immer.

Mit rund 20 Arbeitern ging Belzoni dort ans Werk, wo Aussicht auf den größten Erfolg bestand. Zwar entdeckte er mehrere Gräber, doch waren sie alle bereits im Altertum ausgeplündert worden. Das schönste dieser Gräber war das von Sethos I. Magische Formeln an den Wänden des Grabraums sollten die sichere Reise des Pharaos ins Jenseits gewährleisten. Wandbilder zum Pfortenbuch, dem »Buch zum Lobe Res im Westen« und dem Amduat (»Das Buch von dem, was in der Unterwelt ist«) zeigten die Götter, die Sethos helfen würden, seine Feinde niederzuringen. Auf der Decke sind die Sternbilder Ägyptens vor dunkelblauem Himmel zu sehen. Belzoni war geblendet von den leuchtenden Farben, so frisch wie am Tag, als Sethos zur letzten Ruhe gebettet worden war. Er verbrachte ein ganzes Jahr damit, Wachskopien für eine Ausstellung in London anzufertigen. Sie wurde ein sensationeller Erfolg und verursachte eine der ersten Wogen der Ägyptomanie in Europa. Belzoni ahnte nicht, daß nur knapp 100 Meter entfernt der größte archäologische Schatz aller Zeiten ruhte, das Grab Tutanchamuns.

Etwas später folgte Jean-François Champollion, der Entzifferer der Hieroglyphen, den Spuren Belzonis ins Tal der Könige. Doch für Grabungen zeigte er kein Interesse. Gefesselt davon, endlich Hieroglyphen übersetzen zu können, gab er sich damit zufrieden, die Inschriften auf den Grabwänden zu kopieren.

Zwar hieß das Gelände seit Jahrhunderten »Tal der Könige«, doch hatte man dort niemals eine Mumie gefunden – bis zur dramatischen Entdeckung im Jahr 1881. Im vorausgegangenen Jahrzehnt waren in den einschlägigen Läden Luxors sehr schöne Altertümer aufgetaucht, die die

Namen ägyptischer Könige und Königinnen trugen. Die seltenen Stücke kamen zu einer Zeit auf den Markt, als das bankrotte Ägypten de facto von den Gläubigerstaaten England, Frankreich und Italien verwaltet wurde. Jeder überwachte einen anderen Bereich der Regierung; Frankreich war für die Altertümer verantwortlich.

Die Ägyptische Altertümerverwaltung war von Auguste Mariette gegründet worden. Dieser hatte auf Umwegen zur Ägyptologie gefunden. Als die Unterlagen eines Verwandten, der zahlreiche Zeichnungen von ägyptischen Monumenten angefertigt hatte, an seine Familie geschickt wurden, studierte er sie eifrig und war so sehr von Ägypten begeistert, daß er sich selbst die Hieroglyphenschrift beibrachte. Schließlich erhielt er eine Anstellung am Louvre in Paris. 1850 wurde er nach Ägypten geschickt, um Manuskripte zu erwerben. Statt dessen verwendete er das Geld, um das Serapeum in Sakkara auszugraben, die Gräber der Apisstiere. Er kehrte mit großen Kisten voller Altertümer nach Frankreich zurück – Stücke, die noch heute im Louvre zu sehen sind. Seine größte Leistung aber war die Gründung des »Service des Antiquités de l'Egypte« (Ägyptische Altertümerverwaltung), der weitere Ausplünderungen des Landes verhindern sollte, mit denen er seine eigene Laufbahn begonnen hatte.

Die hohe Qualität der Stücke, die in Luxor verkauft wurden, lockte Sammler und Museumsvertreter aus aller Welt an. Mariette selbst erwarb ein Exemplar des Totenbuchs (eine Sammlung magischer Sprüche, die der Mumie mit ins Grab gegeben wurde, um ihre Auferstehung im Jenseits zu gewährleisten). Es war einer Königin ins Grab gelegt worden, die rund 300 Jahre nach Tutanchamun gelebt hat. Häufig waren solche Papyrusrollen mit schönen Bildern der Götter und Szenen, wie man sich das Jenseits vorstellte, illustriert. Das trockene Klima Ägyptens hatte selbst noch nach Jahrtausenden viel von der ursprünglichen Leuchtkraft der Farben bewahrt. Das Exemplar, das Mariette erwarb, ist, ausgerollt, rund 30 Meter lang und von hoher künstlerischer Qualität.

In den nächsten Jahren gelangten weitere Exemplare des Totenbuchs in den Handel. Alle hatten einmal Königen, Königinnen, Prinzen und Prinzessinnen aus der Familie jener Königin gehört. Als dann auch noch mit diesen Papyri wunderschöner Schmuck auftauchte, war Mariette überzeugt, daß ein unberührtes Königsgrab entdeckt worden war, dessen Inhalt nun stückweise verkauft wurde. Er war entschlossen, das Grab zu finden, bevor alles zerstreut oder zerstört war. Doch er starb 1881, bevor er seine Suche abschließen konnte. Sein Nachfolger, Gaston Maspero, gab den Nachforschungen höchste Priorität.

Schließlich wies alles auf die Familie Abd el-Rassul hin, die in der Nähe des Tales lebte. Nach langen Verhören verriet ein Familienmitglied den Platz des Grabes. Zwei Tage später führten zwei Rassul-Brüder Emil Brugsch, den Assistenten Masperos, auf einem gewundenen Höhenpfad, von dem man das Tal der Könige überschauen kann, durch ein Gebiet, das unter dem Namen Deir el-Bahari bekannt ist – »der Ort des Nordklosters«, der frühere Sitz eines alten koptischen Klosters. Kaminartig treten hier Gesteinsschichten hervor, ein unbewohntes Gebiet, etwa anderthalb Kilometer vom Tempel der Hatschepsut entfernt. Am Fuß eines Gesteinshangs führte ein rechteckiger, etwa 2 mal 3 Meter großer Schacht geradewegs 12 Meter in die Tiefe. Über die Öffnung wurde ein Palmstamm gelegt, daran ein Seil befestigt. Dann ließ sich zuerst einer der Rassuls, dann Brugsch hinab. Als sich der junge Assistent am Boden durch den Eingang gezwängt hatte, sah er als erstes einen gewaltigen Sarg, dahinter drei weitere Särge, rechts davon öffnete sich ein mehr als 20 Meter langer Korridor in den Fels. Auf seiner vollen Länge lagen kleine mumiengestaltige blaue Uschebtifigürchen, die dem Verstorbenen im Jenseits zu Diensten sein sollten.

Der Gang führte zu einem etwa 5 Quadratmeter großen Raum. Auf dem Boden standen herrliche Särge, darin Pharaonen des Neuen Reiches. Hier lagen Amenophis I., Thutmosis I., Thutmosis II. und Thutmosis III. aus der 18. Dynastie – die Vorfahren Tutanchamuns. Dazu kamen Pharaonen der 19. Dynastie: Ramses I., sein Sohn Sethos I. und dessen Sohn Ramses II., der Große. Im letzten Raum, höher als die anderen und rund 6 Meter lang, lagen die Särge und Mumien jener Königsfamilie der 21. Dynastie verstreut, deren Exemplare des Totenbuches zu den Nachforschungen geführt hatten. Die Rassuls hatten die sterblichen Überreste der Könige und Königinnen entdeckt, deren Herrschaft rund fünf Jahrhunderte gedauert hatte, von der 18. bis zur 21. Dynastie.

Brugsch war nur Assistent am Museum, kein großer Gelehrter, aber er hatte an Kursen seines wissenschaftlich ausgebildeten älteren Bruders zur Ägyptologie teilgenommen. Daher konnte er die Kartuschen an vielen Särgen lesen. Ihm wurde klar, daß das die bedeutendsten Pharaonen waren und daß es sich um die größte Entdekkung handelte, die jemals in Ägypten gemacht worden war. Aber warum lagen die Pharaonen aus verschiedenen Dynastien zusammen in einem Grab?

Bis zur 20. Dynastie, zwei Jahrhunderte nach Tutanchamun, waren die meisten Gräber im Tal der Könige geplündert worden. Eine Inspektion in der 21. Dynastie enthüllte die weitreichende Entweihung. Da weitere Versuche, die abgeschiedenen Gräber zu schützen, nutzlos schienen, wurden die entweihten Mumien der Pharaonen ausgebessert, neu in Binden gewickelt, mit Holzschildchen versehen und, wenn notwendig, in neue Särge gelegt. Dann kamen sie in das Gemeinschaftsgrab, das später die Rassuls entdecken sollten, in die sogenannte Cachette von Deir el-Bahari. An den Wänden der ursprünglichen Gräber, auf den Särgen und den Mumienbinden wurden knapp, aber genau der Zeitpunkt und die Zwischenstationen festgehalten. Diese Angaben ermöglichen es, den Weg zu verfolgen, den die Priester der 21. Dynastie genommen haben, um die Mumien der früheren Pharaonen zu retten.

Das Versteck in Deir el-Bahari galt als so sicher, daß es der Priesterkönig Pinodjem II. als letzte Ruhestätte für sich selbst wählte. Die Angaben zu den letzten Vorgängen sind in schwarzer Tusche auf die Wand am Boden des Schachtes von Deir el-Bahari geschrieben. Beim Begräbnis Pinodjems fanden hier auch Sethos I. und Ramses II. ihre letzte Ruhestätte – ungestört für 3000 Jahre.

So bedeutsam und einzigartig die Entdeckung in Deir el-Bahari auch war, so wurden doch die Funde nur unzureichend dokumentiert. Nach zwei Stunden im Grab fürchtete Brugsch, daß die brennenden Kerzen die ausgetrockneten Holzsärge entzünden könnten. Daher verließ er eiligst das Grab. Dann beschloß er, daß die Mumien und die Grabausstattung so schnell wie möglich nach Kairo geschafft werden sollten. Die Bewohner des nahe gelegenen Ortes Kurna hatten seit Jahren ihren Lebensunterhalt mit Grabräuberei bestritten. Wenn sie merkten, wieviel sie bald verlören … Keine Frage, was sie tun würden. Es gab also keine Zeit, genau festzuhalten, wo die Särge im Grab gestanden hatten. Keine einzige Fotografie, keine Zeichnung wurde von den Gegenständen in situ gemacht. In nur zwei Tagen wurden alle Särge, Kanopenkrüge und die Grabausstattung nach oben gebracht. 300 Mann schleppten die Kostbarkeiten zum Westufer des Nils, von wo die Särge, die Mumien und die Bildwerke mit der Fähre zum Ostufer kamen. Dort wurden sie auf den Dampfer des Museums verladen und nach Kairo verschifft. Als die Nachricht von der königlichen Schiffsladung bekannt wurde, kamen Fellachinnen an die Ufer des Nils und stießen Klagerufe aus, so wie es ihre Vorfahren im Altertum getan haben, als ihre Könige dahingeschieden waren.[4]

Die Entdeckung der Cachette von Deir el-Bahari hatte Auswirkungen auf die Grabungen im Tal der Könige. Sie zeigte das Ausmaß der Grabräuberei im alten Ägypten und wie ungeschützt die Gräber waren. Die Mumien Thutmosis' I. und II. sind heute im Ägyptischen Museum in Kairo. Doch noch immer sind ihre Gräber nicht mit letzter Gewißheit identifiziert; fest steht nur, daß sie ausgeplündert, aller wertvollen Gegenstände beraubt wurden. Aber es gab auch günstige Rückschlüsse: Trotz aller Mumien berühmter Pharaonen in der Cachette von Deir el-Bahari waren andere noch nicht gefunden: Thutmosis IV., Amenophis III., Merenptah, ebenso weitere, nicht so bekannte Könige. Vielleicht waren ihre Gräber ja der Zerstörung und der Plünderung entgangen.

Als Victor Loret 1898 ein zweites Versteck mit den Mumien Amenophis' III. und anderer Pharaonen entdeckte, wurde das Interesse für Tutanchamun geweckt, der bis dahin praktisch unbekannt gewesen war. Wäre Kleopatra, die mehr als 1000 Jahre nach Tutanchamun gelebt hat, gefragt worden, wer dieser Pharao gewesen sei, sie hätte ratlos mit den Schultern gezuckt.

Aus Petries Grabungen in Amarna war hervorgegangen, daß Tutanchamun in irgendeinem Zusammenhang mit einer religiösen Umwälzung gestanden hatte. Seitdem hatte es unter Ägyptologen leidenschaftliche Diskussionen über den Ort seiner Bestattung gegeben. Im Tal der Könige waren mehrere Königsgräber entdeckt worden – alle ausgeplündert. Nur das von Tutanchamun hatte man nicht gefunden; seine Mumie war auch nicht in den Königsverstecken der frommen Priester gewesen. Es konnte also sein, daß sie noch immer irgendwo im Tal der Könige ungestört in ihrem Grab ruhte. Mit dieser Überlegung begann die ernsthafte Suche nach Tutanchamun.

Um in Ägypten ausgraben zu dürfen, brauchte man eine Grabungslizenz der Altertümerverwaltung, die Anfang des Jahrhunderts nicht schwer zu erhalten war. In der Regel legte die Lizenz das Grabungsgebiet und die Zeitspanne fest, in der niemand sonst dort Ausgrabungen durchführen durfte. Funde wurden zwischen Altertümerverwaltung und Ausgräber geteilt. Davon profitierten beide Seiten: Die Altertümerverwaltung, die nur über wenige Mittel verfügte, sparte Arbeitskosten und erhielt neue Ausstellungsstücke für ihr Museum; der Ausgräber bekam, was er wollte – Wissen, Altertümer oder beides. Einige, wie Petrie, waren hinter dem Wissen her. Wenn Petrie am Ende der Grabungskampagne seinen Anteil erhielt, wählte er die interessantesten Stücke für eine Studiensammlung aus, aus der später das Petrie Museum am University College in London hervorgegangen ist. Den Rest verteilte er unter den Förderern, die seine Grabungen finanzierten.

Andere Ausgräber kamen in erster Linie wegen der Objekte, um damit ihre eigenen Sammlungen zu erweitern, oder einfach nur wegen des Jagdfiebers, des Nervenkitzels. Theodore Davis, einen reichen amerikanischen Rechtsanwalt und Geschäftsmann, hatte das Jagdfieber gepackt. Den Winter verbrachte er in Ägypten auf seinem Hausboot mit Klavier und Kristalleuchter. Um sich zu zerstreuen, wollte er ausgraben. Dazu brauchte er aber einen Fachmann, sonst hätte er keine Erlaubnis erhalten. So trat Howard Carter auf den Plan, der seine Laufbahn unter Flinders Petrie begonnen hatte.

Carter war über seine künstlerische Begabung zur Ägyptologie gekommen. Sein Vater malte nach der Natur Tierbilder für reiche Gönner. Seine Kinder – Howard war das jüngste von elf – hatten das Talent des Vaters geerbt. Jahrelang arbeitete er als Familienporträtist für Lord Amherst. Als kleiner Junge hatte Howard seinen Vater nach Didlington Hall begleitet, dem Familiensitz, auf dem Lord Amhersts Sammlung ägyptischer Altertümer untergebracht war. Amherst hatte mit dem Egypt Exploration Fund zu tun, einer jüngst gegründeten britischen Gesellschaft zur Ausgrabung ägyptischer Monumente. Einer ihrer Ausgräber suchte gerade einen Künstler, der dabei helfen sollte, die Darstellungen auf den Grabwänden in Beni Hassan, nicht weit von Amarna, abzuzeichnen. Der Gesuchte sollte möglichst kein Mann von Stand sein, da er billiger komme als einer von hoher Geburt. Zwar hatte der junge Howard Carter keine regelrechte Ausbildung genossen, dennoch paßte er genau in den Plan. Lady Amherst empfahl also den Jungen, der sich bald darauf an Bord eines Dampfers nach Alexandria einschiffte. Schnell stellte sich heraus, daß er tüchtig war und gute Arbeit leistete; außerdem kam er mit den einfachen

Bedingungen des Lagerlebens gut zurecht. Bald wurde er zu Petrie nach Amarna geschickt, um die Grundlagen der Grabungstechniken zu erlernen, Fertigkeiten, die ihm später gute Dienste leisten sollten.

Petrie, der den jungen Ausgräber zu wenig kannte, um seiner Arbeit zu vertrauen, meinte:

> Howard Carter kam zu mir als junger Bursche von 17 Jahren, um irgendwelche Ausgrabungen für Mr. Tyson Amherst vorzunehmen. Sein Interesse galt der Malerei und der Naturgeschichte. Ich hatte keine Ahnung, was ihm einmal gelingen sollte. Um ihn mir vom Leibe zu halten, ließ ich ihn bei der Freilegung einer Tempelstätte mitarbeiten. Dort fand er die zerbrochenen Statuen der Königin, Torsi und massenweise Bruchstücke davon.[5]

Es war einer der merkwürdigen Zufälle der Geschichte, daß sich die Wege zweier großer Männer kreuzten und keiner von beiden die Bedeutung der Begegnung erkannte. Petrie war zwar noch ein junger Mann, aber bereits der erfahrenste Ausgräber in Ägypten. Er hatte die ersten Hinweise auf Tutanchamun gefunden. Weder Petrie noch Carter konnte ahnen, daß ein Vierteljahrhundert später Carter das Grab Tutanchamuns entdecken würde, was ihn zum bekanntesten Ägyptologen machen sollte. Als Carter auf der Ausgrabungsstätte arbeitete, hat er wahrscheinlich Gegenstände in Händen gehalten, auf denen der Name Tutanchamuns stand. Aber er hatte keine Ahnung, wer Tutanchamun war.

Carter erlernte die Grabungstechniken so gut, daß er 1899, im Alter von 26 Jahren, von Maspero zum Generalinspekteur der Altertümerverwaltung in Oberägypten ernannt wurde. Er war tatkräftig und arbeitete hart. Besonders lag ihm die Erhaltung der ägyptischen Monumente am Herzen. Er ließ die Grabeingänge mit Eisentüren sichern, um Vandalismus und Diebstahl zu verhindern, elektrische Leitungen verlegen, damit die Touristen die Wandmalereien betrachten konnten, und Wiederherstellungsarbeiten an Tempeln vornehmen. Vor allem aber suchte er Diebstähle zu verhindern. Er hat von einem Vorfall berichtet, der an eine Sherlock-Holmes-Geschichte erinnert:

Carter hatte das Grab Amenophis' II. für Besucher hergerichtet. Die Mumie des Pharaos lag in seinem Sarkophag, zu sehen waren weiterhin viele Funde, die Loret gemacht hatte. Carter hatte ein Eisengatter anbringen lassen, so daß das Grab nachts verschlossen werden konnte. Trotz dieser Vorkehrung wurde das Grab am 20. November 1901 aufgebrochen, die Mumie Amenophis' II. beschädigt, einige Objekte waren verschwunden. Carters Bericht zeigt, wie entschlossen er war, die Verbrecher dingfest zu machen:

> 28. Nov. 1901 – Am nächsten Tag begab ich mich wieder zum Grab Amenophis' II. [...] Der Polizeidiener hatte mir zuvor berichtet, daß das Vorhängeschloß am Grab zusammengesteckt und mit Hilfe von kleinen Stückchen Bleipapier so zurechtgemacht worden war, daß es in Ordnung zu sein schien [...] Neben der Tür lagen weitere Stückchen Bleipapier und ein rundes Stückchen Harz. Es war genauso groß wie die Öffnung für den Riegel des Vorhängeschlosses und lieferte mir einen kleinen Hinweis. Denn am 11. Nov. war eingebrochen, das Schloß mit einem Hebel aufgesprengt, dann aber

mit Harz wieder zusammengesteckt worden, so daß es ganz in Ordnung zu sein schien. Verwendetes Material und die Methode waren in beiden Fällen genau gleich.

Bevor ich fortfahre, muß ich hinzufügen, daß ich Mohammed Abd el-Rassul im Falle des Ji-ma-dua-Grabes schwer im Verdacht hatte. Ich beobachtete ihn, wo es nur möglich war. Denn er ist ein bekannter Grabräuber, und sein Haus liegt ganz nah am Grab.

[…] Sorgfältig habe ich die Fußabdrücke in beiden Gräbern miteinander verglichen. Sie sehen sich sehr ähnlich. In beiden Fällen stammen *die Abdrücke von nackten Füßen, und zwar von nur einer einzigen Person* […] Dann fotografierte ich die Fußabdrücke aus nächster Nähe und habe sie sehr sorgfältig vermessen.

In der Zwischenzeit hatte der Fährtensucher die Fußabdrücke von Biban el-Muluk zum Dorf Gurna [Kurna], bis zum Haus von Suliman und Achmed Abd el-Rassul verfolgt. Diese Männer wurden verhaftet […]

30. Nov. 1901 – Ich ging zum Polizeidiener […] und ersuchte, die Fußabdrücke Mohammed Abd el-Rassuls untersuchen zu dürfen. Dies tat ich in Markas. Sie stimmten genau mit meinen Fotografien und den Maßen überein, die ich in den Gräbern Amenophis' III. und von Ji-ma-dua genommen hatte. Sie paßten millimetergenau zusammen.[6]

Als Carter erfuhr, daß Davis Ausgrabungen vornehmen wollte, machte er den Vorschlag, daß er sich für ihn um eine Grabungslizenz im Tal der Könige bemühen werde.

Wenn es seine Pflichten als Generalinspekteur erlaubten, würde er die Arbeiten beaufsichtigen. Im ersten Jahr entdeckten sie das ausgeraubte Grab Thutmosis' IV. Die Räuber hatten viele Grabbeigaben zurückgelassen, darunter wunderschöne blaue Uschebtis und einen Teil des Streitwagens, geschmückt mit Schlachtenszenen. Davis war sehr zufrieden. Obwohl die Zusammenarbeit für beide von Vorteil war, sollte sie nicht lange dauern. 1904 wurde Carter in den Norden versetzt, wo er die Aufsicht über die Bauten von Sakkara, rund 22 Kilometer südlich von Kairo, erhielt. Dort wurde er in einen Streit verwickelt, was seine Laufbahn bei der Altertümerverwaltung beendete:

Eine Gruppe französischer Touristen hatte versucht, ein Grab ohne Eintrittskarten zu betreten. Sie hatte sich den Weg an dem Wärter vorbei erzwungen und weigerte sich, das Grab zu verlassen. Carter wurde gerufen. Als die Franzosen die einheimischen Wärter angriffen, sagte Carter diesen, sie sollten sich verteidigen, und so kam es zu einem Handgemenge. Die Franzosen waren wütend, daß ein ägyptischer Arbeiter einem der Ihren einen Stoß versetzt hatte. Doch Carter verteidigte das Verhalten der Wärter und wollte die Franzosen strafrechtlich verfolgt sehen. Zur Kolonialzeit war es in Ägypten unerhört, daß ein Einheimischer einen Europäer schlug. Die Angelegenheit kam auf oberster diplomatischer Ebene zur Sprache, und Carter wurde aufgefordert, sich zu entschuldigen. Dies lehnte er ab. Maspero hielt zu Carter, aber er wurde gezwungen, ihm eine Rüge zu erteilen. Der aufgebrachte Carter trat zurück. Damit war er nun selbständig.

Unterdessen hatte Davis den 22jährigen Edward Ayrton angeworben, um die Grabungen im Tal der Könige fortzusetzen. Der Sohn eines Diplomaten war in China geboren. Mit 19 reiste er nach Ägypten, um an den Ausgrabungen Petries teilzunehmen. Wie die meisten Schüler Petries hatte er eine gute Ausbildung erworben, daher leistete er Davis gute Dienste. Er entdeckte das geplünderte Grab des Pharaos Haremhab, unter Tutanchamun General, später König von Ägypten. Er fand auch den ersten Hinweis auf Tutanchamuns Grab, ein tönernes Gefäß mit dem Namen des Pharaos. Damit gab es eine feste Verbindung zwischen Tutanchamun und dem Tal der Könige. Ganz aufgeregt setzten Ayrton und Davis die Suche fort. 1907 stießen sie auf eine kleine Grube, darin die Reste einer Mahlzeit aus dem Altertum. Mit den Speiseresten, Schalen, Weinkrügen und Blumengirlanden kamen auch Mumienbinden zum Vorschein, die den Namen Tutanchamuns trugen. Damit war klar, daß Tutanchamun im Tal der Könige bestattet worden war, doch Davis begriff nicht, was er tatsächlich gefunden hatte. Er glaubte, er habe Diebesgut aus der geplünderten Grabstätte Tutanchamuns entdeckt, das man wieder vergraben hätte. In Wirklichkeit handelte es sich um die Reste des Mahles, das im engsten Kreis nach der Bestattung Tutanchamuns eingenommen worden war, zusammen mit dem Material, das von seiner Einbalsamierung übriggeblieben war. Als Davis 1909 auf ein kleines unvollendetes Grab mit Uschebtifigürchen und etwas Blattgold mit dem Namen Tutanchamuns stieß, hielt er es für das geplünderte Grab des jugendlichen Pharaos.

Alljährlich veröffentlichte Davis seine Entdeckungen in opulenten Büchern. Am Ende jedes Bandes war eine Liste mit den gefundenen Objekten, verfaßt von einem ausgebildeten Ägyptologen. Einige Bücher enthalten Aquarelle von Howard Carter, der gerade nichts zu tun hatte und dankbar für die Beschäftigung war. Im Vorwort äußerte Davis seine Meinung ohne Rücksicht auf Fakten oder die Ratschläge der Ägyptologen. Im Band mit den Tutanchamun-Funden heißt es: »Ich fürchte, im Tal der Könige gibt es nun nichts mehr zu entdecken.«[7] Bald darauf gab er seine Grabungslizenz für das Tal der Könige zurück und machte Platz für Carter.

Während Davis noch im Tal der Könige arbeitete, hatte ein anderer außerhalb des Tales mit Ausgrabungen begonnen: George Edward Stanhope Molyneux Herbert, Fünfter Earl von Carnarvon. Er war ein vermögender Adliger und Sammler. Seine Leidenschaft galt der Pferdezucht und schnellen Autos; 1901 hatte er bei Bad Schwalbach im Taunus einen schweren Autounfall. Um seine bleibenden Gesundheitsschäden zu kurieren, reiste er auf ärztlichen Rat nach Ägypten. Dort begann er sich für Archäologie zu interessieren und hoffte, wie Davis, bei Ausgrabungen Abwechslung zu finden. Da er bei dem Autounfall Lungenschäden davongetragen hatte und seitdem bei schwacher Gesundheit war, konnte er nicht aktiv an den Grabungen teilnehmen, doch irgendeine Rolle wollte er dabei schon spielen. Ein Maler der Grabungskampagne beschrieb ihn mit den Worten:

> Seine ungesunde Gesichtsfarbe wurde noch verstärkt durch Pockennarben. Doch wenn die Sprache auf die Ägyptologie kam, leuchteten seine matten und blassen Augen begeistert auf.[8]

Als sich Carnarvon wegen einer Grabungslizenz an Maspero wandte, sah der eine Möglichkeit, etwas für den verarmten Carter zu tun. Er schlug vor, daß Carnarvon Carter einstellen möge. 1907 war es dann soweit: Carnarvon würde eine Reihe von Grabungen finanzieren, die Carter leiten sollte.

Sie waren ein seltsames Paar. Lord Carnarvon war in ungeheurem Reichtum groß geworden, hatte Charme und machte aus seiner gesellschaftlichen Stellung keinen Hehl. Er war selbstzufrieden und beschäftigte sich, wie es damals bei den Reichen Mode war, mit Okkultismus. Er veranstaltete und besuchte Sitzungen, auf denen Medien in Kristallkugeln starrten, hielt Séancen ab und amüsierte sich dabei für gewöhnlich.

Ganz anders Carter. Er kam aus einer Mittelstandsfamilie, in der er eine nüchterne, pragmatische Einstellung zum Leben gewonnen hatte, die Dinge sah er schwarz oder weiß – entweder waren sie richtig, oder sie waren falsch. Er war redlich, arbeitete hart, hatte nur wenige gesellschaftliche Erfahrungen und geringe Ausstrahlung, ein eingefleischter Junggeselle. Sie waren ein ungleiches Paar, aber zwischen ihnen entwickelte sich eine dauernde Freundschaft. Zwar blieb ihre Beziehung stets die zwischen Herr und Untergebenem, aber sie hatten einander gern.

In dem Jahr, als Carter und Carnarvon zusammenfanden, entdeckte das Team Davis-Ayrton noch ein weiteres Grab mit einem königlichen Sarg und einer Mumie. Noch bevor sich der Staub der Grabung gelegt hatte, gab Davis zu verstehen, es sei die Mumie der Königin Teje, der Großmutter Tutanchamuns. Arthur Weigall, der neue Generalinspekteur der Altertümer in Luxor, hielt sie für die Echnatons, und George Daressy, ein französischer Ägyptologe vom Ägyptischen Museum, gab bekannt, es handele sich um die Mumie Tutanchamuns. Aber sie hatten alle unrecht. Es war Semenchkare, der Bruder Tutanchamuns.

Grab Nr. 55

Um keine andere Königsmumie hat es mehr Kontroversen gegeben als um jene, die in Grab Nr. 55 im Tal der Könige gefunden wurde. Es liegt in der Nähe des Grabes Ramses' IX. und erhielt die neue Nummer KV 55 (King's Valley 55). Nachdem Davis und Ayrton als erstes den Schutt weggeräumt hatten, kamen Stufen zum Vorschein, die in den Fels gehauen waren. Sie führten zu einer zweiten Treppe. Unten erhob sich eine Mauer aus Kalkstein. Sie entsprach nicht der klassischen Grabarchitektur und war offenbar noch im Altertum errichtet worden, um das Grab, das zuvor geöffnet worden war, ein zweites Mal zu verschließen. Dahinter kam ein absteigender Gang zum Vorschein, fast bis an die Decke mit Kalksteinschutt gefüllt, um Grabräuber fernzuhalten. Eine Öffnung nahe der Decke legte die Vermutung nahe, daß das nicht geklappt hatte: Das Grab war geplündert.

Zu denen, die bei der Öffnung des Grabes dabei waren, gehörten Gaston Maspero, Arthur Weigall von der Generalinspektion der Altertümerverwaltung für Oberägypten, Joseph Lindon Smith, ein Maler, der für mehrere Ägyptologen gearbeitet hatte, mit seiner Frau Corinna. Fast alle haben Berichte von dem hinterlassen, was sich an jenem klaren Januartag des Jahres 1907 ereignet hat. Keiner stimmt mit den anderen überein.

Als erster betrat Joseph Lindon Smith das Grab; ihn hatte Maspero ausgewählt, weil er schmächtig genug war, um sich durch den engen Zugang zu zwängen. Als sich Smith über die Gesteinstrümmer langsam vorwärtsarbeitete, entdeckte er eine große vergoldete Holztür. Schnell zeichnete er die Beschriftung ab, kehrte zurück und zeigte sie Maspero, der den Namen Königin Tejes las, der Gemahlin von Amenophis III. und Mutter Echnatons. Die Tür war so bröckelig, daß sich beim ersten Lufthauch nach 3000 Jahren das Goldblech löste und zu Boden schwebte. Da die Tür zu brüchig war, um sie wegzuräumen, kroch Smith vorsichtig daran vorbei.

Das Grab war unvollendet. Die Wände der Hauptkammer waren unbemalt und roh behauen. Weitere Holzwände lagen am Boden und lehnten an einer Wand. In eine andere Wand war eine Nische hineingehauen. Hier fand Smith vier schöne Kanopenkrüge mit wunderbar gearbeiteten Deckeln in Gestalt von Frauenköpfen (Abb. 3). In dem ganzen Durcheinander erregte ein schlimm beschädigter, aber wunderschöner Sarg die größte Aufmerksamkeit Smith'. Er lag, mit seinem Deckel zur Seite, vor einer Wand. Er hat wie der restliche Inhalt der Grabkammer unter dem Wasser gelitten, das durch einen Riß in der Decke getropft war. Einst hatte der Sarg auf einer hölzernen Bahre geruht, die aber zusammengebrochen war. Dabei hat der Sarg weiteren Schaden genommen. Und dann war auch noch ein Gesteinsbrocken von der Decke auf ihn herabgestürzt.

Einlegearbeiten aus Glasfluß und Schmucksteinen bilden die schützenden Schwingen des Falken, die den Sarg umfassen. Noch erstaunlicher als der Sarg selbst war der Umstand, daß darin ein Körper lag – offenbar unberührt, denn er trug an seinem Kopf noch den goldenen Geier, Zeichen der königlichen Macht.

Es ist nicht überliefert, wie lange Smith im Grab geblieben ist. Aber denen, die draußen auf seine Schilderung gewartet haben, muß es wie eine Ewigkeit vorgekommen sein. Dann kam er endlich zum Vorschein und beschrieb, was er gesehen hatte, so gut er konnte. Maspero stellte ein paar Fragen und schickte ihn zurück, damit er nach Wasserschäden sehe und die Stücke zeichne. Smith fertigte eine Zeichnung vom Sarg an, kam wieder zurück und erstattete zum zweitenmal Bericht. Jedermann war begierig, das Grab zu betreten. Doch sie mußten auf Arbeiter warten, die den Gang freiräumen sollten. Außerdem waren Planken erforderlich, denn Maspero war nicht gerade ein Leichtgewicht.

Davis' Butler holte einen Picknickkorb vom Hausboot. Beim Mittagessen wurde die Entdeckung besprochen. Davis war begeistert und davon überzeugt, daß sie das Grab und die Mumie der Königin Teje gefunden hatten. Nach dem Mittagessen war es dann soweit: Sie konnten das Grab betreten.

Die Holzbretter sind seither alle bis auf zwei vermodert. Doch nach allem, was man 1907 im Grab beobachtet hat, waren sie die Reste eines vergoldeten Schreins, der einmal den Sarg Tejes eingeschlossen hat. Er war anscheinend von ihrem Sohn Echnaton in Auftrag gegeben worden, denn eine Seite zeigte ihn und seine Mutter bei der Verehrung Atons. Einige Zeit nach dem Begräbnis wurde die Gestalt Echnatons ausgekratzt, Teje selbst aber blieb unberührt. Auch tragen die Kanopen für die Eingeweide Deckel in der Gestalt weiblicher Köpfe.

Weil der Sargdeckel schlecht erhalten war, mußte man auf den Konservator warten, der ihm besseren Halt verleihen sollte. Und natürlich sollte alles in situ fotografiert werden, bevor man die Stücke ans Tageslicht holte. Es vergingen mehrere Tage, bis der Konservator und ein Fotograf aus Kairo eintrafen. Als die Mumie ausgewickelt wurde, spürte jeder Anwesende die historische Bedeutung des Augenblicks. Sie würden nach mehr als 3000 Jahren die ersten sein, die in das Antlitz dieser berühmten

Königin Ägyptens blicken würden. Maspero, Weigall, Ayrton, Smith und seine Frau Corinna, Theodore Davis und seine Begleiterin Mrs. Andrews betraten einer nach dem anderen den Raum. Anwesend war auch Harold Jones, ein Künstler, der für Davis arbeitete. Arthur Quibell von der Altertümerverwaltung stieß später dazu. Nachdem sich die Gruppe feierlich um den Sarg versammelt und der Konservator den Deckel entfernt hatte, bat Maspero Joseph Lindon Smith, die Mumie auszuwickeln, weil er »die sanften Hände eines Künstlers« habe.

Vom Hals bis zu den Füßen war die Mumie mit Goldbändern, so breit wie Schreibpapierblätter, bedeckt. Da Gold nicht matt wird, verbanden es die alten Ägypter mit der Ewigkeit. Die Mumie hüllten sie in Gold ein, um ihre Erhaltung zu gewährleisten. Smith nahm die Goldbänder, eines nach dem anderen, und reichte sie an Maspero für eine erste Untersuchung weiter. Der begutachtete sie kurz und sagte jedesmal: »Nicht beschriftet.« Dann lag die Mumie frei, der linke Arm über der Brust, der rechte Arm gerade am Körper. In dieser Haltung wurden königliche Frauen bestattet. An jedem Armgelenk trug sie drei goldene Bänder. Damit sah Davis seine Teje-Theorie bestätigt. Maspero bat Smith, die Mumienbinden in der Nackengegend und am oberen Brustkorb nach dem Pektorale abzutasten. Als Smith vorsichtig damit begann, ereignete sich etwas, das aus einem Horrorfilm stammen könnte:

> Doch kaum hatte meine Hand die Mumie berührt, da zerfiel das Gewebe zu Staub und rieselte durch die Gebeine. Das geschah mit dem ganzen Körper. Zurück blieben ein Haufen Staub und unverbundene Knochen, an denen ein paar Fetzen ausgedörr-

> ter Haut hingen. Das Wasser, das in das Grab eingedrungen war, war die Ursache dafür, daß das Gewebe die Konsistenz von Zigarrenasche angenommen hatte. Dann fühlte ich Teile einer breiten Halskette mit Anhängern, Schmuckplatten mit Einlegearbeiten, goldenen Lotosblüten und zahlreichen kleinen Perlen.[9]

Es war eine sonderbare Ansammlung von Gegenständen, die sich im Grab Nr. 55 fand: Stücke, die einmal Teje, Echnaton, Semenchkare gehört haben, und, wie viele Ägyptologen glauben, Kijas Kanopen. Wie sind alle diese Gegenstände aus Tutanchamuns Familie hierhergekommen? Die nächstliegende Erklärung ist, daß nach der Plünderung der Gräber in Amarna irgendein treuer Diener alles eingesammelt hat, was übriggeblieben war, es nach Theben gebracht und in Grab Nr. 55 wiederbestattet hat. Heute glauben die meisten Ägyptologen, daß die Mumie aus Grab Nr. 55 die des Semenchkare ist, des Bruders Tutanchamuns. Er selbst aber, Tutanchamun, war noch nicht gefunden.

Als Theodore Davis die Grabungslizenz für das Tal der Könige zurückgab, wurde diese von Carter und Carnarvon übernommen. Sie begannen mit einem Konzept, das sie »eine systematische und erschöpfende Erforschung« des Tals der Könige nannten. Doch der eigentliche Beginn der Arbeit wurde durch den Ausbruch des Ersten Weltkriegs bis Ende 1917 hinausgezögert.

Carter war davon überzeugt, daß man ein bislang unentdecktes Grab am ehesten noch innerhalb des Dreiecks finden könne, das von den Gräbern der Pharaonen Merenptah, Ramses II. und Ramses VI. gebildet wird. Es war das einzige Gebiet im Tal der Könige, das nicht vollständig ausgegraben worden war. Arbeiter schafften Tausende von Körben mit Schutt und Geröll fort und arbeiteten sich so den Hang hinab zum Eingang des wohlbekannten Grabs Ramses' VI. vor. Man stieß auf eine Gruppe Bauarbeiterhütten aus dem Altertum, die wahrscheinlich zur Anlage dieses Grabes benutzt worden waren. Um hier weiterzukommen, mußten die Hütten freigelegt werden. Aber das hätte den Zugang zum Grab Ramses' VI., das eine Touristenattraktion war, versperrt. Also verlegte Carter seine Grabung an eine andere Stelle, bis der Tourismus abnehmen würde.

Fünf Jahre gingen ins Land, in denen Carter unverdrossen weitersuchte. Doch der Erfolg blieb aus. Carnarvon gab Davis mittlerweile recht: Hier gab es nichts mehr zu holen. Wegen der freundschaftlichen Gefühle, die sich zwischen ihnen entwickelt hatten, muß es Carnarvon schwergefallen sein, Carter 1922 nach Highclere Castle einzuladen und ihm mitzuteilen, daß er beschlossen habe, die Ausgrabung einzustellen. Nach so vielen erfolglosen Jahren war Carter nicht überrascht. Aber noch war er nicht soweit, aufzugeben. Er machte einen Gegenvorschlag: Sie würden noch eine Saison weitermachen, Carter würde die Kosten übernehmen, und Carnarvon könne alles behalten, was sie fänden. Carnarvon war gerührt von der mutigen Geste des mittellosen Carter und willigte ein, eine letzte Saison zu finanzieren.

Anfang November 1922 kehrte Carter zu jenem Teil des Dreiecks zurück, den er sich für später aufgehoben hatte, und begann die antiken Bauarbeiterhütten freizulegen. Am 4. November entdeckte ein Arbeiter eine Stufe, die in den felsigen Talgrund gehauen war. Nach einem weiteren Grabungstag kam dann eine Treppe zum Vorschein. Am 5. November wurde bei Sonnenuntergang nach der zwölften Stufe der obere Teil eines Eingangs mit dem königlichen Nekropolensiegel freigelegt. Carter wußte, daß sie ein Königsgrab entdeckt hatten, aber er wußte nicht, wer der König war. Durch ein kleines Loch am oberen Ende des Eingangs konnte er sehen, daß der Gang dahinter mit Schutt gefüllt war, um Grabräuber abzuschrecken. Vielleicht war das Grab noch unberührt. Was Carter beunruhigte, war die enge Treppe, nur etwa 1,80 Meter breit. Die Zugänge anderer Königsgräber waren viel breiter. Dann füllte er den Eingang wieder mir Sand und Schutt auf und schickte seinem Gönner, Lord Carnarvon, ein Telegramm nach England:

> Habe endlich wunderbare Entdeckung im Tal der Könige gemacht. Ein großartiges Grab mit unbeschädigten Siegeln. Bis zu Ihrer Ankunft alles wieder zugeschüttet. Meinen Glückwunsch.

Carter wartete fast einen Monat auf seinen Freund, der in der letzten Novemberwoche in Ägypten eintraf. Dann wurden die Vorbereitungen getroffen, das Grab zu öffnen. Die Treppe wurde wieder freigeräumt. Und diesmal kam Tutanchamuns Kartusche auf dem unteren Teil der versiegelten Tür zum Vorschein. Als der Zugang offen war, sahen die Ausgräber jedoch im Geröll einen schmalen Pfad, der nur von Grabräubern des Altertums herrühren konnte. In das Grab war schon jemand vor ihnen eingedrungen.

Es dauerte einen ganzen Tag, den rund 9 Meter langen absteigenden Gang freizuräumen. Zerstreut zwischen den Kalksteinbruchstücken lagen Alabastergefäße, Töpferwaren und Arbeitsgeräte. Dann kam man an einen zweiten versiegelten Eingang. Hier war klar zu sehen, daß er aufgebrochen und wieder versiegelt worden war. Carter machte in der linken oberen Ecke eine Öffnung und schob eine brennende Kerze hinein, um die Luft im Inneren zu testen. Zuerst flackerte die Flamme in der entweichenden heißen Luft, dann sah Carter »wunderbare Dinge«.

Der Raum, in den Carter und Carnarvon spähten, war voller Gegenstände, die Tutanchamun im Jenseits benötigte: Streitwagen, Statuen, Spielbretter, Leinen, Schmuck, Betten, Liegen, Stühle, sogar ein Thronsessel; alles war wüst übereinandergestapelt. Die Grabräuber waren offenbar auf frischer Tat ertappt oder jedenfalls kurz darauf vertrieben worden, denn sie hatten nur wenige Spuren hinterlassen. Das Grab war im Grunde unberührt. Es sah ganz danach aus, als kämen hier die Einzelheiten zum bislang unbekannten Pharao Tutanchamun ans Licht.

Als Carter seine Entdeckung machte, gab es zwei populäre Einführungen in die altägyptische Geschichte, beide verfaßt von dem Amerikaner James Henry Breasted. Der gelernte Apotheker interessierte sich bald mehr für Ägyptologie als dafür, Pillen zu verkaufen. Daher ging er nach Deutschland, um Hieroglyphen zu studieren. Die Europäer hatten damals sehr viel bessere Ausbildungsmöglichkeiten in Ägyptologie als die Amerikaner. Breasted studierte bei Adolf Erman, dem Begründer der modernen altägyptischen Philologie. Als erster Amerikaner wurde er in Ägyptologie promoviert. Er wurde zum amerikanischen Gegenstück von Petrie in Ägypten: Petrie war Ausgräber, Breasted Philologe. Beide wollten das Bild der altägyptischen Geschichte vervollständigen. Aber sie schlugen verschiedene Wege ein. Petrie suchte nach neuem Material; Breasted wollte es übersetzen.

Um die Jahrhundertwende begann Breasted ein unglaubliches Ein-Mann-Unternehmen, um alle geschichtlichen Texte des alten Ägypten aufzuzeichnen. Elf Jahre lang zog er den Nil hinauf und hinab und übersetzte Inschriften an Tempel- und Grabwänden; mehr als einmal hat er dabei seine Gesundheit aufs Spiel gesetzt. Sein Tagebucheintrag für den 14. November 1906 lautet:

> Wir arbeiten seit 6 Uhr früh, und die Sonne ist längst untergegangen, wenn wir aufhören. Den gestrigen Tag habe ich auf einer Leiter verbracht. Von einer gleißenden Wand, auf die die heiße Sonne mit voller Kraft niederbrannte, habe ich Abschriften gemacht. Als ich heute morgen erwachte, war ein Auge zugeschwollen. Selbst mit einer dunklen Sonnenbrille ist die Arbeit an einer sonnendurchglühten Wand manchmal nicht durchzuführen.[10]

Nach seiner kräftezehrenden Erforschung veröffentlichte Breasted seine fünfbändigen *Ancient Records of Egypt*[11]. Aus der Regierungszeit Tutanchamuns hatte er nur ein einziges Monument entdeckt, das Grab des Hui, des Vizekönigs Tutanchamuns in Nubien. Als Breasted sein 600-Seiten-Werk *History of Egypt*[12] (deutsch *Geschichte Ägyptens*) verfaßte, beschäftigte er sich mit Tutanchamun auf weniger als einer Seite. Es gab einfach nicht mehr zu sagen. Carter hoffte nun, die Lücken füllen zu können.

Bei der weiteren Freilegung des Tutanchamun-Grabes bewahrheitete sich ausnahmsweise keineswegs die Erfahrung, daß Ägyptologen Geduld haben müssen. Es wurden sensationelle Funde gemacht. Doch nichts war darüber in Erfahrung zu bringen, wer Tutanchamuns Eltern gewesen waren oder was sich während seiner kurzen

Regierungszeit ereignet hatte. Die Aufregung, die entstand, als es hieß, in der Vorkammer sei ein Behältnis mit Papyri gefunden worden, war bald vorüber. Tatsächlich waren es Leinenrollen, die sich über die Jahrtausende gelb gefärbt hatten. Tutanchamun entzog sich seinen Entdeckern.

Carter und Carnarvon reagierten bei aller Freude über ihre Entdeckung ganz verschieden darauf. Carnarvon, der Sammler, war begeistert von der Schönheit der gefundenen Stücke. Zwar konnte Carter aufgrund seiner künstlerischen Ausbildung ihre Schönheit durchaus ebenfalls würdigen, aber als Archäologe wollte er die verborgene Geschichte Tutanchamuns enthüllen. In dieser Hinsicht war er enttäuscht.

Carter wußte weder etwas von einem möglichen Schlag auf Tutanchamuns Hinterkopf, noch ahnte er etwas von einer Verschwörung. Noch heute, Jahrzehnte später, können wir im Zusammenhang mit dem Grab nach Hinweisen forschen, die uns Aufschluß liefern, was sich in seinem kurzen Leben ereignet hat, und vor allem, wie er gestorben ist.

Der vergoldete Statuettenschrein

Selbstverständlich waren die Schmuckstücke eine Sensation. Mich aber hat von der Grabausstattung am stärksten ein kleiner, mit Blattgold überzogener Holzschrein berührt, der einst eine Statue Tutanchamuns beherbergt hat. Er ist nur rund 50 Zentimeter hoch und in Wirklichkeit ein Modell für einen lebensgroßen Schrein (Abb. 7). Im Inneren fand Carter am Boden nur einen Sockel mit den Sandalenabdrücken der Statue, die die Grabräuber im Altertum gestohlen hatten.[13] Das Äußere ist mit 18 Szenen in Treibarbeit geschmückt. Sie zeigen Tutanchamuns Lieblingsbeschäftigungen: wie er mit dem Bogen Jagd auf Sumpfhühner macht, wie er Blumen erhält, gesalbt wird. Und immer ist Anchesenamun an seiner Seite: Sie reicht ihm Blumen und legt ihm eine Kette um den Hals; wenn er jagt, sitzt sie zu seinen Füßen und hält den nächsten Pfeil bereit; der König gießt ihr Duftwasser in die Hand (Abb. 8). Dies sind keine Standardszenen nach Werkstattvorlagen, sondern porträthafte Schilderungen eines jungen Paares, das sich zugetan, ganz ineinander vertieft ist. Ihre Hochzeit wurde aus politischen Gründen geschlossen, als sie noch Kinder waren. Nun aber ist nicht zu übersehen, daß zwischen ihnen eine große Zuneigung entstanden ist. Die Bilder des Schreins zeigen, wie sie sich beständig berühren, sich an den Händen halten. Sie waren ineinander verliebt.

Die Inschriften bezeichnen an keiner Stelle Tutanchamun als »gerechtfertigt durch die Stimme« (»wahr an Stimme«), d.h. als verstorben. Es handelt sich also nicht um ein eilig gefertigtes Stück der Grabausstattung. Vielleicht war es ein Geschenk Anchesenamuns an ihren Gatten, ihr Liebesbrief, geschrieben in Gold. Der Schrein ist nicht der einzige Beweis für die Liebe zwischen Tutanchamun und Anchesenamun. Sogar am Thronsessel ist zu beobachten, wie Anchesenamun zärtlich des breite Halsband Tutanchamuns zurechtrückt.

Das königliche Paar verbrachte viel Zeit miteinander und vertrieb sich die Stunden mit Spielen. Tutanchamun hatte drei verschiedene Brettspiele für die Ewigkeit dabei. Zu seinen Lieblingsspielen zählte Senet, eine Art Monopoly (Abb. 9). Das Spielbrett besteht aus drei Reihen zu zehn Feldern. Einige Felder sind mit »sehr gut« beschriftet, andere mit »Wasser«, was soviel bedeutet wie »ab ins Gefängnis«. Die Spielfiguren sehen wie Bauern des Schachspiels aus, wertvollere Stücke sind als Löwenköpfe gearbeitet. Wir kennen die Spielregeln nicht. Doch es sieht ganz so aus, als sei es um ein Wettrennen zwischen den Spielern zum Brettende gegangen, wobei Fallen, wie etwa »Wasser«, zu vermeiden waren. Die Züge wurden durch kleine Stöckchen bestimmt, die abwechselnd geworfen wurden.[14] Das Spiel war so beliebt, daß sich Könige und Königinnen an ihren Grabwänden Senet spielend darstellen ließen. Ein anderes Spiel war »Zwanzig Felder«. Dabei waren die Felder in T-Form angeordnet. Wir können nur mutmaßen, daß die Spieler ihre Figuren am Brettrand aufgestellt haben und mit Stöckchen, die abwechselnd geworfen wurden, ihre Züge festgelegt haben, um ins Zentrum des Brettes zu gelangen.[15]

Tutanchamun wurden fast drei Dutzend Weinkrüge mit ins Grab gegeben; jeder faßte viele Liter guten Weines. Die alten Ägypter schätzten den Wein so sehr, daß sie den Prozeß der Weingewinnung häufig auf ihren Grabwänden dargestellt haben. In einem Grab in Theben-West, in dem des Sennefer, ist das Deckengewölbe uneben, so daß die Weinranken, die an die Decke gemalt sind, ganz naturalistisch wirken. Ein anderer, Nacht, hat in seinem Grab das Auspressen der Weintrauben darstellen lassen; dabei zertreten mehrere Männer die Trauben in einem großen Bottich, um den Saft zu gewinnen. Der Wein in Tutanchamuns Grab war eine richtige Kostbarkeit. Die Krüge tragen Aufschriften mit Angaben zum Weinhändler, dem Weinberg und dem Jahr der Abfüllung. Viele Krüge kamen vom »Gut Tutanchamuns«. Die meisten stammen aus dem Jahr 5, wahrscheinlich einem herausragenden Jahrgang. Ein Gefäß wurde mit »Jahr

31« beschriftet. Das kann nur bedeuten, daß es aus dem Weinkeller des Großvaters Tutanchamuns stammte. Es war mehr als 30 Jahre alt, als es im Grab deponiert wurde. Von allen Weinkrügen in Tutanchamuns Grab trugen nur vier die Beschriftung »süß«. Der junge Pharao zog offenbar trockene Weine vor.[16]

Von allen Sportarten scheint Tutanchamun die Jagd am meisten geschätzt zu haben. Das kann man jedenfalls den Szenen auf seinen Wäschetruhen und Schreinen entnehmen. Auf einem Straußenfederfächer ist der junge König im Streitwagen bei der Straußenjagd mit Pfeil und Bogen dargestellt. Hinter dem König schreitet ein Anchzeichen mit menschlichen Extremitäten; in den Händen hält es einen ebensolchen Straußenfederfächer: ein Bild des Bildes im Bild. Anderes Jagdwild sind Ibisse und Gazellen. Dutzende von Bogen und Hunderte von Pfeilen wurden dem jungen Pharao mit ins Grab gegeben, so daß er auch im Jenseits seiner Jagdleidenschaft frönen konnte.[17]

Seine Grabausstattung verrät uns viel darüber, *was* Tutanchamun schätzte, aber sie sagt wenig darüber aus, *wen* er mochte und wie seine Beziehungen zu den Menschen seiner Umgebung waren. Waren sie ihm sympathisch? Hat er ihnen vertraut? War ihm die Führung Ejes erwünscht? Auch über seine Familie erfährt man im Grab wenig. Anders als bei Anchesenamun gibt es von seinen Eltern, seinen Schwestern oder seinem Bruder nur wenige Erinnerungsstücke. Vielleicht wäre die Erwähnung seiner Familie eine zu schmerzliche Erinnerung an Amarna gewesen. Immerhin fand Carter ein bedeutendes Erbstück seiner Großmutter. Ein Miniatursarg enthielt einen noch kleineren vergoldeten Sarg in Menschengestalt und trug eine Inschrift für den Kindkönig. Er barg eine seltsame Sammlung von Gegenständen: ein winziger bemalter Holzsarg, einige Stoffreste und ein Leinenbündel, darin eine kleine Statuette aus massivem Gold; sie stellt einen kauernden König dar, in dem man Tutanchamuns Großvater, Amenophis III., erkannt hat. Ein noch kleinerer Miniatursarg trägt den Namen und die Titulatur der Königin Teje, der Großmutter Tutanchamuns. Er enthielt eine Locke ihres Haares.

Erbstücke von früheren Herrschern oder von Familienmitgliedern wurden häufig in Königsgräbern gefunden. Manchmal war es ein Andenken in Gestalt eines Salbtopfs, der einem Verwandten gehört hatte, oder ein Skarabäus mit dem Namen eines geliebten Menschen. Die Haarlocke Tejes war ein Andenken an die verehrte Großmutter. Sie half den Ägyptologen, die Abstammung Tutanchamuns zu rekonstruieren. Und sie sollte den entscheidenden Hinweis für die Identifizierung ihrer Mumie liefern.

Als Victor Loret in einer Nebenkammer des Grabes Amenophis' II. drei ausgewickelte, unbekannte Mumien entdeckte, glaubte niemand, daß sie jemals identifiziert werden könnten. Jene Mumie, die auf zeitgenössischen Fotografien links zu sehen ist, wurde die »Ältere Dame« genannt. Ihr rechter Arm ruht an ihrer Seite, der linke über der Brust – eine Haltung, die wir von anderen königlichen Frauen der 18. Dynastie kennen. Edward Wente, ein Ägyptologe an der Universität von Chicago, vermutete in den 70er Jahren, daß es sich um die Mumie entweder von Hatschepsut oder von Teje handeln könne.

Wie Fingerabdrücke sind auch Haare eines jeden Individuums unverwechselbar. Sollte das Haar aus dem Grab Tutanchamuns zum Haar der »Älteren Dame« passen, dann wäre bewiesen, daß es sich um Teje handelte. Die

Ägyptische Altertümerverwaltung ist jedoch äußerst zurückhaltend, wenn es darum geht, Probeentnahmen von königlichen Mumien zu gestatten, und seien es auch nur ein paar Haare. Sie mußte erst einmal davon überzeugt werden, daß die Aussichten gut waren, die »Ältere Dame« als Königin Teje zu identifizieren.

Zunächst machte Dr. James Harris, Autor des Buches *X-raying the Pharaohs,* 1975 ein Enzephalogramm von der »Älteren Dame«; mit der Enzephalographie lassen sich die Schädelmaße exakt bestimmen. Im Computer wurden die Daten mit jenen der Tuja, Tejes Mutter, verglichen, um festzustellen, ob die beiden Frauen sich so ähnlich waren, daß man eine Mutter-Tochter-Beziehung für möglich halten konnte. Der Vergleich ergab eine bemerkenswerte Ähnlichkeit, was die Chance vergrößerte, daß die »Ältere Dame« Teje war. Nun wurde die Erlaubnis erteilt, Proben sowohl vom Haar der »Älteren Dame« als auch von der Locke Tejes zu entnehmen.

Unter einem Elektronenmikroskop wurde die chemische Zusammensetzung beider Haarproben festgestellt. Die Haarlocke aus Tutanchamuns Grab entsprach fast genau dem Haar der »Älteren Dame«. Daraus schlossen die Autoren der Studie, daß sie Königin Teje identifiziert hatten.[18]

Wenn schon nicht die Dinge in der Vorkammer des Grabes die unbekannte Vergangenheit des Königs enthüllten, vielleicht würde ja Tutanchamun selbst etwas verraten. Der seit langem tote Pharao lag im versiegelten Grabraum hinter der Vorkammer, die aber zunächst freigeräumt werden mußte. Dies nahm mehr als ein Jahr in Anspruch. Das New Yorker Metropolitan Museum of Art hatte Carter seinen Meisterfotografen, Harry Burton, zur Verfügung gestellt, um die genaue Lage eines jeden

Gegenstandes festzuhalten. Das war sehr wichtig, denn manchmal waren hölzerne Objekte so morsch, daß sie bei der leichtesten Berührung zu Staub zerfielen. In solchen Fällen berichtet nur die fotografische Aufnahme von ihrer Existenz. In der *New York Times* schilderte Burton einmal einen solchen Vorfall.

> Als wir eine Reihe Gräber aus der 17. Dynastie freilegten, die von Termiten heimgesucht worden waren, hatten wir mit den zuvor gemachten fotografischen Aufnahmen buchstäblich die einzigen Zeugnisse der meisten Funde aus Holz. Die Särge schienen in ausgezeichnetem Zustand zu sein, wenn sie jedoch berührt wurden, zerfielen sie zu Staub.
>
> In einem Grab fanden wir die sehr schöne Statuette eines Mädchens, die völlig in Ordnung zu sein schien. Sie stand ganz für sich alleine. Nach der Gesamtaufnahme des Raumes wurde die Kamera auf sie gerichtet. Ich wollte die Platte zwei Minuten lang belichten. Aber nach ein und dreiviertel Minuten fiel die Figur in sich zusammen; übrig blieb nur ein Häufchen Staub. Ich schaltete sofort die Beleuchtung aus, setzte den Deckel aufs Objektiv und verließ den Raum, um die Platte entwickeln zu lassen. Glücklicherweise stellte sich heraus, daß das Negativ in Ordnung war. Zwar existierte die Statuette nicht mehr, aber wir hatten eine gute Aufnahme von ihr. Dies ist nur einer von vielen ähnlichen Fällen.[19]

Das Metropolitan Museum stand nicht in offizieller Verbindung mit der Grabung Carters und Carnarvons. Doch ihr Team war gerade außerhalb des Tals an der Arbeit, als die sensationelle Entdeckung gemacht wurde. Da dem Museum klar war, um wie viele unschätzbare Objekte es ging, stellte es seine Mannschaft Carter zur Verfügung. In Ägypten war bislang nichts Vergleichbares entdeckt worden. Die ganze archäologische Gemeinschaft bot ihre Hilfe an.

Manche Stücke waren so brüchig, daß sie noch im Grab konserviert werden mußten, bevor man sie befördern konnte. Holzgegenstände wurden gestärkt und eingewickelt. Doch die größten Probleme boten die Stoffe. Häufig zerfiel das Leinen schon bei der leisesten Berührung. Daher mußten die Muster der Tausende von Perlen und Goldverzierungen zuerst einmal festgehalten werden, damit der Kleidungsschmuck später auf neuem Tuch angebracht werden konnte, falls der alte Stoff zu Staub zerfiel. Arthur Mace, der Konservator des Metropolitan Museum, schätzte, daß sich auf einem einzigen Gewand fast 50 000 Perlen befanden. Viele kleinere Kleidungsstücke bedeckte er mit Wachs, so daß die Perlenstickerei selbst erhalten blieb, wenn der Stoff verschwand. Mace brauchte drei Wochen intensiver Arbeit, um nur eine Truhe mit Stoffen zu leeren. Als Mace und Burton in der Vorkammer arbeiteten, wurden sie mehr als einmal über den Pharao in Erstaunen versetzt, der hoffentlich im nächsten Raum lag. Mace geriet ins Grübeln, wie er wohl gestorben sei:

> Wir haben Grund zu der Annahme, daß er sehr jung gestorben ist und daß sein Nachfolger, Eje, ihn bei der Thronbesteigung unterstützt und ihm als Ratgeber während seiner kurzen Regierung gedient hat. Eje hat ihm darüber hinaus die Begräbnisfeierlich-

> keiten und vielleicht auch den Tod bereitet, weil er annahm, die Zeit sei gekommen, daß er selbst die Regierungsgeschäfte übernehme.[20]

Ich kenne keinen Ägyptologen, der sich zu dieser Vermutung geäußert hat. Dennoch ist Mace, wie wir sehen werden, der Wahrheit recht nahe gekommen.

Am 16. Februar 1923 war die Vorkammer endlich geleert. Als Carter durch den vermauerten Eingang in die Grabkammer durchbrach, schien er einer Mauer aus Gold gegenüberzustehen. Tatsächlich blickte er auf den vergoldeten Totenschrein Tutanchamuns, 5 Meter lang, 3,30 Meter breit und knapp 2,75 Meter hoch. Er nahm fast die ganze Grabkammer ein, so daß sich Carter nur mit Mühe in dem engen Zwischenraum zwischen Schrein und Mauern bewegen konnte. Die Türen des Schreins waren geschlossen, so daß Carter nicht sehen konnte, daß sich im Inneren drei weitere Schreine befanden, einer im anderen, die den Sarkophag Tutanchamuns umgaben. Jeder Schrein mußte abgebaut und hinausgeschafft werden, bevor der nächste untersucht werden konnte, eine schwierige Arbeit bei den beengten Raumverhältnissen. Die altägyptischen Arbeiter hatten es leichter gehabt, denn sie hatten den Schrein aus frischen Holzwänden zusammengesetzt. Carter hatte es mit ausgetrocknetem brüchigem Holz zu tun.

Zu sehen waren noch die alten Anweisungen für die Aufstellung der Schreine, von den Zimmerleuten in schwarzer und weißer Tinte vermerkt. An der Frontseite der Seitenwände stand die Hieroglyphe  »vorne«, und hinten stand die Hieroglyphe  »hinten«. Diese Hieroglyphen paßten zu jenen am »Dach« der Schreine, die entsprechend ausgerichtet waren – das antike Äquivalent zu »füge den Keil A in die Nut A«. Die Arbeiter waren angewiesen worden, die Schreine so aufzustellen, daß ihre Türen nach Westen wiesen. So konnte der Pharao ins Jenseits entweichen. Aber irgendwie haben sie es falsch herum aufgebaut, so daß Tutanchamun eher in diese Welt als in die nächste eingegangen wäre.

Nachdem die Schreine abgebaut waren, kam der Sarkophag zum Vorschein. Er ist aus einem gelben Quarzitblock gehauen. Eine wunderschöne geflügelte Göttin an jeder Ecke beschützt Tutanchamun mit ausgestreckten Armen. Der Deckel besteht aus Rosengranit, bemalt in der gelben Quarzitfarbe des Unterteils, ein Vorläufer des Stuckmarmors. In der Eile der Vorbereitungen zum Begräbnis Tutanchamuns muß etwas schiefgelaufen sein, so daß der Originaldeckel zerbrochen ist. Daher hat man als Ersatz einen Deckel aus Rosengranit genommen. Doch dann entstand ein neues Problem: Auch dieser Deckel bekam einen Sprung, den die Steinmetzen mit Mörtel und Farbe kaschierten.

Die Eile, mit der Tutanchamuns Grab zurechtgemacht worden war, behinderte die Arbeit Carters. Häufig stieß er auf Fehler der damaligen Arbeiter. So erschwerte es der Sprung im Sarkophagdeckel, ihn in einem Stück hochzuheben. Schließlich wurden Flaschenzüge und starke Seile angebracht. Einen Schritt näher am Ziel, schrieb Carter:

> Viele seltsame Szenen müssen sich im Tal der Könige abgespielt haben, seitdem es zum Grabgelände des thebanischen Neuen Reiches geworden war. Verziehen sei dem, der glaubt, dieser Vorgang hier verdiene nicht das geringste Interesse und sei kein besonderes Schauspiel. Für uns war es der eigentliche Höhepunkt – der Moment, auf den wir gewartet haben,

> seitdem feststand, daß die Kammern, die im November 1922 entdeckt wurden, tatsächlich das Grab Tutanchamuns waren und nicht ein Versteck für seine Ausstattung, wie behauptet worden ist. Unter uns gab es niemanden, der nicht den feierlichen Ernst des Vorgangs empfunden hätte, niemanden, der nicht von der Aussicht ergriffen gewesen wäre, was wir zu sehen bekommen würden – die Art der Bestattung eines altägyptischen Königs vor 33 Jahrhunderten. Was würden wir vorfinden? Darüber sannen wir schweigend nach. Das Gerät für das Anheben des Deckels stand bereit. Ich gab das Kommando. Es herrschte tiefes Schweigen, als sich die gewaltige Steinplatte, in zwei Teile zersprungen und über 1,25 Tonnen schwer, vom Sarkophag löste.[21]

Dann war es soweit: Die Männer, die im Grab arbeiteten, und die geladenen Würdenträger blickten in den Sarkophag, doch wie durch einen Dunstschleier. Einzelheiten waren zunächst nicht zu erkennen, denn gazeähnliche Tücher bedeckten den Sarg im Inneren des Sarkophags. Darunter kam etwas zum Vorschein, was sie niemals zu hoffen gewagt hätten: ein mehr als 2 Meter großer mumienförmiger Sarg mit dem Abbild des Pharaos, ein unübertroffenes Meisterwerk des Kunsthandwerks. Auf der Stirn erhoben sich Uräusschlange und Geier, die Symbole Ober- und Unterägyptens, der Herrschaftsbereiche des Königs. Um diese Insignien der Macht war ein kleines, gut erhaltenes Blumengewinde geschlungen. Der Anblick hat Carter derart beeindruckt, daß er ganz gerührt schrieb:

> [...] Vielleicht am ergreifendsten war der schlichte kleine Blumenkranz [...] um diese Insignien, denn

er brachte uns auf den Gedanken, daß es der letzte Abschiedsgruß der jungen verwitweten Königin für ihren Gemahl gewesen sein könnte, den jugendlichen Repräsentanten der »Beiden Länder«.

[...] vielfältig und aufgewühlt waren unsere Empfindungen angesichts dieser Osirisgestalt. Die meisten blieben unausgesprochen. Doch in der Stille, die uns umfing, schienen geisterhaft die verhallenden Schritte der scheidenden Klagenden nachzuklingen.

Wie löschten unsere Lampen. Abermals gingen wir die 16 Stufen hinauf, wieder erblickten wir das blaue Himmelsgewölbe, das die Sonne beherrscht. Doch unsere Gedanken blieben bei der Pracht dieses dahingegangenen Pharaos mit seiner letzten Anrufung auf seinem Sarg, die nun eingegraben war in unsere Herzen: »O Mutter Nut! Breite deine Flügel über mich aus wie die unvergänglichen Sterne.«[22]

Der Kranz bestand aus Olivenblättern, blauen Blüten der Wasserlilien und Kornblumen, fixiert auf Papyrus. Auch dieser ergreifende Abschiedsgruß wird uns einen Hinweis auf die Ermordung Tutanchamuns liefern.

Carter und seine Mannschaft glaubten nun, daß sie in einer oder zwei Wochen die Mumie erblicken würden. Im Inneren des rechteckigen Steinsarkophags lag der mumienförmige Sarg, darin zwei weitere Särge; erst im letzten würde die Mumie Tutanchamuns liegen. Die inneren Särge zu entfernen und zu öffnen war schwierig, weil sie eng ineinander gepaßt waren. Doch wenn diese Probleme gelöst wären, würden sie ins Antlitz des vergessenen Königs blicken. Als aber der lange erwartete Augenblick näherkam, trat Tutanchamun in den Hintergrund.

Lord Carnarvon starb in Kairo unerwartet an den Folgen eines Moskitostichs. Sein plötzlicher und tragischer Tod ließ die Legende vom »Fluch der Pharaonen« entstehen. Carter und Carnarvon hatten völlig entgegengesetzte Einstellungen zum Okkulten. Carter war ein entschiedener Antispiritist. Carnarvon dagegen fühlte sich von übersinnlichen Dingen angezogen und hat oft Medien aufgesucht. Sein persönliches Medium namens Velma förderte die Vorstellung vom »Fluch der Pharaonen«. Nach seinem Tod veröffentlichte Velma einen Bericht über ihre letzten Sitzungen mit Lord Carnarvon. Darin schrieb sie, daß Carnarvon das Opfer von »mächtigen übersinnlichen Kräften« geworden sei. Bevor er nach Ägypten wegen des gerade entdeckten Grabes aufgebrochen war, hatte er Velma gebeten, ihm aus der Hand zu lesen. Dabei entdeckte sie einen dünnen Fleck in seiner Lebenslinie und warnte ihn mit den Worten: »Sie sind in großer Gefahr. Sehr wahrscheinlich hat sie eine übersinnliche Ursache, da die Anzeichen der okkulten Bedeutung in Ihrer Hand so ausgeprägt sind.«[23]

Darüber beunruhigt, kam er vor seiner Abreise zu einer weiteren Sitzung. Diese Mal schaute Velma tief in ihre Kristallkugel. Auch Carnarvon blickte hinein. Doch die Kugel war trüb. Das einzige, was er ausmachen konnte, war ein Tempel. Die kundige Velma konnte dagegen viel mehr erkennen, nämlich ein altägyptisches Begräbnis, bei dem ein älterer Beamter einem jungen Mann in einem Grab eine Goldmaske aufsetzte. Dann verwandelte sich das Bild: Eine Gruppe Leute arbeitete unter der Leitung von Carnarvon im Tal der Könige. Mysteriöse Strahlen gingen von dem Grab aus. Dann erschien der alte Beamte, umgeben von Leuten, die die Bestrafung derer verlangten, die das Grab entweihten. Als letztes sah Velma Carnarvon, wie er allein in einem Gewitter aufleuchtender Lichtblitze stand.

Velma warnte Carnarvon davor, zu dem Grab zurückzukehren. Er solle für die Öffentlichkeit einige Entschuldigungen vorbringen und die Grabung nicht fortsetzen. Doch Carnarvon glaubte gehen zu müssen und sagte: »Eine Herausforderung der übersinnlichen Kräfte von Jahrtausenden, Velma! Was für eine Herausforderung!« Kurz darauf war er tot. Velma schrieb ihren Bericht natürlich nach dem Tod Carnarvons. Er hat die Geschichte vom »Fluch des Tutanchamun« zeitlos gemacht.[24]

Nun mußte Carter alle Schwierigkeiten selbst aus dem Weg räumen. Aber dafür war er schlecht geeignet. Carnarvon hatte mit den Leuten gut umgehen können. Sein Charme hatte jeden beruhigt. Zwar war Carter ein guter Ägyptologe, doch gesellschaftlich war er ungeschickt, eine steife streitsüchtige Persönlichkeit ohne jedes diplomatische Geschick. Nach dem Tod seines Freundes und Wohltäters setzte Carter die Arbeit im Grab fort, aber die Dinge liefen nicht mehr so gut wie zuvor. Fast seit dem Tag der Entdeckung hatte es zwischen der Ägyptischen Altertümerverwaltung auf der einen Seite und Carter sowie Carnarvon auf der anderen Spannungen gegeben. Ein Streitpunkt war, wie man mit der Öffentlichkeit umgehen solle. Um zu vermeiden, daß man es mit Hunderten von Zeitungsreportern, die hinter Auskünften über das Grab her waren, zu tun bekam, hatte Carnarvon die Exklusivrechte an die Londoner *Times* verkauft. Daher brauchten die emsigen Ausgräber nur die Fragen eines einzigen Journalisten zu beantworten. Doch das bedeutete auch, daß die einheimischen Reporter Carter und Carnarvon nicht interviewen durften. Die Ägypter hielten das für britischen Kolonialismus der schlechtesten Sorte. Die Spannungen wuchsen mit der Fortführung der Arbeit.

Der Sarkophagdeckel wurde am 12. Februar 1924 entfernt. Am nächsten Tag lud Carter die Ehefrauen seiner Mitarbeiter, nicht jedoch die der ägyptischen Beamten, zur Öffnung des äußeren Sarges ein. Daraufhin verweigerte die Ägyptische Altertümerverwaltung die Erlaubnis für die Europäerinnen. Die Botschaft für Carter lautete unmißverständlich: »Dies ist unser Grab, nicht eures.«

Sie hatten ja recht. Carter war ein rechtschaffener Mann. Aber die psychische Belastung, für den größten archäologischen Schatz, den die Welt je gesehen hatte, verantwortlich zu sein, blieb nicht ohne Wirkung auf ihn. Er verhielt sich, als sei das Grab sein Privateigentum. Man erzählte sich, er habe kleinere Altertümer mit in sein Haus genommen, um sie als Briefbeschwerer zu verwenden. Unaufhörlich war er darum bemüht, wichtige Besucher in das Grab zu führen, zeigte aber die kalte Schulter, wenn entsprechende Bitten von seiten der Altertümerverwaltung geäußert wurden. Aus seiner Sicht hatte diese kein Recht, ihn bei der Arbeit zu stören – und er arbeitete immer. Die große Eisentür, die Carter am Eingang angebracht und verschlossen hatte, wurde zu einem Symbol des englischen Kolonialismus. Als die Ägypter darauf bestanden, daß auch ihre Ehefrauen zugegen sein sollten, war Carter eingeschnappt.

Er schickte eine Nachricht an das Winter Palace Hotel in Luxor, in der er ausführte, daß er und seine Kollegen nicht unter solchen Einschränkungen arbeiten könnten und daß er daher das Grab geschlossen habe. Die Ägypter antworteten in aller Freundlichkeit, indem sie Polizei schickten, die Carter aus dem Grab ausschließen sollte. Dagegen konnte Carter kaum etwas tun. Also blieb der

Sarkophagdeckel in gefährlicher Lage in der Luft hängen, und Carter begab sich auf eine Vortragsreise nach Amerika.

Der ägyptischen Regierung war klar, daß Carter der einzige war, der die Arbeit fortsetzen konnte. Daher wurde eine Vereinbarung getroffen, die Carter zur Rückkehr veranlaßte. Aber es dauerte noch bis Oktober 1925, bis endlich der Deckel des ersten Sarges gehoben werden konnte. Es war eine heikle Aufgabe, die drei ineinandergepferchten Särge zu trennen. Sie nahm den größten Teil des Arbeitswinters 1925/1926 in Anspruch. Der Deckel des ersten Sarges hatte vier silberne Griffe, zwei an jeder Seite, und fest genug, um ihn hochzuheben. Der zweite Sarg, ebenfalls mumienförmig, wunderschön und etwa 2 Meter lang, kam nun zum Vorschein. Auch auf ihm lag ein Leinentuch mit Blumenkränzen. Beunruhigend war, daß sich die Einlegearbeit zum Teil abgelöst hatte, was offenbar unter der Einwirkung von Feuchtigkeit geschehen war. Das konnte bedeuten, daß die Mumie nicht im allerbesten Zustand war.

Wegen der bedenklichen Beschaffenheit des zweiten Sarges wurde beschlossen, alles und nicht nur den Deckel herauszuheben. So geschah es. Doch niemand konnte das enorme Gewicht erklären. Dann wurden die ineinandergeschachtelten Särge auf Planken, die man über den Steinsarkophag geschoben hatte, herabgelassen.

Der zweite Sarg hatte keine Griffe und war in den äußeren so gut eingepaßt, daß auf jeder Seite nur etwa 1 Zentimeter Abstand war. Carter schraubte starke Ösen in den äußeren Sarg, entfernte die Planken und ließ ihn in den Sarkophag hinab, anstatt seinen Inhalt nach oben zu heben. So blieb der zweite mit seinem inneren Sarg auf der Holzkonstruktion. Nun gab es genügend Platz, den

Deckel des zweiten Sarges emporzuheben. Danach kam der dritte Sarg zum Vorschein und mit ihm die Ursache für das unerwartet hohe Gewicht der drei Särge: Er bestand aus reinem Gold und war 110,4 Kilogramm schwer.

Die Feinheiten des Goldsarges waren unter einem schwarzen Überzug verborgen, Reste zauberkräftiger Salböle, die über ihn gegossen worden waren. Sie waren in den Boden des zweiten Sarges eingedrungen, was beide Särge zusammengeklebt hatte. Aber mit Hilfe seiner Griffe konnte der Deckel des inneren Sarges emporgehoben werden. Dann war die Mumie Tutanchamuns zu sehen. Carter:

> In solchen Augenblicken entziehen sich die Gefühle dem sprachlichen Ausdruck, so komplex und aufwühlend sind sie. Mehr als 3000 Jahre sind vergangen, seit zum letztenmal Augen eines Menschen in den Goldsarg geschaut haben. Die Zeit, sonst mit der Kürze des menschlichen Lebens gemessen, scheint ihren allgemeinen Charakter angesichts eines Schauspiels zu verlieren, das so lebendig die feierlichen religiösen Zeremonien einer untergegangenen Zivilisation vor Augen führt. Aber es ist unnütz, bei solchen Gefühlen zu verweilen, die auf Ehrfurcht und menschlicher Religiosität beruhen. Die emotionale Seite gehört nicht zur archäologischen Arbeit. Hier ruhte letzten Endes alles, was von dem jugendlichen Pharao übriggeblieben ist, von dem bislang kaum der Name bekannt war.[25]

Wie der Goldsarg war auch die Mumie reichlich mit Salböl begossen worden. Glücklicherweise hatte die Goldmaske den Kopf des Pharaos geschützt; der Rest des Körpers war in einer schlimmen Verfassung. Eine Obduktion würde schwierig sein.

Um das Salböl aufzuweichen, ließ Carter den Sarg nach draußen in die Sonne bringen. In seinem Tagebuch notierte er:

> 1. Nov.: Die Königsmumie nach Nr. 15 gebracht. Zehn Männer waren nötig, um sie aus dem Grab hinauszubefördern und hinaufzutragen. Für ein paar Stunden in die Sonne gestellt [...] Die Sonnenwärme reichte heute nicht aus, das pechartige Material zu erweichen, das Mumie und Sarg fest verklebt.
> 2. Nov.: Festgestellt, daß die Sonnenwärme nichts bewirkt. Also muß die Untersuchung der Mumie notwendigerweise in dieser Lage vonstatten gehen.[26]

Dr. Douglas Derry, Anatomieprofessor an der Universität in Kairo, wurde die Aufgabe übertragen, den Körper zu untersuchen. Assistiert von Dr. Saleh Bey Hamdi, dem Direktor des Gesundheitsdienstes in Alexandria, begann Derry am 11. November 1925, die Mumie auszuwickeln. Anwesend waren weiterhin Pierre Lacau, Generaldirektor der Altertümerverwaltung, Harry Burton, der Fotograf vom Metropolitan Museum of Art in New York, und mehrere ägyptische Beamte. Frauen waren nicht anwesend.

Die Öle hatten eine chemische Reaktion mit den Binden ausgelöst, wodurch es zu einer Verkohlung gekommen war, die die Binden dunkel gefärbt hatte. Da die Leinenbinden in diesem Zustand nicht abgerollt werden konnten, wurden die äußeren Lagen mit erhitztem Wachs bestrichen. Nachdem das Wachs erkaltet war, machte Derry einen Längsschnitt und entfernte die oberste Lage.

In den Binden kamen insgesamt 143 kostbare Amulette und Schmuckstücke zum Vorschein.

Dann wurde der Pharao enthüllt, ein junger Mann mit hübschen regelmäßigen Zügen (Abb. 22). Beim Versuch, die Mumie aus dem Sarg zu entfernen, stellte sich heraus, daß die Salböle sie fest mit dem Sarg verklebt hatten. Zunächst versuchte Derry die Mumie freizumeißeln, dann wechselte er zu erhitzten Messern. Beide Verfahren verursachten beträchtliche Beschädigungen des Körpers. Schließlich wurde die Mumie auf der Höhe des dritten Lendenwirbels in zwei Hälften zerschnitten und in Stükken herausgenommen.

Derrys Umgang mit der Mumie zeigt exemplarisch, wie wenig man auf körperliche Hinweise geachtet hat, aus denen man auf die Todesursache hätte schließen können. Carter hatte keine Ahnung, was man alles bei einer sorgfältigen Untersuchung herausbekommen kann. Daher überließ er die Mumie der groben Behandlung Derrys. Wäre der Thronsessel Tutanchamuns in Salböl festgeklebt gewesen, hätte Carter es wohl kaum zugelassen, daß er in zwei Hälften zersägt worden wäre. Dann hätte man die Salböle chemisch analysiert und ein Lösungsmittel gefunden, mit dem der Thron ohne Beschädigung befreit worden wäre. Nicht so mit dem armen Tutanchamun. Als Derry mit seiner Arbeit begann, war die Mumie bereits in einem schlechten Zustand, doch als er damit zum Ende kam, war ihr Zustand noch weitaus schlechter.

Arme und Beine waren von den Gelenken getrennt, so daß Derry die Enden der Röhrenknochen deutlich erkennen konnte. An ihnen kann man das Alter zur Zeit des Todes feststellen. Bei jungen Menschen sind die Enden der Röhrenknochen, die Epiphysen, locker mit Knorpel verbunden, der bei zunehmendem Alter verknöchert. Das Durchschnittsalter, in dem sich die Epiphysen mit den Röhrenknochen fest verbinden, ist bekannt. Der Grad der Vereinigung ist ein zuverlässiges Kriterium für das Alter einer Person. Bei Tutanchamun konnte die Kniescheibe ohne Schwierigkeit entfernt werden, um das untere Ende des Oberschenkelknochens, des längsten Beinknochens, zu untersuchen. Die Epiphyse war vom Mittelstück getrennt und beweglich. Tutanchamun war tatsächlich ein Kindkönig. Derry hielt fest:

> Dieser Teil verbindet sich mit dem Knochen im Alter von etwa 20 Jahren. Am oberen Ende des Oberschenkelknochens war der Vorsprung, der große Rollhöcker, fast ganz mit dem Hauptknochen verwachsen. Nur an seiner Innenseite zeigte ein eindeutiger Spalt die glatte knorpelige Oberfläche. Hier war also, wie man genau sehen konnte, der Wachstumsprozeß noch nicht abgeschlossen. Diese Epiphyse verbindet sich um das 18. Lebensjahr. Der Kopf des Oberschenkelknochens war am Knochenhals festgewachsen, aber die Verbindungslinie war rund um den Gelenkrand deutlich zu sehen. Auch diese Epiphyse verbindet sich um das 18. oder das 19. Lebensjahr. Das obere Ende des Schienbeins war ebenfalls fest verbunden, doch das untere Ende schien [gerade erst] völlig zusammengewachsen zu sein. Dieser letztere Teil des Schienbeins verwächst mit dem Mittelstück um das 19. Lebensjahr. Tutanchamun war also nach der Beschaffenheit seiner unteren Gliedmaßen älter als 18 und jünger als 20 Jahre, als er starb.[27]

Derrys Schätzung traf zu. Tutanchamun war etwa 18 Jahre alt, als er starb. Ein hübscher junger Mann, schmal und knapp 1,70 Meter groß. Angesichts der Methoden Derrys bestand allerdings nur geringe Hoffnung, daß dabei etwas über die Todesursache herauskommen würde. Das mußte auf künftige Generationen und Technologien warten.

Tutanchamun ist bis heute der erste Pharao, dessen Ruhe bis zu seiner Entdeckung nicht gestört worden war. Daher entschied die Altertümerverwaltung, ihn nicht ins Ägyptische Museum in Kairo zu bringen, sondern ihn in seinem Grab zu belassen. Sein Körper wurde wieder zusammengesetzt und im äußeren Sarg auf Sand gebettet; beides kam in den Granitsarkophag, den eine Glasplatte abdeckt. Dort ruht er noch heute (Abb. 23). Die Touristen schauen zwar in den Sarkophag mit dem äußeren Sarg, doch nur wenige wissen, daß die Mumie noch darin liegt.

Nachdem die Grabkammer leergeräumt war, wandte sich Carter dem kleinen Nebenraum zu, den er »Schatzkammer« genannt hatte und dessen Eingang mit Brettern vernagelt worden war, damit darin kein Stück durch die Arbeiten in der Grabkammer beschädigt würde. Da die Gegenstände oft nicht im besten Zustand und zudem teilweise wackelig übereinandergestapelt waren, gestaltete sich die Arbeit äußerst schwierig. Sie wurde denn auch erst 1927 beendet. In der Schatzkammer fanden sich fein geschnitzte Modellboote mit kunstvoll gearbeiteter Takelage, Holzstatuen des Anubis, des Gottes der Einbalsamierung, und ein wunderbarer Alabasterschrein mit den vier Kanopen, darin die Eingeweide Tutanchamuns.

Eine einfache Holztruhe enthielt zwei kleine Särge. Darin ruhten die sorgfältig eingewickelten Mumien der beiden Frühgeburten Anchesenamuns. Die eine war etwas mehr als 30 Zentimeter groß, die andere knapp

25 Zentimeter mit einer Maske aus einer Art Pappmaché über dem Gesicht. Carter wickelte die kleinere Mumie aus; dabei kam der fünf Monate alte weibliche Fetus zum Vorschein (Abb. 14 a,b). Hier erfuhren die Ausgräber zum erstenmal von der Tragödie. Wenn eines der beiden kleinen Mädchen das Erwachsenenalter erreicht hätte, wäre die königliche Linie erhalten geblieben und die Geschichte Ägyptens wäre ganz anders verlaufen.

Der größere Fetus war noch eingewickelt, als er 1932 zu Dr. Derry in die Anatomische Abteilung des Kasr El Einy Hospital in Kairo kam (Abb. 13 a, b, c). Er wickelte diesen zweiten weiblichen Fetus aus und schätzte sein Alter auf sieben Monate. Die etwas kleinere Schwester hatte keine Anzeichen der Mumifizierung gezeigt. Dieser Fetus war jedoch entwickelt genug gewesen, um einbalsamiert zu werden. Auf der linken Seite des Unterleibs verlief ein Einschnitt, weniger als 2,5 Zentimeter lang. Die Bauchhöhle war mit Leinen ausgestopft. Aber Derry erwähnt nicht die inneren Organe, die sich wahrscheinlich noch im Körper befinden – wären sie entfernt worden, hätte man Kanopenkrüge benötigt. Dagegen konnte Derry feststellen, daß die Einbalsamierer trotz der kleinen Maße des Fetus das Gehirn herausgeholt und Leinen in die Hirnschale hineingezwängt hatten. Unbesorgt um die Erhaltung der Mumie, öffnete Derry den Schädel, um den Stoff herauszuholen; dabei entdeckte er den Draht, mit dem man das Gewebe hineingestoßen hatte. Dies war das einzige Werkzeug der Einbalsamierer, das man in einer Mumie gefunden hat. Derry hat es weggeworfen.

Unleugbar hat Derry die drei Mumien aus Tutanchamuns Grab ohne jede Verantwortung untersucht und an ihnen große Schäden verursacht. Damit war ein Großteil aufschlußreicher Informationen unwiederbringlich verloren. Immerhin arbeitete Derry zu einer Zeit, als das Studium der Mumien noch in den Kinderschuhen steckte. Außerdem teilte er die Auffassung der meisten seiner Vorgänger, daß nämlich Mumien an sich nur geringen Wert hätten.[28] Kann trotz des Zerstörungswerks Derrys heute überhaupt noch irgend etwas in Erfahrung gebracht werden, was Aufschluß darüber gibt, wie Tutanchamun gestorben ist?

VIII. Wenn Tote reden

Es gibt keinen Menschen, der nicht stirbt.

Anch-Scheschonki
um 300 v. Chr.

Moderne Untersuchungstechniken beschädigen Mumien nicht. Wenn Tutanchamun in unseren Tagen entdeckt worden wäre, könnte seine Mumie mit mehreren High-Tech-Methoden erforscht werden, etwa mit der Computertomographie, ohne daß sie ausgewickelt werden müßte. Derry hatte sich ganz auf die Knochen konzentriert, und zwar unter Anwendung von Gewalt. Wenn überhaupt, hatte er den Weichteilen nur wenig Aufmerksamkeit geschenkt. Damals machte sich keiner, am allerwenigsten Derry, klar, welche Informationen in Muskeln und inneren Organen liegen. Die DNS war noch unbekannt; es gab keine Elektronenmikroskope und feineren chemischen Analysen. Es war in Derrys Zeit gerade mal möglich, Gewebe von Mumien unter einem Mikroskop zu untersuchen. Und das hat Derry offenbar nicht interessiert.

Heute wenden Fachmediziner mehrere Verfahren an, um Weichteile und Knochen auf die Todesursache eines Individuums hin zu untersuchen. Zunächst wird eine Autopsie durchgeführt, um festzustellen, ob in Organen und Gewebe ungewöhnliche Substanzen vorhanden sind, was und wann zuletzt gegessen wurde. Dann wird mit Röntgenstrahlen oder mit dem Computertomographen das Skelett untersucht. Knochen verraten nicht nur das

Alter eines Toten, sondern auch, an welchen Krankheiten oder Verletzungen der Lebende gelitten, ob er etwa einen Schlag mit Todesfolge erhalten hat. Jedes dieser Verfahren liefert andere aufschlußreiche Informationen.

Allerdings gibt es bei Gewebeproben aus dem Altertum ein besonderes Problem. Sie sind so spröde, daß sie zerbröckeln, wenn man dünne Schnitte für das Mikroskop anfertigt. Im *British Medical Journal* aus dem Jahr 1909 beschreibt Marc Armand Ruffer, ein französischer Arzt an der medizinischen Fakultät in Kairo, welche Schwierigkeiten er hatte, als er anfing, Mumiengewebe in feine Scheibchen zu zerschneiden.[1] Er entwickelte eine Technik, bei der Gewebeproben in einer Lösung aus Alkohol und 5 Prozent Natriumkarbonat eingeweicht werden. Dann konnten Schnitte für das Mikrokop gemacht werden. Ruffer war Pathologe, ausgebildet, Krankheiten und Todesursachen zu untersuchen. Derry war Anatom, nicht vertraut mit Mikroskopen und chemischer Analyse. Hätten beide zusammengearbeitet, wäre über Tutanchamun und die Feten sehr viel mehr in Erfahrung zu bringen gewesen. Waren die kleinen Mädchen gesund gewesen, bevor sie tot zur Welt kamen? Litt Anchesenamun bei den Fehlgeburten an einer Krankheit? Und von größter Wichtigkeit: Gab es Hinweise darauf, daß Tutanchamun zum Zeitpunkt seines Todes krank war?

Wer diese Fragen beantworten will, muß das Material noch einmal untersuchen. Doch überraschenderweise ist einiges davon verschwunden. 1971 erhielt F. Filce Leek, ein englischer Zahnarzt, von der Ägyptischen Altertümerverwaltung die Erlaubnis, die beiden Feten zu untersuchen und zu röntgen. Als er ihre Särge im Ägyptischen Museum öffnete, waren die Mumien nicht darin.[2]

Auch daran war Derry schuld. In seinem langen Berufsleben hatte er zahlreiche Mumien und Mumienteile zur Untersuchung erhalten, diese aber nur selten zurückgegeben. Sie sammelten sich in einem Lagerraum des Kasr El Einy Hospital an, wo er arbeitete. Nach seinem Tod gerieten sie in Vergessenheit. Im Juni 1992 war in den Zeitungen zu lesen, daß man im Lagerraum des Krankenhauses 528 Mumien und Mumienteile gefunden habe – Derrys Mumienversteck. Darunter waren auch die beiden Feten. Vor dieser Nachricht wußten nur wenige von der Sammlung. Einer war R. G. Harrison, der 1978 Tutanchamun mit Röntgenstrahlen durchleuchtet hatte.[3] Er röntgte auch den größeren der beiden Feten und entdeckte, daß bei ihm das rechte Schlüsselbein abnorm hoch war; außerdem fand er andere Hinweise auf eine seitliche Rückgratverkrümmung (Skoliose) und Spaltwirbel (Spina bifida).

Derry hatte zum kleineren Fetus bemerkt: »Es gibt keinen Einschnitt am Unterleib und keine Hinweise darauf, wie der Körper erhalten wurde.« Das war eine Überraschung. Warum sollte der eine Fetus einbalsamiert worden sein, der andere aber nicht? Beide hatten ähnliche Mumienbinden, beide lagen in Särgen. Vielleicht war der kleinere Fetus für die Einbalsamierer zu winzig gewesen. Um diesen Sachverhalt zu klären, nahm ich Kontakt zu Dr. Fawzi Gabella, Leiter der Anatomischen Abteilung des Kasr El Einy Hospital, auf und fragte, ob er wisse, wo die Mumie sei. Das Krankenhaus hatte vor kurzem einen Zuschuß von einem amerikanischen Anthropologen erhalten, um die Mumien zu katalogisieren und ordentlich zu lagern. Daher war alles frisch inventarisiert, eingelagert und beschriftet. Ohne zu zögern, sagte mir Dr. Gabella, daß er die Mumie habe. Dann wurde ich ins Krankenhaus eingeladen.

Als ich dort eintraf, erfuhr ich, daß auch die Ehefrau von Dr. Gabella als Anatomin an der Klinik arbeitete. Sie hieß mich willkommen. Sie und ihr Mann waren ganz begierig zu sehen, was wir über die Feten herausbekommen würden. Sie geleiteten mich in einen Lagerraum, in dem sich kleine Holzkisten mit fesselnden Beschriftungen stapelten: »Mittleres Reich, Prinzessin?«, »Altes Reich, nur Kopf«. Seit Jahren hatte ich mich mit Mumien beschäftigt, aber so etwas hatte ich noch nicht gesehen. In meiner Phantasie stellte ich mir vor, wie ich hier für einige Jahre eingesperrt war, um jede Kiste sorgfältig zu untersuchen; allerdings müßte man mir erlauben, Mahlzeiten aus dem großen Restaurant gegenüber zu bestellen.

Dr. Fawzi Gabella holte zwei kleine Holzkistchen, etwas größer als Schuhkartons. Als die Deckel abgenommen wurden, sah ich mich den Kindern Tutanchamuns und Anchesenamuns gegenüber. Seit mehr als einem Jahr hatte ich mich damit beschäftigt, aus Bruchstücken das Leben Tutanchamuns zusammenzufügen. Für mich waren die Feten mehr als bloße Beispiele der Mumifikation: Sie kündeten von einer Familientragödie. Da Tutanchamun wahrscheinlich noch für einige Zeit in seinem Sarkophag eingeschlossen sein würde, war ich ihm hier wohl am nächsten gekommen.

Ich hatte Harry Burtons Fotos der Feten dabei, aufgenommen bei ihrer Entdeckung. In den 70 Jahren, die seitdem vergangen waren, hatte sich der Zustand der Feten verschlechtert. Aber gerade deswegen fand ich die Antwort auf meine Frage. Der Schädel des kleineren Fetus war abgetrennt. So konnten wir sehen, daß auch hier wie beim größeren Leinen in die Schädelhöhle gestopft worden war. Die Haut des Unterleibs war aufgesprungen und ließ etwas Leinen aus der Bauchhöhle hervortreten.

Also war auch der kleinere Fetus einbalsamiert worden. Ich dachte daran, wie schwer Derry die Mumie Tutanchamuns beschädigt hatte. Daher wollte ich die Feten nicht berühren und beschränkte mich darauf, sie nur zu betrachten (Abb. 15).

Nun war es an der Zeit, Derrys Untersuchung Tutanchamuns zu überprüfen. Als er 1925 die Autopsie durchführte, wurde nicht viel mehr als das Todesjahr des Kindkönigs bestimmt. Dies hatte die Tür für allerlei Spekulationen über die Todesursache geöffnet. Da er schmächtig gebaut und jung gestorben war, hatte man auf Tuberkulose geschlossen. Damals konnte man das jedoch nicht überprüfen. Eine weitere direkte Untersuchung war durch die Entscheidung der Altertümerverwaltung, Tutanchamun in seinem Grab zu belassen, verhindert worden. In Kairo wäre die Mumie durchleuchtet worden.[4]

Für Derry mag es nicht von Bedeutung gewesen sein, die fast freigelegten Knochen Tutanchamuns auch noch zu durchleuchten. Aber Röntgenaufnahmen zeigen uns die Knochendichte, was uns wiederum vieles über die Ernährung und die Erkrankungen eines Menschen verrät. Wenn etwa ein Mensch vor Erreichen des Erwachsenenalters an einer ernsthaften Krankheit leidet, hören die langen Röhrenknochen zu wachsen auf; und dies zeigt eine Röntgenaufnahme als eine weiße Linie quer über dem Knochen. Eine Röntgendurchleuchtung Tutanchamuns hätte vieles ausgesagt, aber 1925 gab es in Ägypten keinen transportablen Röntgenapparat, den man ins Tal der Könige hätte bringen können. Der berühmteste König der Geschichte mußte 40 Jahre auf seine Röntgendiagnose warten.

Erst in den 60er Jahren unseres Jahrhunderts hat die Wissenschaft den Wert von Mumien erkannt. Mit neuen

Techniken der Gewebeanalyse haben Ärzte und Wissenschaftler, die sich mit Gesundheitsfragen beschäftigten, begriffen, daß Mumien Informationen liefern, die sie brauchten, um moderne Krankheiten zu verstehen. Die Paläopathologie war geboren. Der Begriff wurde 1892 von R. W. Schufeldt, einem deutschen Arzt, geprägt und geht auf zwei griechische Wörter zurück: palaios = alt und pathos = Schmerz, Leiden. Er bezeichnet das Studium von Krankheiten oder pathologischen Zuständen im Altertum oder in vorgeschichtlicher Zeit.

Um eine heutige Infektionskrankheit zu verstehen und ihren Verlauf vorherzusagen, muß man ihre Entwicklung durch die Geschichte studieren. Indem wir ägyptische Mumien untersuchen und die Erkrankungen der Menschen des Altertums mit denen unserer Zeitgenossen vergleichen, stellen wir fest, ob bestimmte Lebensweisen von heute zu bestimmten Erkrankungen führen oder ob bestimmte Krankheiten schon seit Jahrhunderten zu beobachten sind. Ein Beispiel: Als häufige Ursachen von Gefäßkrankheiten gelten neben fettreicher Ernährung der Streß und die Anspannungen des modernen Lebens. Wenn die alten Ägypter ebenfalls unter Gefäßkrankheiten gelitten haben, würden derartige Theorien in Zweifel gezogen.

Bis in die 60er Jahre war das medizinische Wissen ungeheuer angewachsen. Spezialisierung wurde notwendig. Kein Arzt konnte die Fachliteratur zu jedem Bereich lesen. Der Allgemeinmediziner wurde vom Spezialisten abgelöst. Eine ähnliche Entwicklung ist beim Studium der Mumien zu beobachten. Kein einzelner Arzt verfügt über alle Kenntnisse, um bei einer Mumie eine Autopsie durchzuführen und die verschiedenen Gewebeproben zu untersuchen. Er besitzt auch nicht das Spezialwissen der Botaniker, der Chemiker und der Biologen, das notwendig ist, um alle Informationen zu erhalten, die ein Körper anbietet. Heutzutage behandeln Paläopathologen Mumien wie Patienten. Sie fügen ihnen möglichst wenig Verletzungen zu und ziehen Spezialisten heran, wenn besondere Probleme auftauchen – Hämatologen, wenn es ums Blut geht, Zahnärzte usw. Da Derry im Grunde allein gearbeitet hat, konnte er gar nicht alle Informationen gewinnen, die Tutanchamuns Mumie bot.

In den 60er Jahren war die Paläopathologie aufgeblüht. Der Anatom R. G. Harrison von der Universität in Liverpool vertrat die Auffassung, daß die Untersuchung ägyptischer Mumien neues Licht auf alte Fragen werfe. Als erstes beschäftigte er sich mit der geheimnisvollen Mumie aus Grab Nr. 55, von der wir heute wissen, daß es die Semenchkares ist, des Bruders Tutanchamuns. Er untersuchte, vermaß und durchleuchtete sie, um das Alter zur Zeit des Todes festzustellen. Das Brustbein kann in dem Zusammenhang sehr hilfreich sein. Wenn wir heranwachsen, verknöchern die Rippenverbindungen, worunter ihre Beweglichkeit leidet. Röntgenaufnahmen zeigen, daß die vierte und die fünfte Rippe der Mumie aus Grab Nr. 55 erst seit kurzem mit dem Brustbein zusammengewachsen waren; an der vierten war sogar noch eine Fuge zu sehen. Dies sprach für ein Sterbealter von 19 oder 20, ähnlich wie bei Tutanchamun. Ein ähnlicher Knochenbildungsprozeß war bei den Rückenwirbeln zu beobachten, der aber erst mit etwa 24 Jahren abgeschlossen ist. Die Knochenbildung von Thorax und Rückenwirbeln war bei der Mumie aus Grab Nr. 55 noch nicht völlig abgeschlossen, was besagt, daß Semenchkare mit Sicherheit jünger als 24 Jahre alt war, als er starb.

R. G. Harrisons Röntgenuntersuchungen der Mumie haben wertvolle Informationen ergeben. Seinen Bericht beendete er mit dem Plädoyer: »Eine Neubewertung der anatomischen Besonderheiten Tutanchamuns mit radiologischen Methoden ist unbedingt erforderlich, und es ist zu hoffen, daß eine solche Untersuchung in nicht allzu ferner Zukunft stattfindet.«[5] 1969 bekam Harrison seine Chance.

Von der Ägyptischen Altertümerverwaltung erhielt er die Erlaubnis, ein tragbares Röntgengerät in das Grab Tutanchamuns zu bringen. Zum ersten Mal, seit Carter und Derry den jugendlichen König Tutanchamun in seinen Sarg zurückgelegt hatten, durfte ihn wieder ein Mensch betrachten. Harrison wußte, daß er ein ganzes Team brauchte, also waren Radiologen, Zahnärzte, Ärzte und Ägyptologen dabei. Sie durften nur tagsüber arbeiten; und da das Grab in dieser Zeit nicht für Touristen geschlossen wurde, sahen diese überrascht zu, wie die Experten ans Werk gingen. Harrison aber sollte gleich mehrfach überrascht werden.

Die Mumie war in einem weitaus schlechteren Zustand, als man erwartet hatte. Weder Carter noch Derry hatten den Umstand veröffentlicht, daß Tutanchamun in zwei Stücke zersägt worden war, um ihn aus dem inneren Sarg zu befreien. Also mußte Tutanchamun stückweise durchleuchtet werden. Kopf, Glieder usw. mußten nacheinander zum Röntgengerät getragen und durchleuchtet werden, bis ein vollständiger Satz Aufnahmen vorlag. Am ersten Tag machten sie Probeaufnahmen, die sie am selben Abend im Badezimmer ihres Hotels entwickelten. Glücklicherweise waren sie im Winter Palace abgestiegen, einem alten Grandhotel in Luxor mit geräumigen Badezimmern. Für die Entwicklung benutzten sie ein Waschbecken, ein anderes zum Fixieren; gewässert wurde in der Badewanne.[6] Das Ergebnis war ausgezeichnet.

Die Röntgenaufnahme des Rumpfes sorgte für die erste Überraschung. Tutanchamun fehlten das Brustbein und einige Rippen! Derry hatte das nicht bemerkt, weil die Brust mit schwarzem Harz bedeckt war. Vielleicht war man mit Tutanchamun in der Werkstatt der Einbalsamierer etwas unsanft umgegangen und hatte die Beschädigung unter einem Überzug aus Harz verborgen. Andere sprachen die Vermutung aus, daß die Teile fehlten, sei auf einen Unfall oder gezielte Gewaltanwendung zurückzuführen, die zum Tod des Pharaos geführt hätten.[7] Auch bei Semenchkare fehlte ein Teil des Brustbeins. Für diese sonderbare Koinzidenz habe ich keine andere Erklärung, als daß vielleicht die Einbalsamierer bei beiden Mumien eine besondere Technik angewendet haben. Was meiner Sicht widerspricht, ist, daß Semenchkare in Amarna gestorben ist und wahrscheinlich dort einbalsamiert wurde. Tutanchamun wurde mit Sicherheit in einer anderen Werkstatt in Theben oder Memphis mumifiziert. Harrison hat dazu keine Meinung geäußert und sich anderen Problemen zugewandt, etwa der Bestimmung des Alters, in dem Tutanchamun gestorben war.

Er wandte bei Tutanchamun dieselbe Untersuchungsmethode wie bei Semenchkare an und kam zu dem Ergebnis, daß Tutanchamun um die 19 Jahre alt war, als er starb. Das hatte ein halbes Jahrhundert zuvor Derry bereits vermutet. Röntgenaufnahmen der Wirbelsäule schlossen es völlig aus, daß der jugendliche Pharao an Tuberkulose gestorben war. Die Auswirkungen der Tuberkulose auf die Wirbel des Rückgrats sind unübersehbar; bei Tutanchamun waren keinerlei Schäden zu erkennen.

Dann wurde der Schädel geröntgt. Es entstand jene Aufnahme, die in mir erstmals den Verdacht aufkommen ließ, Tutanchamun sei ermordet worden. In der späteren

BBC-Dokumentation wies Harrison einfach auf den Schatten seiner Röntgenaufnahme an der Schädelbasis und sagte:

> Das ist an sich noch nichts Ungewöhnliches. Er könnte aber auch durch einen Bluterguß im Gewebe hervorgerufen sein, das hier den Schädel bedeckt. Die Ursache war möglicherweise ein Schlag auf den Hinterkopf, ein Schlag, der durchaus zum Tod geführt haben könnte.

Harrison war vorsichtig. Niemals sprach er von Mord, nur von einem möglichen Schlag auf den Hinterkopf.

Ein Grund, daß die Möglichkeit der Ermordung Tutanchamuns nicht ausführlich erörtert wurde, liegt darin, daß Harrison seine Röntgenuntersuchung des Pharaos niemals wissenschaftlich publiziert hat, sondern nur in populären Darstellungen.[8] Seine Andeutungen in der Fernsehsendung wurden niemals durch eine ausführliche schriftliche Dokumentation untermauert. So kam es, daß die Röntgenaufnahme bei Fachleuten Mißverständnisse auslöste.

Wir müssen daran erinnern, daß wir es hier nicht mit einer normalen Röntgenuntersuchung, sondern mit der eines mumifizierten Schädels zu tun haben. Daher muß die Aufnahme mit großer Sorgfalt betrachtet werden; außerdem muß man den Mumifikationsprozeß kennen. Die Röntgenaufnahme zeigt eindeutig zwei Verdichtungen im Inneren des Schädels – oben und am Hinterkopf (Abb. 25). Was wir sehen, ist aber nicht der Schädelknochen, sondern Harz, das beim Mumifikationsprozeß in die Hirnschale eingeführt worden ist. Nachdem man das Gehirn Tutanchamuns durch die Nase entfernt hatte, wurde heißes Harz in den Schädel gegossen, um das Innere auszubrennen für den Fall, daß vom Gehirn etwas übriggeblieben war. Im Schädel erkaltete das Harz, wurde fest und auf künftigen Röntgenaufnahmen so sichtbar wie Knochenmasse. Wir sehen also im Inneren des Schädels zwei Pegelhöhen des Harzes, nachdem es in die Hirnschale gegossen und erkaltet war. Dies bedeutet, daß zweimal Harz in den Schädel gegossen worden ist, und zwar jeweils bei einer anderen Lage der Mumie. Was also hat sich vor 3300 Jahren in der Werkstatt der Einbalsamierer abgespielt?

Tutanchamun liegt flach mit dem Rücken auf dem Einbalsamiertisch. Ein Haken wird durch die Nase zum Siebbein vorgeschoben, dieses durchbrochen. Der Haken dringt in die Hirnschale vor, dann wird er so lange gedreht, bis das Gehirn in einem halbflüssigen Zustand ist. Darauf wird Tutanchamun auf den Bauch gedreht. Sein Kopf hängt über den Tisch, so daß die Hirnmasse aus der Nase läuft. Die Schädelhöhle kann nun das Harz aufnehmen. Der Körper wird wieder auf den Rücken gelegt. Eine Keramikschüssel mit zwei kleinen röhrenförmigen Ausflüssen ist mit erhitztem Harz gefüllt. Durch die Röhrchen wird das flüssige Harz in die Nasenlöcher gegossen, das von dort ins Schädelinnere weiterrinnt. Alles eine Sache der Schwerkraft. Da Tutanchamun auf dem Rücken liegt, sammelt sich das Harz im Hinterkopf. Wenn es abkühlt, entsteht die erste Ablagerung, die erste Pegelhöhe. Das Harz brennt alle kleinen Reste der Hirnmasse aus, die im hinteren Teil des Schädels zurückgeblieben sein könnten. Dann wird der Körper in eine Stellung gebracht, in der der Kopf über das Tischende hinaus und nach unten ragt und das Kinn zum Himmel weist. Wieder wird flüssiges Harz durch die Nasenlöcher in den

Schädel gegossen, und wieder sammelt es sich am tiefsten Punkt, dieses Mal am oberen Ende der Hirnschale. Von vorne an werden mögliche Hirnreste verbrannt. Dann entsteht die zweite Harzablagerung, die zweite Pegelhöhe. Auf diese Weise lehren uns moderne Röntgenaufnahmen besondere Vorgehensweisen in der Zeit vor 33 Jahrhunderten.

Aber die Röntgenaufnahme zeigt noch mehr. Deutlich ist ein Knochenstückchen im Inneren des Schädels zu erkennen. Könnte das von einem kräftigen Schlag auf den Kopf der Pharaos herrühren, von einem Schlag, der zum Tod Tutanchamuns geführt hat?

Dieses Knochenstück ist aber in unserem Fall die falsche Fährte. Es hat nichts als Verwirrung gestiftet und die Forscher weggeführt von der eigentlichen Mordspur. Weil Harrison seine Theorie niemals in einer wissenschaftlichen Zeitschrift veröffentlicht hat und die meisten Forscher nur vom Hörensagen wußten, daß er einen Schlag auf den Kopf Tutanchamuns erwähnt habe, vermuteten sie, Harrison habe dieses Knochenfragment gemeint, das von einem Schlag auf den Kopf herrühre. Doch Harrison hat nichts dergleichen gesagt. Vielmehr hat er angenommen, daß dieses Fragment vom Siebbein abgebrochen sei, als die Einbalsamierer mit dem Haken durch die Nase zur Hirnschale vorgestoßen sind, um das Gehirn zu entfernen. Aber diese Erklärung kann nicht stimmen. Weil der Knochen des Siebbeins porös ist, splittert er, wenn er gebrochen wird. Aber das Knochenstückchen ist massiv, es ist kein Splitter, weswegen es nicht vom Siebbein stammen kann. Es muß von einem anderen Knochen herrühren.

Von welchem anderen Knochen, das steht hier nicht zur Debatte. Harrison hatte recht, wenn er meinte, das

Knochenfragment sei *nach* dem Tod abgebrochen. Es kann nicht den Tod Tutanchamuns *hervorgerufen* haben. Wem das nicht unmittelbar einleuchtet, der möge sich einmal vorstellen, was mit dem Knochenstückchen, losgelöst durch einen Schlag auf den Kopf des lebenden Pharaos, nach dessen Tod geschehen ist. Bei der Einbalsamierung wird das Gehirn entfernt – aber das Knochenfragment verbleibt an seinem Platz. Nun wird das erhitzte Harz in den Schädel Tutanchamuns hineingegossen, der mit dem Rücken auf dem Tisch liegt – dabei dürfte das Stückchen im Inneren des Schädels auf den tiefsten Punkt gefallen sein, in den hinteren Teil des Schädels also. Wenn das Harz erkaltet, ist das Knochenstück darin eingeschlossen. Sollte aber doch das Stückchen an einer anderen Stelle des Schädels hängengeblieben sein, so daß es nicht in das Harz geraten konnte, dann würde der zweite Einguß von Harz zum oberen Ende des Schädels mit Sicherheit das Knochenstück erfaßt haben. Wenn also das Knochenfragment entstanden ist, als Tutanchamun getötet wurde, dann wäre es im Harz eingeschlossen und bei der Röntgenaufnahme unsichtbar geblieben. Doch das ist nicht der Fall. Das Knochenstückchen ist deutlich über dem Harz zu erkennen. Die einzige logische Schlußfolgerung ist, daß es nach dem Tod Tutanchamuns, ja nach dem Eingießen des Harzes in den Schädel abgebrochen ist.

Nach dem Eingießen des Harzes gab es reichlich Gelegenheiten, bei denen das Knochenfragment abgebrochen sein könnte. Über einen Monat blieb der Körper in der Werkstatt der Einbalsamierer, während er in Natronsalz dehydriert wurde. Häufig erlitten Mumien Beschädigungen bei den Einbalsamierern. Eine solche respektlose Behandlung haben erstmals die bahnbrechenden Röntgenuntersuchungen Roy Moodies 1926 im Chicagoer Naturgeschichtlichen Museum ergeben. Auf einer Röntgenaufnahme ist zu sehen, daß der Einbalsamierer die Mumie eines siebenjährigen Jungen mit Gewalt in einen viel zu kleinen Sarg hineingezwängt hat. Zu diesem Zweck hatte er die Arme des Jungen entfernt, dessen Beine gebrochen und die unteren Teile einfach weggeworfen.[9] Mein Lieblingsbeispiel für die Schädelmißwirtschaft der damaligen Einbalsamierer ist »Lady Teshat« im Minneapolis Institute of Art. Zwar erweckt die Bezeichnung »Lady« den Eindruck, es handele sich um eine Erwachsene, tatsächlich aber ist sie als Teenager gestorben. Eine Computertomographie ergab, daß ihr Leichnam so schlecht behandelt worden ist, daß ihr mehrere Knochen gebrochen wurden. Und zwischen ihren Beinen lag ein zweiter Kopf! Der eines Erwachsenen. Niemand weiß, warum er dort ist. Vielleicht hat er sich beim Einbalsamieren vom Körper eines anderen gelöst und wurde vorübergehend verlegt. Nachdem die kopflose Mumie bandagiert und ihren ahnungslosen Verwandten zurückgegeben worden war, tauchte der Kopf plötzlich wieder auf. Da man nicht wußte, was man mit einem überflüssigen Kopf tun sollte, hat man ihn eben »Lady Teshat« untergeschoben.

Eine Mumie mit zwei Köpfen ist ungewöhnlich; Mumien, denen Körperteile fehlen, kommen dagegen häufig vor. Marc Armand Ruffer, der ehemalige Präsident des Gesundheitsrates von Ägypten, hat zwei Mumien aus der Perserzeit ausgewickelt. Nach der Beschreibung der Binden (eine war über 5,50 Meter lang) läßt er sich über den traurigen Zustand der Mumien aus.[10] Bei der Mumifizierung wird ein Körper so spröde, daß er leicht Schaden nimmt, wenn man ihn grob anfaßt. Eine der Mumien Ruffers war unter den Händen ihrer Einbalsamierer in zwei Teile zerbrochen. Sie hatten daraufhin einen Holzstock durch den Rücken geführt, um die Stabilität wiederherzustellen. Als sich dies als unzureichend erwies, wurde erhitztes Harz ins Innere gegossen und außen aufgetragen, um den Schaden zu verbergen. (Mit dieser Technik, ihre Fehler unter einer Schicht Harz zu verbergen, haben wohl auch die Einbalsamierer Tutanchamuns die Schäden an seinem Brustkorb kaschiert.) Die zweite Mumie Ruffers zeigte das volle Ausmaß der schlechten Arbeit ihrer Einbalsamierer. Die Fußknochen lagen in der Höhe des Unterleibs, die Arme waren dort, wo eigentlich die Oberschenkel sein sollten. Im ersten Halswirbel, dem Atlas, der den Kopf trägt, steckte ein Stock, der durch das Hinterhauptloch in den Schädel führte. Von außen war nichts zu sehen. Von der Bandagierung mußte man auf einen intakten Körper schließen. Doch innen lag tatsächlich ein wüstes Durcheinander an Knochen. Bei solchen Behandlungsmethoden ist es nicht mehr verwunderlich, daß sich in der Werkstatt der Einbalsamierer ein Knochenstückchen im Schädel Tutanchamuns gelöst hat. Und wir wissen auch, daß nicht nur einmal mit Tutanchamun recht grob umgegangen wurde.

Daß Derry und Carter bei dem Versuch, die Mumie Tutanchamuns aus ihrem Sarg frei zu bekommen, Gewalt angewendet haben, ist belegt. Zwar haben sie keine Einzelheiten von dem veröffentlicht, was sie der Mumie Tutanchamuns angetan haben, aber ihre schriftlichen Aufzeichnungen sind verräterisch. In Carters Tagebucheintrag vom 16. November 1925 heißt es:

> Heute hat sich die ganze Arbeit auf den Kopf der Mumie konzentriert. Er war in demselben Zustand

> wie der übrige Körper des Königs. Der Hinterkopf klebte so fest an der Maske, daß wir es mit Hammer und Meißel versuchten, um ihn frei zu kriegen. Schließlich haben wir erfolgreich Messer mit erhitzten [Klingen] benutzt.[11]

Beim Einsatz von Hammer und Meißel könnte sich gewiß ein Knochenstückchen gelöst haben. Höchstwahrscheinlich stammt also das Knochenfragment, entweder so oder so, aus der Zeit nach Tutanchamuns Tod, mit dem es nichts zu tun hat. Dies wird nach meiner Auffassung durch eine zweite Röntgenaufnahme bestätigt, die zehn Jahre später gemacht wurde. Dr. James Harris, Professor für Kieferorthopädie an der Universität von Michigan, erhielt die Erlaubnis, den Schädel Tutanchamuns zu röntgen. Er hatte bereits bahnbrechende Ergebnisse vorgelegt, nachdem er die Mumien des Ägyptischen Museums in Kairo mit Röntgenstrahlen durchleuchtet hatte.[12]

Mit den Röntgenaufnahmen wollte er die Verwandtschaftsverhältnisse zwischen den Mumien durch die Ähnlichkeit ihrer Gesichtszüge bestimmen, Familienzugehörigkeiten feststellen. Als Zahnarzt interessierte er sich vor allem für die Gebisse. Als er Harrisons Röntgenaufnahme von Tutanchamuns Schädel sah, war er enttäuscht, weil die Zähne nicht so deutlich zu erkennen waren, wie er es sich gewünscht hatte. Aufgrund seiner aufsehenerregenden Arbeit im Ägyptischen Museum erhielt er die Erlaubnis, Tutanchamuns Sarg zu öffnen und den Kopf zu durchleuchten. Seine Aufnahme scheint zu bestätigen, daß das Knochenstück tatsächlich lose ist und nicht im Harz festsitzt, denn es erscheint hier an einer anderen Stelle als auf der Röntgenaufnahme Harrisons. Zumindest glaube ich das. Harris hat leider die Einzelheiten, wie er die Durchleuchtung vorgenommen hat, nicht veröffentlicht, ja, er hat noch nicht einmal behauptet, *daß* er sie durchgeführt hat. Im Register seines Buches[13] führt er die Röntgenaufnahmen Tutanchamuns auf, aber sie befinden sich nicht auf der angegebenen Seite 378. Die Röntgenaufnahme erscheint nur auf einem Microfiche, der dem Buch beigefügt ist (2. Dok., Reihe A, Nr. 2). Auf dem Film kann man nicht viel erkennen. Als ich Dr. Harris um ein Duplikat der Röntgenaufnahme bat, konnte er es nicht mehr beschaffen. Daher muß meine Deutung des Microfiches vorläufig bleiben.

Der Grund, daß die Fachleute eine Ermordung Tutanchamuns nicht in Erwägung ziehen, liegt darin, daß Ägyptologen und Paläopathologen nur an dieses Knochenstückchen auf den Röntgenaufnahmen denken, wenn die Rede von einem Schlag auf den Hinterkopf des Pharaos ist. Doch für sie ist das kein Beweis, da sie ganz richtig schlußfolgern, daß es erst nach dem Tod Tutanchamuns entstanden sein kann. In der ganzen Aufregung über das Knochenstückchen haben sie nicht auf das geschaut, was Harrison nämlich gemeint hat: den dunklen Fleck an der Schädelbasis.

In einer Fernsehdokumentation über die Mordtheorie habe ich das Knochenfragment überhaupt nicht angeführt, denn es war für den möglichen Schlag auf den Hinterkopf nicht von Bedeutung. In der *Los Angeles Times* erschien ein Artikel über die Dokumentation. Die Zeitung hatte Dr. James Harris um seine Meinung gebeten. Auch hier wurde wieder das Knochenfragment mit der Offensichtlichkeit eines Schlages auf den Hinterkopf verwechselt. Im Zeitungsartikel heißt es: »Er [Harris] bestätigt, daß es einen Knochensplitter gibt, doch er verweist darauf, daß dieser bei der Mumifikation entstanden sein könnte. [...]«[14] Auch Dr. Nicholas Reeves, ein führender Tutanchamun-Forscher, bezog sich auf das Knochenstückchen, als er meinte: »Leider hat Harrison (der Anatom) seine Gedanken zu diesem Thema nicht zu Lebzeiten veröffentlicht. Es ist daher nicht klar, ob er gemeint hat, daß die Einwirkung vor dem Tod stattgefunden hat und ob sie zufällig oder absichtlich gewesen ist.«[15]

Es gab noch eine dritte Person, die das vom Schlag auf den Hinterkopf veränderte Gewebe hätte ansprechen können. Aber auch sie beging ein merkwürdiges Versäumnis. F. Filce Leek, der Zahnarzt in der Mannschaft Harrisons, schrieb ein ganzes Buch über die menschlichen Überreste Tutanchamuns, obwohl er nur beiläufig erwähnt, daß er zu diesem Team gehört hat.[16] Unglaublicherweise erörtert er an keiner Stelle die Röntgenaufnahmen und stützt sich fast ganz auf die Autopsie Derrys, die damals schon ein halbes Jahrhundert zurücklag!

Da es von den beiden Röntgenuntersuchungen Tutanchamuns keine wissenschaftlichen Publikationen gibt, hat es eine Reihe von Mißverständnissen gegeben, was die Beweislage im Falle eines Schlages auf den Hinterkopf Tutanchamuns angeht; und dies vor allem bei Wissenschaftlern, die keine Mediziner sind und keine Erfahrungen mit Rötgenaufnahmen haben. Eine Überraschung lieferte der führende englische Erforscher der Amarnazeit, Cyril Aldred: »Die neuerliche Nachuntersuchung der Mumie [Tutanchamuns] hat ergeben, daß er eine Wunde davongetragen hatte. Wahrscheinlich stammt sie von einem Pfeil, der in seinen Kopf im Bereich des linken Ohrs eingedrungen ist.«[17] Es wird nicht deutlich, woher Aldred die Geschichte mit dem Pfeil hat, denn diese Stelle gehört zu den wenigen, bei denen er keine Quelle angibt.

Derartige Versäumnisse und Konfusionen machten eine erneute, sorgfältige Untersuchung des Materials, das mit dem Tod Tutanchamuns zu tun hatte, erforderlich. Zunächst wollte ich mir ein Duplikat der Röntgenaufnahme Harrisons beschaffen; doch der war 1979 verstorben. Sein Kollege R. C. Connolly war noch an der Universität von Liverpool. Hilfsbereit schickte er mir Abzüge der Rötgenaufnahme mit den freundlichen, aber wenig ermutigenden Worten:

> Ich bedaure, daß es über unsere Veröffentlichung zu dem Thema hinaus wirklich nichts gibt, das ich diesen Röntgenaufnahmen hinzufügen könnte [...] Abgesehen von den eindeutigen Hinweisen, auf die sich frühere Veröffentlichungen beziehen, tragen sie kaum etwas zur Methode der Mumifikation in der 18. Dynastie oder, noch wichtiger, zur Klärung der Todesursache bei.[18]

Connolly ist Dozent für Anthropologie und kennt sich in der Anatomie weitaus besser aus als ich. Aber ich mußte es selbst herauskriegen. Ich brachte die Röntgenaufnahme in die Abteilung für Radiologie an meiner Universität. Ich wollte sehen, was die davon hielten. Sie waren von der Aufnahme ganz gefesselt, schlugen aber vor, ich möge sie dem Medizinberater, Dr. Gerald Irwin, dem Leiter der Radiologischen Abteilung am Winthrop University Hospital, vorlegen. Nur von ihm könne ich neue Informationen erwarten, denn er habe viel Erfahrung, Röntgenaufnahmen von Kopfverletzungen zu »lesen«. Meine Hoffnung war, daß er mit seinen Fachkenntnissen sowohl in der Radiologie als auch von Kopfverletzungen etwas Neues entdecken würde.

Zunächst zeigte ich ihm das BBC-Video, auf dem Harrison die Röntgenaufnahme erläutert. Dann studierte er die Röntgenaufnahme von Tutanchamuns Schädel. Er gab Harrison recht. Ein Schlag auf den Hinterkopf lag durchaus im Bereich des Möglichen; die Röntgenaufnahme zeigte ein Hämatom, einen Bluterguß. Doch dann bemerkte Dr. Irwin noch etwas. An der Innenseite des Schädels, nahe dem möglichen Bluterguß, war ein Bereich größerer Dichte zu sehen. Das konnte von einem Bluterguß unter der harten Hirnhaut, einem Hämatoma subdurale, herrühren, eine Verletzungsfolge, die ziemlich viel Zeit beansprucht, um sich zu bilden.

Dr. Irwin wies auch darauf hin, daß der Bereich, den der vermutete Schlag getroffen habe, nur selten verletzt werde – nämlich am unteren Hinterkopf, genau dort, wo der Nacken in den Schädel übergeht. Dies ist eine sehr gut geschützte Stelle. Tutanchamun müßte von hinten getroffen worden sein, vielleicht während er auf der Seite oder auf dem Bauch schlief, um dort eine Verletzung davonzutragen (Abb. 26).

Was hat das nun alles zu bedeuten? Zunächst einmal muß ich betonen, daß die Röntgenaufnahme keineswegs beweist, daß Tutanchamun ermordet wurde. Keine Röntgenaufnahme kann einen Mord beweisen. Eine Röntgenaufnahme kann lediglich zeigen, daß ein Patient etwa einen Schlag auf den Kopf erhalten hat, ja sogar, daß dieser wahrscheinlich zum Tod geführt hat. Sie liefert aber keinen Hinweis darauf, daß derjenige, der den Schlag ausgeführt hat, dies in böser Absicht getan hat. Es gibt immer noch andere Möglichkeiten, die die Aufnahme selbst nicht ausschließen kann. Außerdem ist das »Lesen« von Röntgenaufnahmen eine Kunst, die die einen beherrschen, andere nicht. Röntgenaufnahmen zeigen mehr oder weniger helle Bereiche – Knochenmasse – und Schwärzungen, zu deren Deutung besondere Fachkenntnisse erforderlich sind; die einen erkennen darin eine pathologische Veränderung, andere sehen nur einen Fleck.

Im Falle Tutanchamuns hatten zwei namhafte Experten die zweifelsfreien Anzeichen für einen Bluterguß an der Hirnschale erkannt. War Tutanchamun gestolpert und hatte sich am Kopf verletzt? Berücksichtigt man die Stelle des Hämatoms, scheint das eher unwahrscheinlich. Für sich genommen würde der Beweis für einen tödlichen Schlag auf den Kopf, und zwar an eine Stelle, die bei einem Unfall kaum verletzt wird, die Geschworenen eines Gerichts niemals davon überzeugen, daß ein Verbrechen vorliegt. Mit Sicherheit aber käme es zu einer gründlichen Untersuchung durch die Polizei mit dem Ziel, möglichst weiteres Beweismaterial vorzulegen. Die Röntgenaufnahme hätte den Charakter eines »Hinweises auf Verdachtsmomente«.

Soweit ist alles klar. Weniger klar ist, ob sich eine Verhärtung über dem Hämatom gebildet hat. Dr. Irwin hatte sofort darauf aufmerksam gemacht, daß die Röntgenaufnahme dies nicht eindeutig belege, da die Schwärzung zu schwach sei. Immerhin war die Möglichkeit nicht auszuschließen, daß Tutanchamun nicht sofort gestorben war, was weitere Fragen aufwarf. Wenn Tutanchamun noch mindestens die zwei Monate überlebt hat, die für die Kalkbildung nötig gewesen sind, in welchem Bewußtseinszustand hat er sich dann wohl befunden? Da es keine Hinweise darauf gibt, daß die alten Ägypter Magensonden zur künstlichen Ernährung kannten, konnte ein bewußtloser Tutanchamun nicht über zwei Monate am Leben erhalten werden. Gab es tatsächlich eine Verdikkung an der fraglichen Stelle, dann mußte Tutanchamun mindestens lange genug bei Bewußtsein gewesen sein, um Nahrung zu sich zu nehmen; vielleicht fiel er wiederholt in Bewußtlosigkeit, aus der er immer wieder erwachte. Das könnte sich so lange hingezogen haben, bis der Druck des Hämatoms auf das Gehirn so stark wurde, daß er in ein Koma fiel und an Austrocknung oder einer Lungenentzündung starb.[19]

Die Annahme, daß Tutanchamun noch einige Zeit dahinsiechte, ist mit Vorsicht zu genießen, aber sie berührt die Mordtheorie in keiner Weise. Ich erwähne das überhaupt nur, weil es ein Puzzleteil ist, das später einmal von Bedeutung sein könnte. Tatsächlich beweist ein materieller Sachverhalt noch keinen Mord. Eine Kugel im Gehirn bezeugt nicht die Absicht zu töten, das Motiv, die Mittel usw. Die Röntgenaufnahme Tutanchamuns legt einen Hieb auf den Hinterkopf nahe – nicht mehr. Für einen Mordfall ist es entscheidend, die Umstände genau zu untersuchen. Können wir jemanden ausfindig machen, der die Gelegenheit und ein Motiv hatte? Ist hier der Punkt, der den Fall entscheidet oder nicht?

IX. Die widerspenstige Witwe

Laß dich niemals mit ihm ein,
Der Asiate ist ein Krokodil am Ufer,
Auf einsamer Straße packt er zu,
Nicht vor einer bevölkerten Stadt.

König Cheti
um 2150 v. Chr.

In den meisten Mordfällen wecken die Vorgänge um den Tod den ersten Verdacht auf ein Verbrechen. Die düsteren Ereignisse nach dem Tod Tutanchamuns hätten jeden modernen Detektiv sofort an einen Mord denken lassen. Sie nahmen ihren Anfang mit einem Brief der Witwe Tutanchamuns an den König der Hethiter, seit langem Feinde Ägyptens, die es im Streit um Territorien hart bedrängten.

Wir kennen diesen Brief, weil die Hethiter sorgfältig Archive geführt haben. Ausgrabungen in der Türkei haben Tausende von Tontafeln ans Licht gebracht, auf denen von Grundbesitzverträgen bis zu kriegerischen Unternehmungen alles verzeichnet ist. Anfang des 20. Jahrhunderts wurden in Bogazköy Archive mit ganz verschiedenen Inhalten ausgegraben. Auf einer Gruppe dieser Tafeln sind die Ereignisse aus der Regierungszeit Suppiluliumas I. festgehalten, aufgezeichnet von seinem Sohn Mursili II. (»Mannestaten Suppiluliumas«). Unter den Dutzenden von Fragmenten gibt ein Täfelchen den ungestümen Brief Anchesenamuns wieder.[1]

Es ist ein ungewöhnlicher Brief. Die Königin von Ägypten schreibt an den König der traditionellen Feinde Ägyptens, der Hethiter. Sie äußert ihre Furcht und bittet um einen hethitischen Prinzen, den sie heiraten und zum

König Ägyptens machen will. So etwas war in Ägypten bislang nicht vorgekommen. Wir müssen den Brief sehr aufmerksam lesen:

> *Als mein Vater drunten im Land von Karkemisch war, sandte er Lupakki und Tarchunta-zalma aus in das Land von Amka. Sie zogen also los, um Amka zu schlagen, und brachten Gefangene, Rinder und Schafe mit zu meinem Vater. Als aber die Ägypter von dem Angriff auf Amka hörten, fürchteten sie sich. Und da überdies ihr Herr Nipchururia gestorben war, sandte die Königin von Ägypten, die Dahamunzu [?] war, einen Boten zu meinem Vater und schrieb ihm also: »Mein Gemahl ist gestorben. Einen Sohn habe ich nicht. Aber dir, so sagt man, sind der Söhne viele. Wenn du mir einen deiner Söhne geben würdest, würde er mein Gatte werden. Niemals aber werde ich einen meiner Diener nehmen und ihn zu meinem Gatten machen! […] Ich habe Angst!«*[2]

Die Königin von Ägypten, die den Brief schrieb, wird Dahamunzu genannt, ihr Gemahl (»ihr Herr«) Nipchururia. Wer aus der königlichen Familie war das? Die Namen sind Transliterationen aus dem Ägyptischen ins Hethitische. Dabei ging es nicht um eine Übersetzung, sondern nur darum, die Laute zu vermitteln. Es kann kein Zweifel daran bestehen, daß es sich bei dem König um Tutanchamun handelt, denn einer seiner beiden Königsnamen, die in die Kartusche geschrieben wurden, lautet: Neb-Cheperu-Re.[3] Die Hethiter gaben diese Laute mit »Nipchururia« wieder. Wenn mit dem König Tutanchamun gemeint ist, dann muß seine Witwe Anchesenamun sein, die seine einzige Gemahlin gewesen ist. Aber Dahamunzu klingt nicht im entferntesten nach Anchesenamun. Wahrscheinlich wurde der ägyptische Ausdruck *Ta Hemet Nesewt* – »Die Gemahlin des Königs« – wiedergegeben; so hat sie auch den Brief unterschrieben.[4]

Unheilvoll redet Anchesenamun davon, daß sie Angst habe. Was fürchtete die Königin von Ägypten? Das Land war zu dieser Zeit dank der starken Streitkräfte Haremhabs ganz und gar sicher. Die Verwalter Eje und Maja hatten Ägypten wieder zu Reichtum verholfen. Nach dem Tod ihres Mannes sollte Anchesenamun die mächtigste Person des Königshauses im Lande sein. Aber war sie das? Die Hethiter lassen durchblicken, sie hätten ihr mit dem Angriff auf das benachbarte Amka Angst gemacht, wenn es auch weit von den Grenzen Ägyptens entfernt lag. Angesichts der Stärke Ägyptens erscheint diese Erklärung unglaubwürdig. Vielleicht bezog sie sich gar nicht auf eine reale Gefahr, die ihr Sorge bereitete, sondern schob einen Vorwand vor, eine Übertreibung, die ihr die Hethiter gerne glauben würden.

Tatsache ist, daß der Tod Tutanchamuns sie allein zurückgelassen hat. Ihr bisheriges Leben war voller Veränderung und Unruhe gewesen. Doch es hatte ihren Gemahl gegeben, mit dem sie alle Lasten und Entscheidungen teilen konnte. Ohne ihn an ihrer Seite gab es noch einen weiteren, unheilvolleren Grund für die Furcht Anchesenamuns, die Folge von Ereignissen, die zu der ungewöhnlichen Formulierung als Ausdruck der Angst führten: »Niemals aber werde ich einen meiner Diener nehmen und ihn zu meinem Gatten machen!« Natürlich war es für eine ägyptische Königin undenkbar, einen Diener zu heiraten. Was könnte Anchesenamun gezwungen haben, den falschen Mann zu heiraten? Eine Macht, so stark, daß sie ihr Furcht einjagte?

Anchesenamun muß ihren Brief kurz nach Tutanchamuns Tod geschrieben haben, denn Ägypten konnte nicht lange ohne König sein. Aber die Nachfolge war nicht geregelt: Sie und Tutanchamun hatten keine Kinder. Anchesenamun war das letzte Mitglied der königlichen Familie. Wen auch immer sie heiratete, würde König von Ägypten. Ihr Brief verrät, daß sie gezwungen wurde, jemanden zu heiraten – einen einfachen Mann, »einen Diener«. Was für ein ungewöhnlicher Akt der Verzweiflung, an einen Feind zu schreiben und um einen seiner Prinzen zwecks Verheiratung zu bitten! Dennoch muß es das kleinere von zwei großen Übeln gewesen sein. Niemals hatte in der Geschichte Ägyptens eine Königin um die Verheiratung mit einem Ausländer gebeten, um ihn zum König von Ägypten zu machen.

Die Wände des Grabes von Haremhab, des Generals Tutanchamuns, zeigen, wie ungewöhnlich die Vorgehensweise Anchesenamuns war. Haremhab schwelgte darin, auf seinen Grabwänden die hethitischen Gefangenen darstellen zu lassen, die er gemacht hatte. Ägyptens General trieb herdenweise hethitische Gefangene mit gefesselten Händen vor Tutanchamun.[5] Welche Umstände konnten Anchesenamun veranlaßt haben, ausgerechnet von diesen Leuten einen Ehemann zu erbitten?

Welche Sorgen muß sie sich gemacht haben, als sie den Brief an den hethitischen König aufgesetzt hat! Die Schreiber des Hofes konnten akkadisch schreiben, in der internationalen Diplomatensprache der damaligen Zeit. Aber der Brief eines Hofschreibers wurde im Staatsarchiv registriert und im Palast bekannt. Das aber hätte Anchesenamun wohl kaum gewollt. Eje, der ehemalige Ratgeber Tutanchamuns, würde niemals zulassen, daß ein Ausländer über Ägypten herrsche. Auf jeden Fall hätte dies seine

Stellung am Hof gefährdet, denn ein Hethiter als König in Ägypten würde seine eigenen Beamten ernennen. Auch General Haremhab, der sein Leben im Kampf gegen die Hethiter riskiert hatte, würde mit Sicherheit niemals einen solchen Brief zulassen – niemals würde er unter einem Todfeind dienen. Daher konnte Anchesenamuns Brief nicht als offizielles Schreiben zwischen zwei großen Völkern behandelt werden. Es war eine ganz persönliche Mitteilung, gerichtet an die einzige Person, die in Anchesenamuns Augen mächtig genug war, ihr zu helfen – an den König der Hethiter. Wahrscheinlich hat sie den Brief selbst auf eine Papyrusrolle geschrieben; er konnte später von Schreibern im Palast der Hethiter übersetzt werden. Sie brauchte nur einen vertrauenswürdigen Boten.

Ihr Verhalten gewährt Einblick in ihren Charakter: Sie hatte Angst und war naiv. Behütet groß geworden in Amarna, hatte sie niemals etwas von den schrecklichen Kämpfen mit den Hethitern oder von deren Greueltaten vernommen. Sie muß geglaubt haben, daß ihr nur eine mächtige Armee helfen konnte. Sie wird sich eingeredet haben, daß die Truppen der Hethiter zu ihrer Rettung kämen, wenn sie ihren Prinzen zum König von Ägypten mache. Wer aber war in Ägypten so mächtig, daß sie glaubte, nur eine starke Streitmacht könne ihn von seinem Kurs abbringen?

So unerhört war das Ersuchen Anchesenamuns, daß es sogar der Hethiterkönig nicht glauben wollte.

Als mein Vater dies vernahm, rief er die Ratsversammlung ein [und sagte]: »So etwas ist mir in meinem ganzen Leben nicht begegnet!« So kam es, daß mein Vater den Kammerherrn Hattusaziti nach Ägypten [mit dem Auftrag] schickte: »Geh und bringe die Wahrheit in Erfahrung! Vielleicht täuschen sie mich! Vielleicht haben sie [tatsächlich] einen Sohn von ihrem Herrn! Komme mit der Wahrheit zu mir zurück!«[6]

Die Reise des Boten dauerte lange. Sie führte durch den Taurus, dann ostwärts in die Ebene von Aleppo in Syrien, wo er bei Kadesch den Orontes überquerte. Von dort ging es weiter nach Süden in Richtung der ägyptischen Grenze. Ohne Zweifel wurde er dort erwartet. Aber von wem? Am ägyptischen Hof gab es mindestens zwei feindliche Parteien: Anchesenamun, die die Heirat mit dem Prinzen anstrebte, und jene, die sie zwingen wollten, den unbekannten »Diener« zu heiraten. Leider berichten die hethitischen Quellen nicht, was Hattusaziti in Ägypten in Erfahrung brachte. Wir wissen aber, daß er bei seiner Rückkehr nicht allein war.

Als es Frühling wurde, [kehrte] Hattusaziti aus Ägypten [zurück], und mit ihm kam der ägyptische Bote Chani.[7]

Die Hethiter berichten, daß es Frühjahr war, als ihr Gesandter aus Ägypten zurückkehrte. Paßt diese Zeitangabe zu dem, was wir sonst von Tutanchamuns Tod wissen? Die Blüten der Blumenkränze in seinem Grab verweisen uns auf die Jahreszeit, in der Tutanchamun gestorben ist. Ein Kranz ist aus Kornblumen geflochten, die in Ägypten von Mitte März bis Ende April blühen. In einem Brustgewinde wurden Alraunwurzel und Bittersüß entdeckt. Beide blühen im März und im April.[8] Also ist Tutanchamun in der Zeit von Mitte März bis Ende April bestattet worden. Wenn man davon 70 Tage, erforderlich für eine ordnungsgemäße Mumifikation, zurückrechnet, kommt man in den späten Dezember oder den Januar als die Zeit, in der Tutanchamun gestorben ist.[9] Wenn Anchesenamun ihren Brief im Januar geschrieben hat, dann ist er im Februar in die hethitische Hauptstadt gelangt. Die Reise Hattusazitis dürfte knapp zwei Monate gedauert haben: Da es um wichtige Dinge ging, wird er sich beeilt haben. Also ist er im April zurückgekehrt, im Frühling, wie es im Archiv heißt. Das paßt alles zusammen, so daß wir hier tatsächlich ein antikes Zeugnis wirklicher Begebenheiten vor uns haben.

Während die Verhandlungen mit den Hethitern weitergingen, wurde Tutanchamuns Körper einbalsamiert, der Sarg fertiggestellt, die Grabausstattung für den Tag des Begräbnisses bereitet, der immer näher kam. Wie lange noch konnte Ägypten ohne König sein? Wie lange noch konnte sich Anchesenamun behaupten?

Als sie die Nachricht erhielt, daß auf ihren Brief hin ein Hethiter eingetroffen sei, muß sie gedacht haben, es sei der erwartete Prinz. Wie groß wird ihre Enttäuschung gewesen sein, als sich herausstellte, daß es nur ein älterer Hofmann war, der prüfen wollte, ob ihr seltsames Ersuchen tatsächlich zutreffe. Wir kennen keine Einzelheiten vom Aufenthalt Hattusazitis am ägyptischen Hof. Aber wir können ahnen, wie verzweifelt die Königin war, der die Zeit davonlief. Doch vielleicht war es ja noch nicht zu spät. Sie schickte einen zweiten Brief:

»Warum meinst du, ›sie täuschen mich‹ in dieser Hinsicht? Hätte ich einen Sohn, hätte ich mich dann mit meiner eigenen Schande und der meines Landes an ein fremdes Land gewandt? Du hast mir nicht geglaubt und läßt es mich sogar noch wissen! Mein

Gemahl ist gestorben. Einen Sohn habe ich nicht. Niemals werde ich einen meiner Diener zum Ehemann nehmen! Ich habe mich an kein anderes Land gewandt, nur an dich. Es heißt, du habest viele Söhne: Also gib mir einen von deinen! Mir wird er Gemahl sein, aber in Ägypten König.« Da mein Vater gutherzig war, hat er das Wort der Frau erfüllt und sich mit der Angelegenheit eines Sohnes befaßt.[10]

Der ägyptische Gesandte, Chani, muß bestätigt haben, was in Anchesenamuns Briefen stand. Suppiluliuma brachte Chani gegenüber seine Bedenken zum Ausdruck, daß der Prinz in Ägypten eher als Geisel gehalten, denn zum König gesalbt werden würde. Verzweifelt wird Chani gefleht haben, daß alles gut gehen werde, wenn Suppiluliuma nur einen Sohn zu Anchesenamun schicke:

O mein Herr! Dies [ist ...] die Schande unseres Landes! Wenn wir [einen Königssohn] hätten, würden wir uns dann an ein fremdes Land wenden, um einen Herrn für uns selbst zu erbitten? Nipchururia, der unser Herr war, ist tot; einen Sohn hat er nicht. Unseres Herrn Gemahlin ist allein. Wir erbitten einen deiner Söhne für die Königswürde in Ägypten, und für die Frau, unsere Herrin, wünschen wir ihn als ihren Gemahl. Und im übrigen haben wir uns nicht an ein anderes Land gewandt, nur hierher sind wir gekommen. Nun, o unser Herr, gib uns einen von deinen Söhnen![11]

Soweit der hethitische Bericht von der Rede Chanis im Namen seiner Herrin. Suppiluliuma verlangte, daß man einen alten Friedensvertrag zwischen Hatti und Ägypten aus dem Archiv hole. Daraus las er laut vor und erklärte dann:

> *Seit alters waren Hatti und Ägypten freundlich miteinander, und nun geschieht auch noch dieses zu unserer Zeit. Auf diese Weise werden Hatti und Ägypten fortdauernd miteinander freundlich sein.*[12]

Etwa 90 Tage nach Anchesenamuns erstem Brief sandte Suppiluliuma einen Sohn nach Ägypten, damit er der Gemahl Anchesenamuns und König werde. Zu diesem Zeitpunkt ruhte Tutanchamun mit seinen Schätzen bereits seit fast einem Monat in seinem Grab. Nun erst trat der Hethiterprinz seine Reise nach Ägypten an, um den Anspruch auf seine Braut zu erheben. Hier brechen die Tontafeln ab. Doch das Ende des Dramas berichtet ein anderer hethitischer Text, die bekannten Pestgebete Mursilis:

> *Doch als mein Vater ihnen einen seiner Söhne mitgab, töteten sie ihn, als sie ihn dorthinführten. Mein Vater ließ seinem Zorn freien Lauf und führte Krieg gegen Ägypten. Er machte die Fußsoldaten und die Wagenkämpfer Ägyptens nieder. Doch als die Gefangenen, die gemacht worden waren, nach Hatti gebracht wurden, brach unter ihnen die Pest aus, und sie begannen zu sterben. Mit den Gefangenen kam die Pest nach Hatti. Von diesem Tag an starben die Menschen in Hatti.*[13]

Der Hethiterprinz wurde an der Grenze zu Ägypten ermordet. Doch von wem? Bestimmt reiste der Prinz mit

Wächtern, Dienern und Geschenken. Überdies sollte man erwarten, daß dort eine Abordnung mit ägyptischen Beamten wartete, die den Prinzen begrüßen und zu Anchesenamun geleiten sollte. Es ist unwahrscheinlich, daß so viele Leute von herumstreifenden Banditen niedergemacht wurden. Die Hethiter, die gerade ein Friedensband mit Ägypten knüpfen wollten, hätten nichts gewonnen, wenn sie ihren eigenen Prinzen ermordet hätten. Der Verdacht fällt also auf einen Ägypter, der die Machtbefugnis hatte, einem Reitertrupp zu befehlen, einem ausländischen Abgesandten während der Waffenruhe aufzulauern und ihn zu ermorden. Wer am meisten zu verlieren hatte, wenn der Prinz und Anchesenamun die Ehe schlossen, war natürlich »der Diener«, dessen Chance, den ägyptischen Thron zu besteigen, damit dahingeschwunden wäre. Um den Mörder des hethitischen Prinzen und zugleich den Hauptverdächtigen im Mordfall Tutanchamun zu finden, müssen wir herauskriegen, wer hinter »dem Diener« steckt.

Der erste Hinweis findet sich auf einer Wand des Grabes Tutanchamuns.

Die Figur an der Wand

Es ist bekannt, daß Ägypter, die nicht zur königlichen Familie gehörten, ihre Gräber mit Wandbildern des täglichen Lebens schmücken ließen, um den Göttern zu zeigen, wie sie im Jenseits zu leben gedächten. Manchmal sind auch die Vorbereitungen für das Begräbnis zu sehen mit Zimmerleuten und Kunsthandwerkern, die am Sarg und am Schrein für die Kanopen arbeiten. Zuweilen ist sogar das Begräbnis selbst dargestellt. Im Grab des

Ramose, des Bürgermeisters von Theben zur Zeit von Tutanchamuns Vater, wird die ganze Grabprozession gezeigt, mit allem, was zum Grab gebracht wurde – Ramoses Kopfstütze, Sandalen, Gewänder –, alles, was er im jenseitigen Leben benötigte. Professionelle Klageweiber, die gegen Bezahlung die Mumie jammernd ins Grab begleiten, schreien und bestreuen ihre Köpfe mit Staub. Die Gräber der königlichen Familie waren ganz anders ausgestattet. Deren Wände waren nicht wie die der Vornehmen mit bezaubernden Szenen des täglichen Lebens, sondern mit religiösen Texten bedeckt, Texten aus dem Totenbuch, dem Pfortenbuch, dem Amduat (»Buch von dem, was in der Unterwelt ist«). Die Wände des Grabes Tutanchamuns zeigen eine einzige realistische Szene aus dem Leben – das Begräbnis des Pharaos.

Heutzutage gilt das Hauptinteresse im Zusammenhang mit Tutanchamun seinen Grabschätzen, den Möbeln und der Mumie. Vergleichsweise wenig Aufmerksamkeit finden die Wandmalereien in seinem Grab. Obwohl sie ganz anders sind als alle übrigen Wandbilder in königlichen Gräbern, sind sie noch keineswegs vollständig untersucht. Königliche Gräber sind groß und komplex. Im Grunde sind alle Wände wunderbar mit religiösen Szenen und Texten geschmückt, um die Unsterblichkeit des Pharaos zu gewährleisten. Die meisten Texte leitet das gleiche magische Prinzip: Das Wort ist die Tat. Wenn man etwas sagt, schreibt oder bildlich darstellt, so geschieht es. Wenn man also sagt: »Die Götter heißen den Pharao willkommen«, so geschieht es. Wenn gezeigt wird, wie der verstorbene König im Jenseits von Osiris, dem Totengott, begrüßt wird, so geschieht es. Die alten Ägypter konnten von Zaubersprüchen offenbar nicht genug bekommen. Je mehr Texte und Bilder, um so besser.

Und eben darin ist Tutanchamuns Grab ganz anders. Nur ein Raum ist ausgemalt, die Grabkammer. Wahrscheinlich gab es nach dem unerwarteten Tod zu wenig Zeit. In diesem Raum sind zwölf Paviane – Wächter der zwölf Nachtstunden – zu sehen, die an einer Wand geduldig darauf warten, Tutanchamun beizustehen. Sie verbürgen, daß Tutanchamun wie die Sonne sicher durch die Nacht gelangt, bevor er im Jenseits wiedergeboren wird. Die Trennmauer, die die Grabkammer verschloß, nachdem Tutanchamun in seine Särge gelegt und die Schreine um sie herum aufgestellt worden waren, vermittelt ebenfalls religiöse Inhalte. Sie zeigt, wie Tutanchamun von Hathor, der Göttin des Westens, neues Leben erhält. Hinter ihm steht Anubis, der schakalköpfige Gott der Einbalsamierung. Er hat seine Arbeit vollendet und hält ein Anchzeichen, das Symbol des Lebens, in seinen Händen. Diese beiden Wände berichten uns wenig von Tutanchamun. Doch die anderen beiden Wände zeigen, was wirklich geschah, und enthalten die Hinweise auf Tutanchamuns Mörder.

An der Ostwand ist die Grabprozession dargestellt, die Tutanchamuns Mumie zum Grab geleitet. Die Mumie ruht auf einem Katafalk. Dieser steht auf einer Barke, die wiederum auf einem Schlitten befestigt ist. Zwölf Männer mit weißen Stirnbändern ziehen den Schlitten; zwei von ihnen haben kahlgeschorene Köpfe und tragen die Gewänder hoher Beamter: Es sind Pentu und Usermonth, die Oberbeamten von Ober- und Unterägypten.[14]

Daraus läßt sich nicht viel entnehmen. Die letzte Wand, die Nordwand, wird von allen Touristen gesehen, die das Grab Tutanchamuns besuchen, und ist in zahlreichen Büchern abgebildet. Die meisten Leute merken aber nicht, daß hier ein deutlicher Hinweis auf den Tod Tutanchamuns zu sehen ist.

Die Vornehmen von Theben haben häufig das Ritual der Mundöffnung an ihren Grabwänden darstellen lassen. Doch bis zur Entdeckung des Grabes Tutanchamuns war keine derartige Darstellung in einem Königsgrab bekannt gewesen. Es mutet seltsam an, daß ausgerechnet der König, der Ägypten zur alten Religion zurückgeführt hat, in seinem eigenen Grab die Bräuche derart verletzt haben soll. Wer immer die Arbeiten im Grab beaufsichtigt hat, muß irgendeinen Grund gehabt haben, die traditionelle Ikonographie zu verändern.

Auf der Nordwand ist Tutanchamun in Gestalt des mumifizierten Osiris dargestellt. Die Hieroglyphen über seinem Kopf bezeichnen die Gestalt ausdrücklich als die des Tutanchamun, des Königs von Ober- und Unterägypten, und nicht etwa als die des Osiris. Er steht vor einem niedrigen Tisch, darauf eine Zeremonialfeder und eine Opfergabe, das Bein eines Kalbes. Auf der anderen Seite des Tischs steht eine Gestalt, in der wir wegen des Leopardenfells den Hohenpriester erkennen. Er führt das Mundöffnungsgerät zum Mund Tutanchamuns, wodurch dieser im Jenseits Lebensatem erhält. Trüge der Priester nur das Leopardenfell, das Zeichen seines Amtes, dann entspräche die Szene der traditionellen Zeremonie. Doch eine Besonderheit macht sie einzigartig in der gesamten Geschichte Ägyptens: Der Hohepriester trägt die Pharaonenkrone. Tutanchamuns Nachfolger selbst vollzieht das Ritual. Die Hieroglyphen über seinem Kopf enthüllen seine Identität. Es ist Eje (Abb. 17).

Wenn wir die Ereignisse rekonstruieren, die unmittelbar auf den Tod Tutanchamuns folgten, wird offensichtlich, daß Eje dafür verantwortlich war, daß sein Abbild im Grab Tutanchamuns erscheint und daß er »der Diener« war, den Anchesenamun unter gar keinen Umständen heiraten wollte.

1. Erst mit Tutanchamuns Tod begannen die Vorbereitungen für sein Begräbnis und die Arbeiten am Wandschmuck seines Grabes, nicht früher. Mit Sicherheit hat der Wesir Eje die Einzelheiten überwacht. Daher muß Eje selbst angeordnet haben, daß er auf der Wand als Pharao dargestellt wird.
2. Als diese Szene mit Eje als Pharao gemalt wurde, schrieb Anchesenamun gerade an den König der Hethiter und bat ihn, ihr einen Sohn zu schicken, den sie heiraten wolle, damit sie nicht gezwungen werden könne, die Ehe mit einem »Diener« einzugehen.
3. Der hethitische Prinz wird auf der Reise zu Anchesenamun an der ägyptischen Grenze ermordet. Das Verbrechen mußte von jemandem angeordnet worden sein, der viel zu verlieren hatte, wenn der Prinz Anchesenamun heiratete.
4. Eje wird König von Ägypten.

Die Wandmalerei und der Ablauf der Ereignisse deuten auf Eje als den Hauptverdächtigen bei der Ermordung des hethitischen Prinzen und, wie ich glaube, auch bei der Tutanchamuns hin. Eje leitete die Regierung. In der Zeit zwischen dem Tod Tutanchamuns und der Thronbesteigung dessen Nachfolgers war der Wesir Eje der mächtigste Mann des Landes, mächtiger sogar als die Witwe des jüngst verstorbenen Königs. Da er die Palastwache und sogar die Streitkräfte kontrollierte, konnte er tatsächlich Anchesenamun zwingen, mit ihm die Ehe zu schließen. Wenn, wie die Röntgenaufnahmen nahelegen, der

Tod Tutanchamuns auf ein Verbrechen zurückzuführen ist, dann müssen wir uns fragen, wer am meisten davon hatte, daß der König getötet wurde. Die Antwort ist eindeutig: Der Tod Tutanchamuns erlaubte es Eje, den Thron zu besteigen.

Die Grabszene mit Eje läßt zwei wichtige Fragen offen. Wie wurde Eje, der ja nicht der königlichen Familie entstammte, König von Ägypten? Und was geschah mit Anchesenamun?

Newberrys Ring

Die Antwort auf die erste Frage wurde Frühjahr 1931 in einem Kairoer Antiquitätenladen gefunden. Es war damals allgemeine Praxis, daß Ägyptologen solche Geschäfte aufsuchten, um in Erfahrung zu bringen, was gerade auf dem Markt war; dabei hielten sie vor allem Ausschau nach aufschlußreichen Inschriften und Darstellungen von historischer Bedeutung. Der Ägyptologe Percy Newberry, der bereits einen Katalog verfaßt hatte, in dem er Tausende von Skarabäen im Ägyptischen Museum beschrieb,[15] schaute sich häufig nach neuen Skarabäen um, den kleinen glückbringenden Amuletten der alten Ägypter.[16] Im Frühjahr 1931 entdeckte Newberry in einem Kasten mit solchen Amuletten im Geschäft eines gewissen Robert Blanchard einen Fingerring aus blauer Fayence, darauf zwei Kartuschen – die von Eje und Anchesenamun. Die zwei Kartuschen auf demselben Ring konnten nur eines bedeuten: Eje hatte die verwitwete Anchesenamun geheiratet. Sie waren König und Königin.

Newberry schrieb sofort an Howard Carter:

> Mein lieber Carter,
> es wird Sie bestimmt interessieren, daß ich soeben bei Blanchard's einen Fingerring gesehen habe mit der Kartusche Anchesenamuns neben dem Thronnamen König Ejes. Dies kann nur heißen, daß König Eje Anchesenamun, die Witwe Tutanchamuns, geheiratet hat. Der Ring ist blau glasiert und wurde irgendwo im östlichen Delta gefunden. [...][17]

Mit der Veröffentlichung Newberrys[18] war die erste Frage beantwortet. Eje war also Pharao geworden, indem er Anchesenamun geheiratet hatte. Doch wie bei jeder guten Mordgeschichte gab es ein Problem – der Ring war verschwunden. Newberry hatte ihn in Blanchards Laden gesehen und abgezeichnet, ihn aber nicht erworben. Wahrscheinlich wurde er an einen Touristen verkauft, der keine Ahnung von seiner Bedeutung hatte. Und so blieb er verschwunden. Nach Jahrzehnten fingen einige Ägyptologen zu zweifeln an, ob es »Newberrys Ring« überhaupt gab. Glücklicherweise erwarb Anfang der 70er Jahre das Ägyptische Museum in Berlin einen fast identischen Ring. Er wurde niemals ausgestellt. Daher wollte ich mich mit eigenen Augen von seiner Bedeutung überzeugen. Ich rief im Museum an und erfuhr von der zuständigen Kustodin, daß sie niemals von einem solchen Ring gehört habe! Nach meinem ersten Schock haben wir überlegt, was passiert sein könnte. Die beiden Berliner ägyptischen Sammlungen – aus Ost- und West-Berlin – waren erst vor kurzem zusammengelegt worden. Und noch immer waren die Mitarbeiter nicht völlig mit der jeweils anderen Sammlung vertraut. Tatsächlich wurde der

Ring ausfindig gemacht. Einen Monat später hielt ich das zerbrechliche Beweisstück in meinen Händen.[19]

Die Hieroglyphen entsprachen genau denen, die Newberry 1931 abgezeichnet hat. Doch ich glaube nicht, daß dies hier der Ring ist, den er gesehen hat. Newberry hat ihn als »blau glasiert« beschrieben. Doch dieser hier ist weiß. Ich konnte schwache Spuren der ursprünglichen blauen Farbe entdecken, die weitgehend verschwunden ist. Er war zur Feier einer Hochzeit vor mehr als 3000 Jahren herausgegeben worden. Zweifellos wurden damals mehrere Stücke hergestellt; und dies hier war ein weiteres Exemplar. Nun stand außer Frage, daß Eje Anchesenamun geheiratet hatte.

Im Ägyptischen Museum in Berlin stand ich dem Hauptverdächtigen von Angesicht zu Angesicht gegenüber. Aus einer Plexiglasvitrine hat mich die lebensgroße Stuckmaske Ejes angestarrt, eine Vorlage für eine Steinskulptur. Es ist das Gesicht eines erwachsenen Mannes mit einem kräftigen Kiefer und einem muskulösen Nacken. Als Eje wurde er wegen seiner Ähnlichkeit mit Porträtbildnissen in seinem Grab in Amarna identifiziert (Abb. 10).[20] Als ich in sein wirklich finsteres Gesicht blickte, bemerkte ich einen roten Farbstrich auf seiner Oberlippe. Ich konnte nicht anders, ich mußte an Blut denken. Vielleicht lag es an dem, was ich über ihn wußte, daß er so unheilvoll aussah. Aber ich glaube, niemand würde jemanden zum Abendessen einladen, der *so* aussieht. Wenn Anchesenamun tatsächlich mit ihm verheiratet wurde, was war dann ihr weiteres Schicksal?

Auch Newberry hat sich dies in seinem Brief an Howard Carter gefragt (Abb. 18) und einen Weg vorgeschlagen, wie man ihren Spuren folgen könne:

> Besteht die Möglichkeit, daß Sie einmal in das westliche Tal gehen und das Grab Ejes aufsuchen? Wenn Sie einmal dort hinkommen, würde mich die Klärung eines Punktes äußerst interessieren. Auf einer der Wände der Sarkophagkammer ist König Eje dargestellt, hinter ihm steht Königin Ti. [...]
>
> Gibt es hinter Königin Ti irgendwelche Spuren einer anderen Figur? Und ist die Kartusche groß genug, den Namen Anchesenamuns aufzunehmen? Meine Notizen, die ich mir vor einigen Jahren zu diesem Grab gemacht habe, helfen mir bei diesem Problem nicht weiter, das ich nur zu gerne klären würde. Wenn Sie einmal Zeit haben, dort hinzugehen: Es würde nicht lange dauern. Wenn ich Zeit hätte, nach Luxor zu kommen, würde ich das selbst tun. Aber bis Ende Mai komme ich hier nicht weg. Wann kommen Sie runter nach Kairo? In aller Zuneigung und mit guten Wünschen.
>
> Ihr ergebener
> Percy E. Newberry

Wir wissen nicht, ob Carter jemals ins westliche Seitental gegangen ist, um nach Ejes Grab zu schauen, wie es Newberry vorgeschlagen hatte. Nur wenige Leute kommen dorthin, es ist zu abgelegen. Sobald Eje Pharao geworden war, nahm er das Grab in Besitz, das ursprünglich für Tutanchamun vorgesehen war. Als Pharao war er berechtigt, eine Grabstätte im Tal der Könige anzulegen. Ungewöhnlicherweise wählte er einen Platz im westlichen Seitental. Er hat sich nicht nur Tutanchamuns Throns und seiner Frau bemächtigt, sondern auch seines Grabes.

Weil das westliche Seitental so abgelegen ist, wurde es von den frühen Ägyptenreisenden übersehen. Erst die

Gelehrten aus Napoleons ägyptischer Expedition (1798) erkundeten das Tal und entdeckten das Grab Amenophis' III. Ejes Grab muß zu dieser Zeit von Abraum bedeckt gewesen sein, denn erst 1818 stieß Belzoni bei seiner Schatzsuche zufällig darauf.

Im westlichen Tal hatte einer der französischen Gelehrten ein großes Grab entdeckt. Es war zugänglich, aber bis dahin nahezu unbekannt. Ich besuchte es und fand es recht weitläufig und gut erhalten. Doch damit war meine Neugier nicht gestillt. Ich folgte dem Tal weiter. An einer der entlegensten Stellen sah ich einen Haufen Steine, die sich, so schien es mir, vom übrigen Gestein gelöst hatten. Zufälligerweise hatte ich einen Stock dabei. Als ich damit zwischen den Steinen herumstocherte, merkte ich, daß ich damit ziemlich tief hinunterstoßen konnte. Sofort kehrte ich nach Kurnu zurück und besorgte mir ein paar Männer, um die Stelle freizuräumen. Leider litten Mrs. Belzoni und ich selbst seit einiger Zeit an einer Augenentzündung, die gerade so stark war, daß ich kaum etwas sehen konnte.

Am nächsten Morgen gingen wir in dasselbe Tal. Doch wegen meiner schlechten Augen dauerte es eine Weile, bis ich die Stelle wiedergefunden hatte. Nachdem wir einige Steine weggeräumt hatten, sahen wir, daß der Sand nach innen rieselte. Und in der Tat waren wir so nahe am Eingang, daß in weniger als zwei Stunden alle Steine weggeräumt waren. Ich hatte einige Kerzen holen lassen. Nun ging ich, gefolgt von den Arabern, hinein. Ich kann mich nicht gerade rühmen, im Grab eine große Entdekkung gemacht zu haben, obwohl mehrere merkwür-

> dige und außergewöhnliche Figuren an die Wände gemalt waren. Aus der Größe der Anlage und dem Umstand, daß in der Mitte einer großen Kammer der Teil eines Sarkophags verblieben war, habe ich geschlossen, daß es sich um die Grabstätte irgendeiner Person von Rang handelt.[21]

Belzoni wußte nicht, daß er das Grab König Ejes entdeckt hatte. Es war bereits im Altertum ausgeraubt worden, so daß Belzoni kaum etwas fand, das sein Interesse erregt hätte. Doch Newberry kannte die Entwicklung nach Tutanchamuns Tod. Und daher war ihm klar, daß die Wandmalereien die Frage nach dem Schicksal Anchesenamuns teilweise beantworten konnten.

Sorgfältig sind die üblichen Szenen gestaltet, in denen die Götter den Pharao im Jenseits willkommen heißen. Aber eine Wand bietet eine große Überraschung. Sie zeigt die genaue Kopie einer Szene in Tutanchamuns Grab: die zwölf Wächterpaviane der Nachtstunden. Eje muß Gründe gehabt haben, eine Verbindung zu seinem toten Vorgänger herzustellen. Auf einer anderen Wand jagt Eje in den Sümpfen. Neben ihm steht seine Gemahlin Ti.

Die Pharaonen haben in ihren Gräbern häufig ihre Ehefrauen darstellen lassen, die sie durch die Ewigkeit begleiten sollten. So möchten wir dasselbe eigentlich auch bei Tutanchamun erwarten, zumal Anchesenamun sowohl Freundin seit der Kindheit als auch hingebungsvolle Gattin war. Ich habe vielleicht zwei dutzendmal meine Studenten durch das Grab Tutanchamuns geführt und ihnen die Bedeutung der Wandmalereien erklärt. Doch bis ich die Mordtheorie in Erwägung zog, ist mir niemals aufgefallen, was hier fehlt: Anchesenamun. Bedenkt man beider gegenseitige Hingabe und die Tatsache, daß Anchesenamun noch am Leben war, als die Grabwände ausgeschmückt wurden, dann war dies eine ungeheuerliche Unterlassung. Erst wenn man sich in Erinnerung ruft, daß Eje die Grabvorbereitungen inklusive der Wandmalereien überwacht hat, ergibt es einen Sinn, daß Tutanchamuns Gemahlin nicht in seinem Grab dargestellt worden ist. Bereits so kurz nach Tutanchamuns Tod muß Eje fest vorgehabt haben, Anchesenamun zu heiraten. Daher sollte sie nicht die Ewigkeit mit ihrem ersten Gemahl verbringen.

Eje ließ Anchesenamun nicht in Tutanchamuns Grab darstellen, weil sie an den Wänden seiner eigenen Grabstätte erscheinen sollte. Unter normalen Umständen wäre es wohl auch so geschehen. Als Eje durch die Verheiratung mit Anchesenamun König wurde, war sie die Königin von Ägypten, die Große Königliche Gemahlin.

Wir haben keinen Bericht von Carter oder einer anderen Person, daß sie auf den Grabwänden ihres zweiten Gemahls nach Anchesenamun Ausschau gehalten hätten. Wie Newberry und andere, die sich für die verwickelte politische Lage in der späten 18. Dynastie interessieren, habe ich mich gefragt, was aus ihr geworden ist. Also habe ich mich zu Ejes Grab aufgemacht.

Als ich das trostlose Wadi, das das westliche Seitental bildet, hinaufmarschierte, konnte ich nur hoffen, auf irgendwelche Spuren der jungen Königin zu stoßen. Im Grab fand ich schnell die Szene mit Eje und Ti. Sie steht hinter dem König. Die Hieroglyphen über ihr nennen sie »Große Königliche Gemahlin«. Aber wer ist diese Königin? Der Name in der Kartusche ist ausgehackt. Es gibt nur zwei vernünftige Möglichkeiten: 1. Ti, Ejes erste Gemahlin, die mit ihm in Amarna war, und 2. Anchesenamun, die bereits Königin von Ägypten war, als er sie geheiratet hat. Welche von beiden gemeint war, steht trotz des getilgten Namens außer Zweifel. Die Kartusche ist für den langen Namen Anchesenamuns viel zu kurz, aber genau richtig für »Ti«. Es steht auch keine zweite Königin hinter Eje. Anchesenamun war aus der Geschichte verschwunden. Ti war an sich eine mächtige Person, die einzige Frau, die in Amarna jemals von Echnaton mit dem Ehrengold belohnt worden ist. Sie war die »Kinderfrau« oder Vertraute Nofretetes. Anchesenamun kannte sie gut, die vielleicht sogar der jungen Königin in Theben gedient hat. Als Eje König wurde, nahm ihre Bedeutung noch zu, nur Große Königliche Gemahlin konnte sie nicht werden – wenigstens so lange nicht, wie Anchesenamun am Leben war.

Fehlende Zeugnisse

Die letzte Nachricht von Anchesenamun ist ihr zweiter verzweifelter Brief an den König der Hethiter, in dem sie noch einmal beteuert, daß sie die Wahrheit sagt, und um einen hethitischen Prinzen bittet, um ihn zu heiraten. Der Ring im Berliner Museum beweist, daß sie danach noch am Leben war – zumindest lange genug, um die Ehe mit Eje zu schließen. Dann verschwindet sie spurlos. Nicht nur mehr als 3000 Jahre haben Anchesenamun ausgelöscht. Sie sollte an den Wänden des Grabes Tutanchamuns abgebildet sein, um ihn durch die Ewigkeit zu begleiten, und selbst wenn sie kurz nach der Hochzeit mit Eje gestorben sein sollte, müßte sie irgendwo in Ejes Grab erwähnt sein. Und wo überhaupt ist *ihr* Grab?

Das Grab Anchesenamuns wurde nicht gefunden. Selbst wenn es existiert haben sollte und bereits im Altertum völlig ausgeraubt worden wäre, müßte es Spuren geben. Wenn Anchesenamun als Königin von Ägypten bestattet wurde, hätte es in ihrem Grab Möbelstücke, Gewänder, Schmuck und einen Sarg gegeben. Grabräuber des alten Ägypten haben alles von Wert mitgenommen, die Möbel aufgebrochen, die Goldverzierungen abgerissen, die Schmucksachen eingeschmolzen. Aber trotz des wüsten Durcheinanders, das sie hinterließen, hätte das, was übriggeblieben war, darauf verwiesen, daß dies einmal die Grabstätte Anchesenamuns gewesen war. Es gäbe zerbrochene Kanopen, Stücke der Holztruhen für Stoffe und Toilettengegenstände, alles Dinge, die für jeden Räuber wertlos waren. Doch einige trügen den Namen Anchesenamuns. Zusammen mit ihrem Namen erschiene ein Hinweis, daß sie gestorben war und daß diese Gegenstände zu ihrer Grabausstattung gehörten. Bei ihrem Namen würde es heißen: »Gerechtfertigt durch ihre Stimme«.

Die alten Ägypter haben für die Toten viele Euphemismen verwendet, etwa »er ist in den Westen gegangen« oder »die Westlichen«. Ein anderer Ausdruck war »gerechtfertigt durch ihre Stimme« (oder »wahr an Stimme«). Man glaubte, daß der Verstorbene in der »Halle der Beiden Wahrheiten« vor den 42 Göttern erscheine. Hier trug er seinen Fall vor und erläuterte, warum er zum Jenseits zugelassen werden sollte. In Kapitel 125 des Totenbuches steht, was er sagen mußte – daß er niemandem Leid zugefügt, daß er die Bewässerungskanäle seines Nachbarn nicht umgeleitet habe usw. Am Ende seines »negativen Sündenbekenntnisses« wurde sein Herz in eine Waagschale gelegt und gegen die Feder der Wahrheit aufgewogen – die Ursprünge der Waagschalen unserer Justiz. Waren die Waagschalen im Gleichgewicht, galt der Verstorbene als »gerechtfertigt durch seine Stimme« und wurde ins Totenreich eingelassen. Waren die Schalen nicht ausgewogen, wurde sein Herz von der »großen Fresserin« verschlungen; damit hörte er auf zu existieren. »Gerechtfertigt« wurde ein Synonym für »verstorben«. Die Objekte aus Anchesenamuns Grab hätten nach ihrem Namen diesen Ausdruck getragen.

Auch wenn ein Grab schlimm ausgeraubt wurde, bleiben Spuren seines Inhabers: Auf dem Kunstmarkt tauchen Stücke auf; Ausgräber, die geplünderte Gräber genau vermessen und freiräumen, finden Überreste. Aber auf Anchesenamun, verheiratet mit zwei Pharaonen, finden sich keinerlei Hinweise. Entweder hat man ihr Grab noch nicht entdeckt, oder sie wurde niemals ordnungsgemäß bestattet, ihr Name aus der Geschichte getilgt. Zwar hoffe ich, daß ihr Grab eines Tages noch gefunden wird, aber ich fürchte, daß letzteres ihr Ende gewesen ist.

Wer sind die Verdächtigen?

Bis jetzt steht fest: Röntgenaufnahmen des Schädels Tutanchamuns sprechen für einen Hieb auf den Hinterkopf; Anchesenamun hat von ihrer Furcht und ihrer Ablehnung, einen Diener zu heiraten, geschrieben; der hethitische Prinz wurde ermordet; und schließlich hat Anchesenamun doch einen Mann, der nicht dem Königshaus entstammte, »den Diener«, geheiratet, um danach sofort aus der Geschichte zu verschwinden. All dies nährt den Verdacht, daß Verbrechen begangen wurden. Wir haben mit einem einzigen Toten begonnen, Tutanchamun. Dann sind wir auf die Ermordung eines hethitischen Prinzen gestoßen und nun auf das verdächtige Verschwinden der königlichen Erbin. Wenn man die drei Todesfälle miteinander in Verbindung bringt, wer sind dann die Hauptverdächtigen? Wie bei jedem Mordfall müssen auch hier die nachfolgenden Vorgänge genau daraufhin untersucht werden, ob verräterische Verhaltensweisen Verstrickungen Verdächtiger enthüllen.

Eje

Sofort nach Tutanchamuns Tod hat Eje sein Abbild an prominenter Stelle im Grab des jungen Königs, seines Herrn, malen lassen. Wenn er der Mörder war, hätte er nicht alles unternommen, um sich von seinem Opfer fernzuhalten, damit nicht der Verdacht auf ihn falle? Es gibt jedoch einen guten Grund, warum er, selbst als Mörder Tutanchamuns, daran interessiert gewesen sein könnte, sich abbilden zu lassen, wie er am Vorgänger die letzten Rituale vornimmt. Auf diese Weise konnte er nämlich seinen Thronanspruch anmelden, seine Thronfolge rechtfertigen. Aufschlußreich ist auch, daß er zwar sich selbst, nicht aber Anchesenamun, die Gemahlin Tutanchamuns, auf der Grabwand darstellen ließ, als habe er andere Pläne mit ihr. Dann usurpierte er das Grab im westlichen Seitental, das Tutanchamun begonnen hatte, und ließ darin jene beschriebene Szene des Wandschmucks im Grab Tutanchamuns wiederholen, was ihn ebenfalls in Verbindung zum früheren Pharao setzte. In noch engere Beziehung zu Tutanchamun aber geriet er dadurch, daß er seinen Titel »Gottesvater« seiner neuen Königstitulatur hinzufügte.

Als Eje den Thron bestieg, war er bereits in den Sechzigern. Er hatte noch vier Jahre zu leben und hinterließ der Nachwelt weniger Spuren als Tutanchamun. Ejes Grab wurde schlimm ausgeplündert, aber erst nach offizieller

Entweihung: Sein Name wurde auf den Wänden seines Grabes getilgt.[22] Eine solche Verbannung aus dem Gedächtnis war im alten Ägypten nicht ungewöhnlich. Namen besaßen eine solche magische Bedeutung, daß es bei den Ägyptern hieß: »Den Namen des Toten zu nennen, erweckt ihn wieder zum Leben.« Wenn der Name einer Person auf ihren Monumenten ausgelöscht wurde, hörte sie auf zu existieren; wenn ihre letzte Spur getilgt war, war sie für immer der Verdammung anheimgegeben. Damit Eje nicht in den Genuß der Freuden des Jenseits kam, ging man gar so weit, seine Uschebtis, seine Dienerfigürchen, zu zerstören. Da sie keinen materiellen Wert besaßen, ließen Grabräuber sie zurück. Doch die Verwüstung des Eje-Grabes war so gründlich, daß kein Uschebti, das ihn als König zeigt, jemals gefunden wurde.[23] Irgend jemand wollte ganz sicher gehen, daß es Eje im Jenseits nicht gut erging.[24]

Haremhab

Da Haremhab als Pharao nachfolgte, kommt er am ehesten als derjenige in Frage, der die Entweihung des Grabes Ejes angeordnet hat. Um den Grund dafür herauszufinden, müssen wir seinen Werdegang berücksichtigen. Haremhab könnte seine militärische Laufbahn unter Tutanchamuns Vater begonnen haben. Aber er ist nicht mit nach Amarna gezogen.[25] Zu Bedeutung gelangte er unter dem nächsten Pharao, unter Tutanchamun: Er wurde Oberbefehlshaber des Heeres, Stellvertreter des Königs und »Aufseher der Königlichen Arbeiten«, dazu kam noch ein Dutzend anderer Titel.[26] Er stammte aus einfachen Verhältnissen und hatte unter dem jungen Pharao schnell Karriere gemacht. Seine Grabanlage in Sakkara ist die größte unter denen der Beamten Tutanchamuns. Sie muß ein Geschenk des Königs gewesen sein, denn kein Privatmann hatte die Mittel, einen Trupp Männer in die Steinbrüche zu schicken und Hunderte erfahrener Kunsthandwerker für die Reliefarbeiten und den Wandschmuck einer solchen Grabstätte zu beschäftigen. Die Grabwände sind bedeckt mit Bildern von seinen Feldzügen nach Nubien, Libyen und Syrien. Denn er hatte die Kontrolle über Ägyptens ausländische Territorien, die unter Echnaton verlorengegangen waren, wiedergewonnen.

Wir können uns den Unmut eines Soldaten über Echnaton, den friedfertigen Pharao, gut vorstellen; doch noch größer muß sein Ärger über den Brief Anchesenamuns an den König der Hethiter gewesen sein. Im Kampf gegen die Hethiter hatte er sein Leben aufs Spiel gesetzt. Und nun wollte die Königin einen von ihnen heiraten und zum Herrn über Ägypten machen – zum König Haremhabs! Daher würde es nicht überraschen, wenn Haremhab in die Ermordung des hethitischen Prinzen verwickelt war. Die Kustodin der Ägyptischen Abteilung des Louvre in Paris, Mme Desroches-Noblecourt, hat keine Bedenken, Haremhab der Ermordung des hethitischen Prinzen zu beschuldigen:

> Der hethitische Prinz Zannanza machte sich mit seiner Begleitung pünktlich auf den Weg. Doch Haremhabs Leute, »die ägyptische Reiterei«, haben ihn ermordet.[27]

Konnte irgend jemand einen militärischen Überfall auf einen hethitischen Prinzen angeordnet haben ohne zumindest die stille Duldung des Oberbefehlshabers der Streitkräfte?

Unter der Regierung Ejes blieb Haremhab Oberbefehlshaber der Armee. Doch als der betagte Eje starb, erklärte sich Haremhab, gestützt auf das Militär, selbst zum König. Nun kam sein wahrer Charakter zum Vorschein.

Er löschte alle Spuren Tutanchamuns aus, obwohl er doch diesem Pharao seinen Aufstieg verdankte. Sein erstes Ziel war der Säulengang des Tempels in Luxor, den Tutanchamun für seinen Großvater, Amenophis III., vollendet hatte. Die Szenen des Opetfestes wurden verschont, aber Tutanchamuns Name wurde überall ausgehackt und durch Haremhabs Namen ersetzt.[28] Wenn die Götter auf die Wände des Tempels hinabschauten, galt das Verdienst Haremhab (Abb. 21). Sogar der Totentempel Tutanchamuns, in dem fromme Priester Opfer für die Seele des jung gestorbenen Pharaos darbrachten, wurde entweiht. Auch die Kolossalstatuen vor dem Tempel trugen nicht länger den Namen Tutanchamuns. Genaue Untersuchungen haben ergeben, daß die Kartuschen tiefer eingemeißelt sind als die übrigen Hieroglyphen: Die Statuen waren zunächst von Eje usurpiert worden, dann wurde sein Name durch den Namen Haremhabs ersetzt (Abb. 20). Nichts an ihnen erinnert an Tutanchamun – bis auf sein jugendliches Antlitz.

Auch die Restaurationsstele, die Tutanchamun im Karnak-Tempel aufstellen ließ und auf der die Rückkehr zur alten Religion verkündet wird, trägt nicht mehr seinen Namen. Die wenigen Besucher, die im Kairoer Ägyptischen Museum davor stehenbleiben, sehen den Namen Haremhabs, der allerdings etwas tiefer als die übrigen Hieroglyphen eingemeißelt ist. Der neue Pharao ging so gründlich vor, daß man nur unter großen Schwierigkeiten das Leben Tutanchamuns rekonstruieren konnte. Da die

Liebe zum Detail und die Fähigkeit, Befehle zu erteilen, für Militärs typisch sind, wurde wahrlich gewissenhafte Arbeit geleistet.

Verrät diese rücksichtslose Verfolgung der Spuren seiner Existenz eine solche Wut auf Tutanchamun, daß sie in Mord münden konnte? Ein Umstand scheint dagegen zu sprechen. Haremhab hat das Grab des Kindkönigs verschont; vielleicht hat er es sogar neu versiegeln lassen, nachdem es einiger Dinge beraubt worden war. Haremhab scheint also Tutanchamun nicht aus persönlichen Gründen verfolgt zu haben. Daß er das Andenken Tutanchamuns auslöschen ließ, war Teil einer weiterreichenden Umschreibung der Geschichte, bei der alles getilgt wurde, was an die Amarnazeit und alle, die mit ihr zu tun gehabt hatten, erinnerte. Und dazu gehörten nun mal Tutanchamun und Eje.

Als Haremhab das Amt übernahm, standen in Karnak noch Echnatons Tempel für Aton. Doch seit dem Ende der Regierungszeit des Ketzerkönigs waren sie dem Verfall preisgegeben. Haremhab ordnete den Abbruch der Tempel an, deren Steinblöcke er für den Bau eines Pylonen im Karnak-Tempel zu seinen eigenen Ehren wiederverwenden ließ. Zur vollständigen und systematischen Vernichtung von allem, was an die Amarnazeit erinnerte, gehörte, daß er Arbeitstrupps in Echnatons Wüstenstadt schickte, die alle Bauten bis auf ihre Grundfeste abrissen.

Um jede Erinnerung an Echnaton, Tutanchamun und Eje auszulöschen, begann Haremhab die Jahreszählung seiner Regierungszeit mit dem Tod Amenophis' III. Haremhab hätte als Nachfolger Ejes seine Regierungszeit mit Jahr 1 beginnen müssen, statt dessen begann er mit dem Jahr 30. Es sollte so aussehen, als sei er unmittelbar nach dem Tod Amenophis' III. zum König gekrönt worden. Auf diese Weise verschwanden die 29 Jahre der Regierungen Echnatons, Semenchkares, Tutanchamuns und Ejes aus der Geschichte. Dann schickte er Steinschneider zu seinem Grab in Sakkara, in dem er lediglich als Armeegeneral abgebildet war. Die Arbeiter meißelten die Uräusschlange, das Zeichen der Königsherrschaft, an der Stirn Haremhabs heraus, damit er ausschließlich als Pharao in Erinnerung blieb.

Alle Hinweise belegen, daß Haremhab, als er die Geschichte umschrieb, keinen persönlichen Rachefeldzug führte, sondern Politik betrieb. Die Ketzerei von Amarna und die, die damit zu tun gehabt hatten, sollten für immer aus der Erinnerung getilgt werden. Die Umdichtung hatte erstaunlichen Erfolg. Auf den offiziellen Königslisten, etwa der in Abydos, erscheint Haremhabs Name unmittelbar auf den Amenophis' III.

Eines allerdings durfte vor der Verfolgung Haremhabs verschont bleiben: das Grab Tutanchamuns. Anders verfuhr er mit den Grabstätten Ejes und Echnatons. Der Grund mag eine schlichte Gefühlsregung gewesen sein. Haremhab verdankte seinen Aufstieg Tutanchamun. Vielleicht hat er Zuneigung für den empfunden, der ihm zu Macht und Reichtum verholfen hatte. Das Grab Tutanchamuns war verborgen und erinnerte daher nicht an die Ketzerei. Der jugendliche Pharao durfte in seinem Grab friedlich ruhen, auch wenn es ihn offiziell gar nicht mehr gab.

Heute würden wir Haremhab einen Law-and-order-Pharao nennen. Er reorganisierte die Verwaltung und setzte Männer mit »gutem Charakter« ein, die keine Bestechungsgelder annahmen. »Was werden [die Leute] von Menschen [halten ...], die das Recht verletzen?« fragte er. Als Exmilitär verlangte er strenge Bestrafung von Verbrechern. Wer des Wuchers überführt war, dem wurde die Nase abgeschnitten, außerdem mußte er das Land verlassen. Diebe erhielten 100 Hiebe.[29] In seiner 27jährigen Regierungszeit bemühte er sich darum, die alte Größe Ägyptens wiederherzustellen. Er ließ für die Götter Tempel und Heiligtümer errichten und entsandte militärische Expeditionen. Bei seinem Tod war Ägypten in einem weitaus besseren Zustand als zu Beginn seiner Regierungsperiode. Das heißt natürlich nicht, daß auf ihn kein Mordverdacht fallen könnte.

Anklage

Nach dem verdächtigen Tod Tutanchamuns geschah mit Sicherheit ein weiterer Mord (am hethitischen Prinzen), und noch ein anderer könnte sich ereignet haben (an Anchesenamun). Hatten die drei Todesfälle etwas miteinander zu tun? Gab es einen einzigen Mörder? Bei der gegenwärtigen Beweislage kommen zwei Verdächtige in Frage: Eje und Haremhab. Beide wollen wir nun genauer unter die Lupe nehmen.

Der stärkste Hinweis auf ein Verbrechen stammt aus den Archiven der Hethiter, die einen ganz bestimmten Vorwurf erheben, nämlich, daß ihr Prinz einem Mordanschlag zum Opfer gefallen sei. Die Hethiter sahen darin eine offene Aggression Ägyptens, denn sie erklärten dem Land den Krieg. Sie waren davon überzeugt, daß Beamte auf höchster Regierungsebene darin verwickelt waren. Haremhab und Eje kommen beide dafür in Frage. Beide hatten ein Motiv. Haremhab, der Karrieremilitär, hatte sein Leben lang die Hethiter bekämpft; nun sollte einer von ihnen sein König werden. Verschwand der hethitische Prinz aber, dann wären die verantwortlichen Kräfte gezwungen, einen ägyptischen König zu wählen. Ejes Motiv war eher persönlicher Natur. Er wollte König werden. Genau zu dem Zeitpunkt, als Anchesenamun an die Hethiter schrieb, ließ er sich im Grab Tutanchamuns als Pharao darstellen. Jedem außer Anchesenamun war bewußt, daß die Hethiter Feinde waren, denen man nicht vertrauen konnte. Der hethitische Prinz durfte Ägypten nicht erreichen.

Beide, Eje und Haremhab, konnten dies bewerkstelligen. Als Wesir von Ägypten leitete Eje die Regierung. Als er von dem Plan Anchesenamuns, einen Ausländer zu ehelichen, erfuhr, war es ihm ein leichtes, die Grenzwachen mit der Ankündigung einer möglichen »hethitischen Invasion« unter dem Vorwand von Unterhandlungen in Alarmbereitschaft zu versetzen. Auch für Haremhab war es einfach, eine Wagenabteilung an die Grenze zu schicken, damit sie den Prinzen und seine Begleitung vernichte. Wenn ägyptische Soldaten hörten, daß ein Hethiter unterwegs sei, um Ägypten zu beherrschen, würden sie ihr Leben riskieren, um dieses Unheil abzuwehren.

Eje und Haremhab hatten also beide ein Motiv, und beide verfügten über die notwendigen Möglichkeiten. Vielleicht haben sie sogar insgeheim zusammengearbeitet. Vom Wunsch beseelt, den Thron zu besteigen, wendet sich Eje an Haremhab. Dem ist die Vorstellung, einem hethitischen König zu dienen, unerträglich. Der Oberbefehlshaber der Armee erklärt sich aus eigenen Interessen dazu bereit, die Dreckarbeit für Eje zu übernehmen – kein ganz unwahrscheinliches Szenario.

Wie aber verhält es sich mit den beiden anderen verdächtigen Todesfällen? Heutzutage würde untersucht, wer ein Motiv und die Möglichkeiten zur Durchführung eines Mordes hatte. Gegen die entsprechende Person würde Anklage erhoben.

Wenn Tutanchamun tatsächlich ermordet wurde, dann deutet die Beweislage eher auf Eje als auf Haremhab. Zwar hatten beide ein Motiv, aber nur Eje hatte die Mittel. Die Situation ist auf den Wänden des Grabes Rechmires, der mehr als ein Jahrhundert zuvor Wesir gewesen war, dargestellt. Der Wandschmuck besteht aus Hieroglyphentexten und aus Szenen des täglichen Lebens. Beide künden von der Macht des Wesirs im alten Ägypten. Er konnte sich jeden Luxus des Landes leisten und gab Festbankette mit den feinsten Speisen. Musikanten und Tänzerinnen sorgten für Unterhaltung, während zahlreiche Diener die Gäste bewirteten. Rechmire war so stolz auf seine hohe Stellung, daß er festhalten ließ, wofür er als Wesir zuständig war. Da heißt es unter anderem: »Laß niemanden die königliche Residenz betreten oder verlassen, ohne daß es der Wesir weiß.« Denn er alleine war dafür verantwortlich, wer im Palast aus und ein ging. Es war ein leichtes für Eje, es so einzurichten, daß irgend jemand Tutanchamun im Schlaf einen Hieb auf den Hinterkopf versetzte. Er konnte den perfekten Mord arrangieren, bei dem niemand einen Fremdling den Raum Tutanchamuns betreten und verlassen sah. Dabei mußte er sich nicht selbst die Hände schmutzig machen. Er war ein bekannter Mann, in einer Position, in der ihm ganze Listen mit willigen Gefolgsleuten zur Verfügung standen.

Hatte Eje ein Motiv, derart extreme Maßnahmen zu ergreifen? Als Tutanchamun erwachsen wurde, traute er sich immer mehr zu, eigene Entscheidungen zu treffen. Dadurch wurde es immer schwieriger, ihn unter Kontrolle zu halten. Eje mußte erkennen, daß seine Macht und sein

Einfluß schwächer wurden. Wenn Anchesenamun einen Sohn zur Welt brachte – und sie war ja noch jung genug –, dann konnte Eje seine Hoffnung endgültig begraben, jemals Pharao zu werden. Er wird gespürt haben, daß ihm die Zeit davonlief. Überdies war er ein intimer Kenner des Palastes. Warum sollte er, der über den Regierungsapparat gebot, nicht das Gefühl haben, daß seine Fähigkeiten zu herrschen mehr zählten als die Zufälligkeiten der Geburt? Er hatte es verdient, Pharao zu sein.

Damit Eje Pharao werden konnte, waren zwei Todesfälle notwendig, und einer war bestimmt ein Mord. Rechnet man die erzwungene Heirat Anchesenamuns und ihren Tod, der bald darauf erfolgte, hinzu, dann kann man durchaus von einer Mordserie sprechen.

Anchesenamun

Da es keine Aufzeichnungen zum Tod Anchesenamuns, kein Grab und keine Leiche gibt, ist die Beweislage in diesem Fall sehr schwach. Wir wissen nur, daß sie Angst hatte, daß sie keinen »Diener« heiraten wollte, daß sie dann die Ehe mit Eje geschlossen hat und kurz darauf aus den historischen Aufzeichnungen verschwunden ist. Alles, was wir anführen können, sind mögliche Motive für eine Ermordung. Als Eje Anchesenamun heiratete, wurde er König von Ägypten; er erwarb den Titel und die Macht. Er brauchte sie nun zwar nicht mehr, aber warum sollte er seine neue Gemahlin loswerden wollen? Vielleicht hatte Anchesenamun ihren neuen Gatten im Verdacht, er habe etwas mit dem Tod Tutanchamuns zu tun, und brachte Beschuldigungen vor. Immerhin hat sie sogar dem Hethiterkönig mitgeteilt, daß sie Furcht empfand.

Wir müssen auch Ti, mit der Eje seit 40 Jahren verheiratet war, in Erwägung ziehen. In einem Punkt stimmte sie mit der 20jährigen Anchesenamun überein: Keine von ihnen beiden wollte, daß Eje seine ältere Gattin durch eine junge Königin ersetzte. Ti besaß, wie bereits ausgeführt, eine recht hohe gesellschaftliche Stellung. Daher ist es zweifelhaft, daß sie sich darüber gefreut hat, hinter eine andere Frau in die zweite Reihe zurückzutreten. Vielleich hat Ti die Ermordung Anchesenamuns unterstützt oder sogar angeregt. Wie auch immer, in Ejes Grab jedenfalls ist seine getreue Gattin Ti als Große Königliche Gemahlin, als Königin von Ägypten, dargestellt. Von Anchesenamun aber fehlt hier jede Spur.

Auch Haremhab hatte ein Motiv. Eje war schon älter, und er hatte keine Erben. Wenn er starb, stand der Thron Ägyptens wieder zu Disposition. Und Haremhab, mit dem Militär hinter sich, rechnete sich gute Chancen aus. Aber möglicherweise stand Anchesenamun dabei im Wege. Haremhab wußte vermutlich von ihren beiden Fehlgeburten. Das bedeutete, daß sie Kinder empfangen konnte. Wenn sie ein Kind mit Eje hätte und gar noch einen Sohn, wäre Haremhabs Streben nach dem Thron beendet. Es ist sogar gut möglich, obwohl wir dafür keine Hinweise besitzen, daß Anchesenamun von Tutanchamun schwanger war, als er ermordet wurde.

Wohin führt das alles? Zwar muß es Spekulation bleiben, aber ich vermute, daß Eje nicht nur eine, sondern wahrscheinlich zwei, wenn nicht gar drei Personen ermorden ließ: Anchesenamun, den Prinzen der Hethiter und Tutanchamun, auch wenn Haremhab sein Komplize im Mordfall des Prinzen war. Möglicherweise war Haremhab über den Tod Tutanchamuns keineswegs unglücklich, denn dessen betagter Nachfolger hatte kein königliches Blut in den Adern und öffnete in Kürze den Zugang zum Thron für einen anderen ohne königliches Geblüt. Das heißt aber nicht, daß er ihn ermorden ließ. Dazu hatte er nicht die richtigen Mittel. Natürlich kann ein entschlossener Meuchelmörder, der bereit ist, sein Leben aufs Spiel zu setzen, überall hin gelangen. Aber wenn Haremhab die Tat angeordnet hätte, dann hätte er sich danach mit dem mächtigen Eje auseinandersetzen müssen. Sein Weg zum Thron konnte nur über diese zweite, sehr mächtige Person führen. Dennoch hatte er keinen Grund, Eje zu bekämpfen. Er war jung genug, um einige Jahre abzuwarten. Haremhab sah auch keine Veranlassung, Anchesenamun ermorden zu lassen, nicht mit Eje an ihrer Seite, der vermutlich zu alt war, um selbst mit einer jungen Frau ein Kind zu haben.

Eje konnte vom frühen Tod Tutanchamuns nur profitieren. Er hatte die Mittel, den Mord am Pharao durchzuführen, ohne entdeckt zu werden. Aus demselben Grund hinderte er den hethitischen Prinzen daran, nach Ägypten zu kommen. Die arme Anchesenamun, seine widerspenstige Braut, war die einzige mächtige Person in Ägypten, die Eje der Mitschuld am Tod Tutanchamuns anklagen konnte. Eje hatte bereits zwei Menschen ermorden lassen, um den Thron zu erreichen. Warum sollte ihm ein dritter Mord besonders schwer gefallen sein, um zu gewährleisten, daß er ihn auch behielt?

Wie man als Mörder davonkommt

Wenn Eje tatsächlich Tutanchamun ermorden ließ, wie kam er damit durch? Darauf gibt es mehrere Antworten. Damals erhob sich das Volk nicht gegen seinen Herrscher, wenn dieser etwas getan hatte, das die Leute zutiefst empörte. Es gab kein Gefühl für Verantwortlichkeit. Zwei parallele Bahnen – eine für die Mitglieder der königlichen Familie, die andere für die gewöhnlichen Leute – zogen sich durch die Gesellschaft. Sie kreuzten sich nie. Es gab keine Möglichkeit, daß die einfachen Leute und der Pharao aufeinander eingewirkt hätten. Das altägyptische Volk wäre niemals gegen Eje aufgestanden.

Mit seiner Krönung wurde ein Pharao göttlich, ein Gott auf Erden, der Sohn des Sonnengottes Re. Er war so erhoben über das einfache Volk, daß es niemandem im Traum eingefallen wäre, er könne mit dem Pharao in eine Wechselbeziehung treten. In unserer modernen Welt mit Fernsehen, Radio und Zeitungen kann man sich kaum vorstellen, daß die meisten Bewohner eines Landes ihr ganzes Leben lang ihren Herrscher nicht zu Gesicht bekamen. Die Leute wußten, daß Tutanchamun tot war, aber mehr auch nicht. Es gab keine offiziellen Mitteilungen zu seiner Erkrankung oder zur Todesursache. Es fragte auch keiner danach. An die Stelle eines Gottes war ein anderer getreten. Das war ausschließlich ihre Angelegenheit.

Der zweite Grund dafür, daß Eje mit der Mordtat ungestraft davonkam, liegt darin, daß es keine Möglichkeit gab, ihn anzuklagen, geschweige denn, ihn vor Gericht zu stellen. Wir sind derart an ein System von »checks and balances« gewöhnt, daß wir uns nicht vorstellen können, wie jemand ganz und gar außerhalb des Gesetzes stehen konnte. Nach dem Tod des Pharaos nahm der Wesir die höchste Stellung ein. Es gab nicht die geringste Möglichkeit, Eje einem Strafverfahren zu unterwerfen. Auch die Immunität, die ihn vor Verfolgung schützte, verweist eher auf Eje als auf Haremhab als den wahrscheinlichen Schuldigen.

Der Beleg dafür, daß Eje mit dem Mord ungestraft davonkommen konnte, findet sich in einem einzigen Satz im Grab des Wesirs Ramose: »Niemand darf den Wesir in seinem Amt bestrafen.« Der Wesir war der höchste Justizbeamte in Ägypten, der Oberste Gerichtshof. Nach Tutanchamuns Tod war eine Strafverfolgung Ejes ausgeschlossen. Eigentlich hätte er gar nicht das perfekte Verbrechen begehen müssen, stand er doch außerhalb der Reichweite des Gesetzes.

In der Tat war es also möglich, einen König zu ermorden, ohne dafür belangt zu werden. Später wurde dieser Mord, falls er jemals verzeichnet worden ist, systematisch kaschiert. Und als Haremhab König wurde, tilgte er jede Spur derjenigen, die mit der Ketzerei in Amarna zu tun gehabt hatten, einschließlich der Dokumente über Echnaton, Tutanchamun und Eje. Alles wurde vernichtet, auch, wie ich fürchte, aufschlußreiche Angaben zu Tutanchamun, seiner Regierung, den Beziehungen zu seinen Ratgebern und vielleicht sogar mögliche Hinweise auf seine Ermordung.

Verteidigung

Als ich anfing, die Mordtheorie mit Kollegen zu erörtern, ging es stets heiß her. Bei einigen fand sie Zustimmung, andere lehnten sie ab. Doch es war immer interessant, und es ging vernünftig zu. Dies änderte sich jedoch, als meine Fernsehdokumentation über diese Theorie ausgestrahlt wurde.

Ein Dokumentarfilm muß einfach und leicht verständlich sein. Denn es ist möglich, daß die Zuschauer die altägyptische Geschichte nicht kennen oder nicht bei der

Sache sind. Die Sendung erzielte hohe Einschaltquoten und wurde von der Kritik gut aufgenommen, was nichts darüber aussagt, ob die Theorie richtig ist; Filme über Begegnungen der dritten Art haben auch hohe Einschaltquoten. Kurz nachdem die Sendung durch den Äther gegangen war, legten mehrere enge Mitarbeiter ein merkwürdiges Verhalten an den Tag. Es stellte sich heraus, daß nicht nur ich feste Vorstellungen von Tutanchamun hatte. Einer sagte zu mir: »Ach Bob, weißt du denn nicht, daß es Haremhab war?« Eine Kollegin meinte, ich hätte Eje, den sie als älteren Vertrauten Tutanchamuns betrachtete, in ein schlechtes Licht gerückt. Es folgten lange Gespräche und Briefe. Da wurde mir allmählich klar, daß die andere Seite niemals gehört worden war. Ich war als Ankläger aufgetreten, und zwar gegen Eje. Doch was würden seine Verteidiger vorbringen? Ich freue mich daher über die Gelegenheit, hier nun die Argumente der Gegenseite vortragen zu dürfen.

Beginnen wir mit Ejes Charakter. Er war Familienvater, seit mindestens 40 Jahren verheiratet, ein Mitglied des königlichen Hofes und Tutanchamun sowie dessen Vater treu ergeben. Als Anhänger Atons hatte er in seinem Grab in Amarna die vollständigste Fassung des Atonhymnus einmeißeln lassen. Mit Anteilnahme und Sorge kümmerte er sich überdies um das Begräbnis Tutanchamuns. Erbstücke, hochgeschätzte Objekte, wundervolle Grabbeigaben, ein Sarg aus purem Gold – all das ließ er in das Grab bringen. Zweifellos hat Eje Tutanchamun geliebt. Er hat der königlichen Familie treu gedient, er war kein treuloser Verräter, der den König im Schlaf ermorden ließ.

Auch die Beisetzung von Tutanchamuns Bruder Semenchkare im Grab Nr. 55 spricht für Ejes Loyalität gegenüber der königlichen Familie. Der Sarg, die Mumie und die Grabbeigaben – alles weist auf jemanden, der geahnt hat, daß die Gräber in Amarna entweiht würden, und der den Sarg und die Mumie nach Theben überführen ließ, damit sie bewahrt würden. Auch dies war ein Akt der Liebe und, bedenkt man die Zeit, eine mutige Tat. Mit an Sicherheit grenzender Wahrscheinlichkeit hat das alles Eje veranlaßt. Das kann nur ein ergebener und vorsorglicher Vertrauter der königlichen Familie gewesen sein, kein Serienmörder.

Wenn wir untersuchen, wie religiöse Bewegungen chrakteristischerweise verlaufen, dann sind die Taten Ejes die eines ergebenen Dieners der königlichen Familie. Die Vision Echnatons war anfangs neu, erregend, positiv. Wie immer hielt die Mehrheit an der alten Religion fest. Aber unter den jüngeren Leuten fand sie überzeugte Anhänger. Befreit von Jahrhunderten des Dogmas, folgten sie ihrem charismatischen Pharao, um in der Wüste eine neue Stadt zu erbauen. Möglicherweise gehörte Eje zu den ersten Bekehrten Echnatons, obwohl er damals nicht gerade zu den Jüngsten zählte. In Amarna stieg er zur höchsten Stellung auf, während er weiterhin fromm an der neuen Religion festhielt. Doch innerlich gereifter, änderte er seine Ansicht. Als er merkte, daß sich die Dinge zu Ungunsten des Landes entwickelten, veranlaßte er die Rückkehr zu den alten Göttern, wobei er den jungen Tutanchamun anleitete. Damit setzte er die traditionellen Werte wieder ein. So handelt keiner, der nur den eigenen Vorteil im Auge hat. Er war ein Mitglied der Kultgemeinschaft, das wieder zu Vernunft gekommen war.

Wenn Ejes Verteidigung ergibt, daß sein Charakter und seine Absichten gut waren, dann steht Haremhab in weit größerem Verdacht, in die Ermordung des hethitischen Prinzen verwickelt zu sein. Der Überfall hätte dann mit stiller Duldung oder sogar mit seinem Segen stattgefunden. Nicht Eje, sondern Haremhab bekämpfte und haßte die Hethiter. Er ist daher der Hauptverdächtige – ein militärischer Führer, gewohnt, wenn nötig, schnell und energisch durchzugreifen.

Was den angeblichen Mord an Anchesenamun angeht, so muß betont werden, daß es keine Leiche gibt. Wenn der Gemahl einer jungen Königin stirbt, ist es dann ungewöhnlich, daß sie in dieser Zeit sehr verwirrt ist? Furcht? Das ist die natürlichste Sache der Welt. Es wäre auch ganz normal, daß Eje, der das junge Paar und das Land ein Jahrzehnt lang gelenkt hatte, weiterhin Ägypten regierte. In seiner Pro-forma-Ehe mit Anchesenamun steckt kein Unheil. Er blieb ihr Ratgeber, beschützte sie vor dem namenlosen »Diener«, wer dieser auch immer gewesen sein mag, und übernahm die Macht in Ägypten.

Gut, es gab innerhalb von wenigen Monaten drei Todesfälle, aber was ist daran unheimlich, wenn die Archive der Hethiter eine viel vernünftigere Erklärung liefern? Am Ende der Tontafel, auf der von dem Vergeltungsschlag gegen Ägypten die Rede ist, heißt es, daß die ägyptischen Gefangenen die Pest nach Hatti brachten. Also gab es in Ägypten eine Pestepidemie. Erregt es etwa Verdacht, wenn unter diesen Umständen zwei Leute, die miteinander in engem Kontakt gestanden hatten, innerhalb kurzer Zeit vom Tod dahingerafft wurden? Nicht Eje war für den Tod Tutanchamuns und Anchesenamuns verantwortlich, sondern die Pest. Soweit die Verteidigung.

Das sind gewichtige Argumente, ernstzunehmende Einwände gegen die Hypothese, Eje sei ein Mörder gewesen. Schauen wir sie uns genauer an.

Die Anklage ruht

In der Tat hat Eje die lange Version des Atonhymnus in die Wand seines Grabes in Amarna einmeißeln lassen. Doch das war in dieser Zeit die politisch korrekteste Form der Grabausstattung. Wie konnte man besser um die Gunst Echnatons buhlen? Als er sein zweites Grab im Tal der Könige anlegen ließ, wurden nur die traditionellen Götter dargestellt. Es gibt darin keinen einzigen Bezug auf Aton. Spricht das für seine Anbetung der alten Götter? Das sieht doch eher danach aus, als habe Eje an die Götter geglaubt, die gerade von Vorteil waren. Eje hatte gar keine festen religiösen Überzeugungen. Das ist der Grund, warum er den Umzug des königlichen Hofes nach Theben veranlassen konnte.

Es stimmt, daß Eje die Bestattung Tutanchamuns mit großer Sorgfalt durchgeführt hat. Und gerade das würden wir von einem Mörder an seiner Stelle erwarten – nämlich vorzuführen, wie sehr er den Verstorbenen geliebt und für ihn Sorge getragen hat. Ja, er ließ sich sogar im Grab Tutanchamuns abbilden. Auch andere Anzeichen demonstrieren die enge Beziehung Ejes zu Tutanchamun. Nach dem Tod des jungen Königs ließ er einen kleinen Tempel zu dessen Gedächtnis vollenden.[30] Ich bleibe dabei: Das alles sollte nur den Verdacht zerstreuen und Ejes Nachfolge legitimieren. Denn nur wenn er Tutanchamuns Witwe heiratete, konnte er Anspruch auf den Thron erheben. Daß ein freundlicher alter Eje Anchesenamun vor irgendeinem namenlosen »Diener« geschützt habe, ist nur ein Ablenkungsmanöver. Eje hatte die Macht in Händen. Niemand konnte etwas gegen ihn ausrichten. Wenn er jemanden aus dem Weg räumen wollte, der Anchesenamun Angst einjagte, dann brauchte er nur ein Wort zu sagen. Es sei denn, er war es, den sie fürchtete.

Die Entdeckung des Grabes Nr. 55 hat viele Fragen aufgeworfen. Wer zum Beispiel ist für die Wiederbestattung Semenchkares und der Gegenstände aus Amarna verantwortlich? Bedenkt man Ejes Machtposition in Theben, dann könnte er das schon gewesen sein, jedenfalls bin ich davon überzeugt; aber nicht unbedingt als treuer Diener der Familie. Vielleicht hat sich aber auch Tutanchamun so sehr nach seiner Familie gesehnt, daß er angeordnet hat, alles, was von den Bestattungen seiner Angehörigen übriggeblieben war, nach Theben zu bringen. Offenbar wurde das Grab Nr. 55 beim Tod Tutanchamuns auf Anweisung Ejes geöffnet und die Kanopen Semenchkares für die Bestattung Tutanchamuns wiederverwendet – das spricht nicht gerade für den Respekt vor dem Familiengrab.

Ich räume ein, daß vermutlich Haremhab den unglücklichen Hethiterprinzen töten ließ. Dazu war militärische Macht erforderlich. Haremhab wollte damit verhindern, daß er einem König, der aus dem Hethiterreich stammte, dienen mußte. Haremhab war sogar ganz bestimmt verantwortlich für den Tod des hethitischen Prinzen. Aber entbindet das Eje von der Mitverantwortung? Natürlich mußte der Wesir eine solche Aktion gutheißen. Es ist im übrigen plausibler, daß beide zusammengearbeitet haben, als daß einer von ihnen ganz allein die Tat begangen hat. Eje konnte den Überfall nicht ohne militärische Unterstützung durchführen, und Haremhab konnte nicht ohne Billigung der Regierung vorgehen.

Im Fall der Ermordung Anchesenamuns bringt die Verteidigung triftige Gründe vor. Anders als bei Tutanchamun gibt es hier keinen physischen Beweis für Gewaltanwendung, auch kein schriftliches Zeugnis der Ermordung, wie das bei dem hethitischen Prinzen der Fall ist. Nur die Umstände sprechen für Mord: Eine junge Frau hat Angst und verschwindet. Zwar schreibt sie, daß sie niemals einen »Diener« heiraten wird, und heiratet dann Eje, einen Mann nichtköniglicher Abstammung, aber selbst wenn sie zur Ehe gezwungen worden ist, dann heißt das noch nicht, daß sie später ermordet wurde. In einem modernen Gericht würde niemals gegen Eje wegen der Ermordung Anchesenamuns Anklage erhoben.

Der Gedanke, Tutanchamun und Anchesenamun seien von der Pest dahingerafft worden, ist ganz interessant, wird aber durch ägyptische Quellen nicht bestätigt. Wir haben keine Beweise für eine Pest in Ägypten zu dieser Zeit, obwohl Zeugnisse von Pestepidemien in anderen Zeiten auf uns gekommen sind. Es überrascht weiter nicht, daß die Hethiter eine zu der Zeit auftretende Seuche ihren Feinden zugeschrieben haben; das mag die gleichen Gründe haben, aus denen die Syphilis bei den Deutschen »Franzosenkrankheit« und bei den Franzosen »deutsche Krankheit« hieß.

Aber wir sind nicht vor Gericht. Wir können keine Zeugen aufrufen, die seit 32 Jahrhunderten tot sind. Wir brauchen keinen Schuldspruch, sondern die beste Erklärung für alle Fakten. Alles, was gegen Eje spricht, beruht auf einer Kombination von Tatsachen: Eine Röntgenaufnahme legt einen Schlag auf den Hinterkopf nahe; eine Witwe schreibt, daß sie Angst davor habe, gezwungen zu werden, »einen Diener« zu heiraten; der Mord an ihrem hethitischen Verlobten; der Ring, der besagt, daß sie Eje geheiratet habe; das Wandbild Ejes im Grab Tutanchamuns; und das spätere spurlose Verschwinden der Witwe. Jedes einzelne Faktum beweist noch gar nichts.

Aber zusammengenommen geben sie nicht nur den Hinweis auf einen Mordfall, sondern auf zwei, wenn nicht gar auf drei Mordfälle. Die Person Ejes bildet den Schnittpunkt der Ereignisse. Durch ihn werden sie zusammengehalten. Er hat am meisten vom Tod Tutanchamuns profitiert, und er hatte die beste Gelegenheit zum Mord. Bei dieser Beweislage ist die vernünftigste Erklärung, daß Eje schuld ist an der Ermordung Tutanchamuns, des Königs von Ober- und Unterägypten, des Herrn der Beiden Länder.

Epilog

Verbrechen bringen nichts.
Zu guter Letzt setzt sich die Gerechtigkeit durch.

Ptahhotep
um 2275 v. Chr.

Kurze Zeit nach dem Bestattungszeremoniell wurde Tutanchamuns versiegeltes Grab von Grabräubern aufgebrochen. Sie brachen die Spitzen seiner Pfeile ab (Bronze war wertvoll), entwendeten Leinen aus Truhen und aus Gefäßen Salböle, ebenso andere wertvolle Gegenstände, die nicht ihre Herkunft verrieten. Die Räuber gingen hastig vor, da sie fürchten mußten, entdeckt zu werden. In der Finsternis des Grabes ergriffen sie eilig goldschimmernde Möbelstücke, die sie draußen auf der Treppe wieder wegwarfen, als sie erkannten, daß es sich nur um vergoldetes Holz handelte. Am nächsten Tag wurde die Plünderung entdeckt, und Beamte – vielleicht unter der Leitung Majas, der nicht nur Schatzmeister, sondern auch Aufseher der Werke der Königlichen Nekropole war – versiegelten das Grab erneut und versperrten den Eingang mit Kalksteintrümmern in der Hoffnung, damit weitere Grabräubereien zu verhindern.

Diesen Bemühungen war aber kein Erfolg beschieden. Abermals drangen Räuber in das Grab ein. Sie gruben einen Tunnel oben durch die Steinbrocken, wozu sie etwa sieben bis acht Stunden benötigten.[1] Da sie im Schutz der Dunkelheit mit ihrer Arbeit begonnen hatten, müssen sie bei Tagesanbruch das Grab erreicht haben. Aus Furcht vor dem Tageslicht suchten sie daher eilends nach kleinen

Kisten und rafften alles an Schmuck, was ihnen in die Hände fiel, zusammen. Möglicherweise wurden die Räuber überrascht, oder doch beinahe, da am Eingang ein zusammengeschnürtes Halstuch mit acht massiven Goldringen weggeworfen wurde. Sollten die Verbrecher geschnappt worden sein, dann wären sie gepfählt worden, bis der Tod sie von ihren Schmerzen befreite.

Wieder wurde das Grab versiegelt. Und so blieb es, bis Howard Carter es mehr als 3000 Jahre später entdeckte. Zwei Jahrhunderte nach Tutanchamun ließ Ramses VI. sein Grab in nächster Nähe anlegen. Die Arbeiter schütteten dabei den Abraum aus dem neuen Grab auf den Eingang der älteren Anlage. So wurden für mehr als 30 Jahrhunderte alle Spuren verwischt. Schließlich hatte Tutanchamun doch noch seine Ruhe gefunden.

Eje hat Tutanchamun nicht lange überlebt. Über seine knapp vierjährige Regierungszeit ist nicht viel bekannt, vor allem weil sein Nachfolger Haremhab seine Monumente zerstören ließ. Sogar an seinem Totentempel wurde Ejes Name durch den Haremhabs ersetzt. Auch in seinem Grab im westlichen Seitental, einst für Tutanchamun begonnen, wurde sein Name ausgelöscht. Eje erscheint in keiner altägyptischen Königsliste. Man erinnert sich seiner heute nur wegen seiner Beziehung zu Tutanchamun.

Als Haremhab Eje nachfolgte, versuchte er alle Spuren seiner drei Vorgänger – der Könige, die mit der Ketzerei von Amarna zu tun gehabt hatten – zu tilgen. In den Königslisten folgt Haremhab direkt auf Amenophis III., als hätten die Könige dazwischen nie existiert. Dafür ist aber nicht nur Haremhab verantwortlich. Zwar hat er seine Regierungszeit mit dem Tod Amenophis' III. beginnen lassen, doch auch die späteren Pharaonen waren nur zu glücklich, Echnaton, Tutanchamun und Eje auszulassen und mit Haremhab weiterzumachen. Sie haben ihn als einen der ihren betrachtet. Es liegt eine gewisse Ironie darin, daß die aus der Geschichte getilgten Könige Echnaton und Tutanchamun legitime Nachkommen der Könige der 18. Dynastie waren, Haremhab dagegen keinen Tropfen königlichen Blutes in seinen Adern hatte. Aber er hatte die Streitkräfte hinter sich. Und in unruhigen Zeiten liegt die Macht nun mal bei der Armee.

Haremhab regierte erfolgreich 27 Jahre lang. Wie Tutanchamun ließ er in Karnak eine Restaurationsstele errichten, auf der er verkündete, er habe die Tempel wiederhergestellt, die Verderbnis beendet und im ganzen Land die göttliche Ordnung wieder eingeführt. Haremhab hat eine übertrieben starke Verwaltung in Ägypten aufgebaut. Sein Regierungssitz war Memphis. Die Streitkräfte stellte er unter den Befehl zweier Generäle; der eine war für den Norden zuständig, der andere für den Süden. Die Hohenpriester wurden durch Leute aus der Armee ersetzt, denen er vertrauen konnte. In allen größeren Städten gab es Gerichtshöfe. Die Richter waren mit ihren Entscheidungen Haremhab direkt verantwortlich. Bestechung wurde streng geahndet. Gerechtigkeit sollte für alle gelten. In Karnak ließ er viele Bauten errichten, und im Tal der Könige entstand sein weitläufiges Grab, viel größer als die kleine Grube Tutanchamuns. Als er in hohem Alter starb, hinterließ er ein gut verwaltetes wohlgeordnetes Land, aber keine Kinder.

Nun war Ägypten wieder in einer ähnlich schwierigen Lage wie beim Tod Tutanchamuns: Es gab keine Thronerben, noch nicht einmal einen weiblichen, der irgend jemanden durch Heirat auf den Thron bringen konnte. Doch nach dem Tod Tutanchamuns hatte es Präzedenzfälle gegeben. In Ägypten waren zweimal Männer Pharao geworden, in deren Adern kein königliches Blut floß, so daß nun ein dritter eher möglich war als jemals zuvor. Wie einst Eje übernahm der Wesir das Amt, der ein ehemaliger Waffenbruder Haremhabs war. Bevor ihn dieser zum Wesir gemacht hatte, war dieser Oberbefehlshaber der Armee. Er stammte aus einfachsten Verhältnissen; sein Vater war nur Hauptmann gewesen. Wahrscheinlich fiel Haremhabs Wahl auf ihn, weil dieser bereits einen Sohn und einen Enkel hatte. Bei seinem Tod gäbe es keine Zweifel an der Nachfolge. Dieser Mann sollte eine bedeutende Dynastie gründen, die lange an der Macht bleiben würde.

Sein Name war Ramses, der erste von vielen Pharaonen dieses Namens. Ich neige zu der Ansicht, daß diese 19. Dynastie die Folge der traurigen Ereignisse war, die in diesem Buch beschrieben wurden. Wenn das stimmt, dann war das Ende nicht ohne Glanz. Ramses I., ein Zeitgenosse des betagten Haremhab, war nur weniger als zwei Jahre Pharao. Doch sein Sohn, Sethos I., ein Mann mittleren Alters, regierte das Land 15 gute Jahre lang. Er lenkte Ägypten in eine neue Richtung, weg von der intensiven Konzentration der Energien auf Theben und seinen Gott Amun. Er nannte seine Regierungszeit »Wiedergeburt«, die altägyptische Entsprechung zur Renaissance. Er ließ einen der bedeutendsten Tempel Ägyptens bauen, den er nicht in Theben, sondern nördlich in einiger Entfernung in Abydos errichtete und der zur Hauptverehrungsstätte des Osiris wurde. Der Tempel war ein Nationalheiligtum: Natürlich gab es eine Kapelle für Osiris, andere Kapellen aber waren Isis, Horus, Ptah von Memphis, Re-Harachte von Heliopolis und Amun von Theben geweiht. Überdies begann Sethos I. mit einer

Praxis, die bei seinem Sohn zur Monomanie ausarten sollte: Er ließ für sich selbst eine Kapelle einrichten. Die Bedeutung des Landes war für ihn untrennbar mit der Vollkommenheit des Pharaos verbunden. Dazu paßte, daß er sich das größte und prächtigste Grab im Tal der Könige zum ewigen Ruhm anlegen ließ.

Sethos' Sohn trug einen Namen, der uns nicht weniger vertraut ist als der Tutanchamuns: Ramses II., bekannt als »Ramses der Große«. Als junger König führte er Ägyptens Truppen ins Feld, wie es die großen Kriegerpharaonen der 18. Dynastie getan hatten. Als reifer Mann ließ er große Monumente errichten, die mit jenen der früheren Könige konkurrieren konnten. Ramses hatte mehr Kinder als irgendein anderer Pharao. Er selbst rühmt sich, Vater von 100 Kindern gewesen zu sein. Nach einer Regierungszeit von 67 Jahren ereilte ihn, alt und runzelig, das Schicksal, das auf uns alle wartet. Er hinterließ ein starkes Land, das mit Tempeln und Statuen bedeckt war, die stolz seinen Namen trugen. In gewissem Sinne war er der Erbe Tutanchamuns.

Wie auch immer die Wirkung des Lebens Tutanchamuns auf sein Land oder dessen Entwicklung gewesen sein mag, heute ist sein Name in der ganzen Welt bekannt. Die Namen Ejes und Haremhabs kennen nur Fachleute. In dem altägyptischen Sprichwort »Den Namen des Toten zu nennen, erweckt ihn wieder zum Leben« liegt einige Wahrheit: Tutanchamun lebt weiter, aber jene, die ihn vielleicht umbringen ließen, sind weitgehend vergessen.

Geschichte besteht nicht nur aus Fakten und kalten Steinen. In ihr spielen auch Menschen eine Rolle, die von Ängsten, Hoffnungen und Wünschen getrieben wurden, so wie wir selbst auch. Die Gegenstände, die sie zurückgelassen haben, tragen die Spuren ihrer ehemaligen Besitzer, sprechen von deren Leben, ihren Taten und ihren Träumen. Die Dinge, die in diesem Buch erwähnt werden, existieren noch heute. Man kann noch immer das Blumenhalsband sehen, das entweder Anchesenamun, Eje oder Haremhab beim Leichenmahl getragen haben, als Tutanchamun bereits bestattet war. Es befindet sich zusammen mit einer Statue des jungen Tutanchamun, die wahrscheinlich für seine Krönung in Theben gefertigt wurde, und einer prächtigen Statue Haremhabs, auf der sich eine Law-and-order-Inschrift befindet, im New Yorker Metropolitan Museum of Art. Man kann das Grab Tutanchamuns im Tal der Könige besuchen und Eje sehen, wie er für immer das Ritual der Mundöffnung an dem Kindkönig vollzieht, den er vielleicht ermorden ließ. Tutanchamuns Restaurationsstele steht in einer ruhigen Ecke des ersten Stockwerks im Ägyptischen Museum in Kairo. Sehen Sie die tief eingeschnittene Kartusche, wo Haremhab den Namen Tutanchamuns durch seinen eigenen ersetzt hat? Das ist Geschichte.

Die ausstehende Überprüfung

Im achten Kapitel haben wir die Möglichkeit erörtert, daß Tutanchamun vor seinem Tod ein längeres Siechtum durchlitten haben könnte. Wir haben darauf hingewiesen, daß dies keineswegs zweifelsfrei belegt ist. Aber da die Möglichkeit besteht, wurde sie angesprochen, denn sie gehört zum Gesamtbild. Es ist zwar nur eine Theorie, aber, und das ist von Bedeutung, eine, die in der Zukunft *überprüft* werden kann. Dann wird sich herausstellen, ob sie zutreffend ist oder nicht. Es gibt Untersuchungsmethoden, mit denen festgestellt werden kann, ob Tutanchamun lange Zeit krank war und ob er an Austrocknung gestorben ist. Die Antwort auf die Frage, wie Tutanchamun gestorben ist, liegt im Inhalt der vier Miniatursärge im Kairoer Ägyptischen Museum.

Als Tutanchamun einbalsamiert wurde, hat man seine Eingeweide entfernt, ausgetrocknet, in Leinenbinden gewickelt und in die kleinen vergoldeten Särge gelegt, die ursprünglich für seinen Bruder Semenchkare angefertigt worden waren. Die Sargdeckel tragen jeweils ein Gebet der vier Horussöhne für Tutanchamun. Diese Gottheiten sollten die Eingeweide der Mumie beschützen: Imsti die Leber, Hapi die Lunge, Duamutef den Magen, Kebehsenuef die Gedärme. Als Tutanchamun bestattet wurde, kamen die Miniatursärge in einen Schrein aus Alabaster, den Howard Carter als einen der schönsten Grabgegenstände beschrieben hat.[1] Sie waren mit dem gleichen schwarzen Salböl eingerieben, das man auf die Mumie gegossen hatte.

Carter hat zwar festgestellt, daß die Miniatursärge dem zweiten Sarg Tutanchamuns nachgebildet sind, aber er hat sich niemals mit ihrem Inhalt beschäftigt. Soweit ich weiß, hat die Eingeweide seit den 20er Jahren, als Harry Burton vom Metropolitan Museum of Art sie fotografierte, niemand zu Gesicht bekommen. Das Museum hat mir freundlicherweise einen Satz der Aufnahmen Burtons geschickt. Sie zeigen, daß die Eingeweide durch die Öle keinen Schaden erlitten haben, die Binden haben sich nicht schwarz gefärbt. Andere Aufnahmen Burtons zeigen eines der Organe ausgewickelt und in gutem Zustand. Diese Eingeweide, die sich noch immer im Ägyptischen Museum in Kairo befinden, könnten tatsächlich Aufschluß über den Tod Tutanchamuns geben.

Wenn Tutanchamun im Koma gestorben ist, sollten sein Magen und seine Därme leer sein; die Untersuchung der Leber würde ergeben, welche Nahrung er in seinen letzten Tagen aufgenommen hat. Carter konnte nicht wissen, wie viele Informationen in einer Mumie oder in einem Teil davon stecken. Mit modernen forensischen Techniken können Mordfälle des Altertums gelöst werden. Es ist also wichtig zu begreifen, daß die Hypothesen, die wir zum Tod Tutanchamuns erörtert haben, keine bloße Spekulation sind. Sie können überprüft und empirisch verifiziert werden.

1993 haben Ronald Wade, Direktor des State Anatomy Board in Maryland, und ich in einem Experiment eine menschliche Leiche nach altägyptischer Methode einbalsamiert.[2] Wir verwendeten Nachbildungen der alten

Werkzeuge und Natron aus dem Wadi Natrun in Ägypten. Damit hofften wir, Fragen zur Technik der altägyptischen Einbalsamierung beantworten zu können. Durch das Experiment schufen wir eine Mumie im altägyptischen Stil. Wir schickten kleine Gewebeproben der mumifizierten Organe an Dr. Michael Zimmerman, Leiter der Pathologischen Abteilung des Maimonides Medical Center in Brooklyn. Zimmermans Leidenschaft gehört der Paläopathologie. Außer in der Medizin hat er den Doktorgrad in Anthropologie erworben, was ihn in einzigartiger Weise dafür qualifiziert, medizinische Rätsel des Altertums zu lösen. Wade und ich kannten natürlich die medizinische Geschichte unserer modernen Mumie. Aber Zimmerman haben wir nichts davon erzählt. Nachdem er das Gewebe untersucht hatte, lieferte Zimmerman uns eine bemerkenswerte Beschreibung der letzten Tage unserer Versuchsperson, bis hin zur Flüssigkeitsmenge in den Lungen. Die Gewebeproben, die wir Zimmerman geschickt hatten, stammten von einer Mumie. Daher ist es gut möglich, daß ähnliche Untersuchungen enthüllen könnten, wie Tutanchamun seine letzten Tage verbracht hat.

Wenn Dr. Irwins Hypothese von Tutanchamuns Siechtum zutrifft und wirklich ein deutlicher Bluterguß für einige Zeit nach der Verletzung zurückblieb, dann müßte sich eisenhaltiges Hämosiderin (dies entsteht durch Zerfall des Blutfarbstoffs) an der entsprechenden Knochenstelle abgelagert haben.[3] Das kann mit einem hochauflösenden Computertomographen entdeckt werden. Wenn die Mumie Tutanchamuns eines Tages noch einmal untersucht werden sollte, dann hätte diese Analyse oberste Priorität auf der Liste der durchzuführenden Maßnahmen.

Die Eingeweide Tutanchamuns werfen interessante

Fragen auf. Es gibt vier Miniatursärge, aber es gibt mehr als vier innere Organe. Was ist mit den übrigen Organen geschehen? Und welche wurden tatsächlich in die Miniatursärge gelegt? Ich fürchte, wenn wir den armen Tutanchamun wieder zusammensetzen wollten, würden wohl einige Teile fehlen. Im Zusammenhang mit den vier Horussöhnen werden Lunge, Leber, Magen und Darm genannt. Was aber ist mit Nieren, Milz, Bauchspeicheldrüse und Gallenblase? Trotz aller Einbalsamierungskünste hatten die alten Ägypter nur unvollständige Anatomiekenntnisse, es gibt beispielsweise überhaupt keine Hieroglyphe für Bauchspeicheldrüse[4]; doch das ist verständlich, wenn wir berücksichtigen, wie die Einbalsamierer gearbeitet haben.

Die Eingeweide wurden durch einen kleinen Einschnitt auf der linken Seite des Unterleibs entfernt. Der Einbalsamierer führte seine Hand durch diesen Einschnitt in die Bauchhöhle ein, trennte ein Organ ab und zog es heraus. Der Einbalsamierer arbeitete blind und konnte die relative Lage der Organe nicht erkennen, auch nicht, wie viele Organe es überhaupt gab. Bei der Länge der Därme konnten die Bauchspeicheldrüse oder andere Organe leicht übersehen werden. Die Nieren, hinter dem Bauchfell gelegen, verblieben oft an ihrem Platz, da sie nur schwer von der Seite zu erreichen sind. In Wirklichkeit wissen wir gar nicht, welche Organe Tutanchamuns in den kleinen Särgen beigesetzt wurden. Mit Sicherheit bergen sie nicht alle Organe; die aber, auch wenn sie nur teilweise vorhanden sein sollten, würden wichtige Anhaltspunkte liefern.

Als Wade und ich die moderne Mumifikation durchführten, war unser Hauptproblem, die Leber, das größte Organ des menschlichen Körpers, durch den kleinen Einschnitt zu entfernen. Um die Organe aufzubewahren, verwendeten wir Nachbildungen alter Keramikkrüge. Doch selbst nach der Dehydration in Natron paßte die Leber nicht hinein. Ich mußte sie zerschneiden. Da die Leber eines 19jährigen Mannes von der Größe Tutanchamuns nicht in einen der Miniatursärge hineinpaßt, nehme ich an, daß die Einbalsamierer sie auf die passende Größe zurechtgeschnitten haben. Dann hüllten sie sie in Binden und legten sie in den Sarg. Der Rest blieb zusammen mit anderen Organen, die nicht aufbewahrt wurden, unberücksichtigt.

Die erhaltenen Organe Tutanchamuns wurden bis heute von keinem Paläopathologen untersucht. Bestimmt würden sie unschätzbare Informationen über seine letzten Tage liefern.

Danksagung

In der Ägyptologie arbeitet für gewöhnlich ein ganzes Team von Spezialisten an einem einzigen Projekt. Dieses Buch bildet darin keine Ausnahme. Wenn ich etwas nicht wußte, was oft genug der Fall war, haben mir Kollegen weitergeholfen.

Mit der Gerichtsmedizin hatte ich gleich doppeltes Glück, denn viele ihrer Fachleute sind meine guten Freunde, die ich oft zur ungewöhnlichen Stunde angerufen habe. Dr. Gerald Irwin, Leiter der Abteilung für Radiologie am Winthrop University Hospital, hat als erster den Verdacht geäußert, daß Tutanchamun den Schlag auf den Hinterkopf für eine gewisse Zeit überlebt haben könnte; ihm habe ich für viele weitere Ratschläge beim Verfassen des Buches zu danken. Dr. Michael R. Zimmerman, Direktor der Kliniklabors am Maimonides Medical Center, Brooklyn, New York, hat eine frühe Fasssung des Manuskripts gelesen und wichtige Anregungen zur tatsächlichen Todesursache nach dem Hieb gemacht. Dr. Michael Perry, Leiter der Abteilung Radiologie bei Verletzungen an der medizinischen Fakultät der Universität von Maryland, hat ebenfalls wichtige Vorschläge geäußert, wie man feststellen könne, ob Tutanchamun vor seinem Tod ein längeres Siechtum durchlitten habe. Wie immer habe ich aus den Gesprächen mit Ronald Wade, dem Direktor des State Anatomy Board in Maryland, großen Nutzen gezogen. In Ägypten hat mir freundlicherweise Dr. Fawzi Gabella, Leiter der Anatomischen Abteilung am Kasr el Einy Hospital, die Erlaubnis erteilt, die beiden Feten aus Tutanchamuns Grab in Augenschein zu nehmen. Dr. Nasri Iskander, Kustos für Mumien am Ägyptischen Museum in Kairo, habe ich es zu verdanken, daß mir die Mumie von Tutanchamuns Großvater, Amenophis III., zugänglich gemacht wurde. Mein Dank gilt auch den Kollegen von der Paleopathology Association, die stets bereit waren, mit mir die medizinischen Aspekte des Falles zu erörtern.

Die Ägyptologen waren gleichermaßen hilfsbereit. Dr. Ali Hassan, ehemaliger Generalsekretär des Supreme Council of Antiquities, hat mir mehrmals die Erlaubnis erteilt, geschlossene Gräber zu betreten. Dr. Mohamed Sallah, Direktor des Ägyptischen Museums in Kairo, hat es freundlicherweise zugelassen, daß ich Stücke im Depot untersucht habe. In Deutschland hat mir Dr. Dietrich Wildung, Direktor des Ägyptischen Museums in Berlin, gestattet, den Fingerring zu untersuchen und zu fotografieren, der anzeigt, daß der Wesir Eje Tutanchamuns Witwe geheiratet hat. Niemals werde ich den Tag vergessen, an dem mir Dr. Hannelore Kischkewitz, Kustodin des Museums, den Ring in die Hand legte. Bedanken möchte ich mich auch bei Diana Magee vom Griffith Institute, Ashmolean Museum, Oxford, dafür, daß sie mir eine Fotokopie des Briefes besorgt hat, in dem Percy Newberry Howard Carter den Ring beschrieben hat. In der Heimat gilt mein Dank Dr. Dorothea Arnold, Kustodin der Ägyptischen Abteilung des Metropolitan Museum of Art in New York: Sie hat mir Zugang gewährt zu den breiten Blumenkragen, die bei Tutanchamuns Leichenmahl getragen wurden, und mir die Erlaubnis erteilt, die fotografische Aufnahme der Mumie Tutanchamuns von Harry Burton aus den 20er Jahren abzudrucken. Ich danke auch Dr. Rita Freed, Kustodin der Abteilung für ägyptische und nubische Kunst am Museum of Fine Arts in Boston, für die Gespräche zum Thema, wie wohl das tägliche Leben in Amarna verlaufen ist.

Mein besonderer Dank gebührt der Verwaltung der Long Island University; sie hat es möglich gemacht, daß ich meine Vorlesungen und Seminare reduzieren konnte, um für dieses Buch zu recherchieren. Meine Kollegen in der philosophischen Abteilung hatten volles Verständnis dafür, daß ihr Präsident abwesend war, um durch altägyptische Gräber zu kriechen.

Als ich zum erstenmal zusagte, einen Dokumentarfilm über die Ermordung Tutanchamuns zu machen, hatte ich zugegebenermaßen meine Befürchtungen – daß ich Dinge sagen sollte, die ich nicht sagen wollte, daß ich nicht alles sagen könnte usw. Ein Stein fiel mir vom Herzen, als ich merkte, wie sehr ich mich geirrt hatte. Ich habe die Leute von »The Learning Channel« sehr schätzen gelernt. Als es ganz entscheidend war, den Ring in Berlin zu sehen oder nach Ägypten zurückzukehren, um ein bestimmtes Stück zu überprüfen, hat »The Learning Channel« stets zugestimmt. Zum Schluß kam es mir so vor, als würde die Privatwirtschaft einen Forschungsauftrag finanzieren.

Auch beim Verfassen des Manuskripts hatte ich großes Glück. Meine Frau, Pat Remler, hat viele Stunden am Computer zugebracht, wobei der Text an Qualität gewonnen hat. Es hat mir zwar nicht immer gepaßt, wenn ich hören mußte: »Brier, das hier ergibt keinen Sinn!«, aber bestimmt hat es dem Buch genützt. Mein Freund und

Kollege am C. W. Post Campus der Long Island University, Dr. Hoyt Hobbs, hat mehrere Fassungen des Manuskripts gelesen und dabei wichtige Vorschläge gemacht – sowohl in ägyptologischer Hinsicht als auch den Aufbau betreffend –, eine Art Ein-Mann-Hilfstruppe bei der gesamten Durchsicht des Manuskripts. Bei der Redaktion war Elizabeth Himelfarb stets bereit, das Nötige zu tun. Meinen größten Dank aber schulde ich Liza Dawson, meiner Lektorin bei Putnam. Ich bin davon überzeugt, daß sie keine Ahnung hatte, auf was sie sich da einließ, als sie zum erstenmal mit dem Projekt *Der Mordfall Tutanchamun* zu tun bekam. Ihrer unbeirrbaren Vorstellung davon, wie das Buch auszusehen habe, verdanke ich, daß es so geworden ist, wie es ist. Wenn das Buch die Geschichte Tutanchamuns klar und verständlich berichtet, dann ist das weitgehend ihr Verdienst.

Anmerkungen

Einleitung

1 Frayling
2 Sandnass

I. Der Pharao muß sterben

1 Breasted (1930)
2 Darby 1:331
3 Reeves 1(1990) 136–139
4 Martin (1991: *The Hidden…*) 148 f.
5 Baly
6 Budge (1909, 1972) 1:184 ff.
7 Allen, Thomas George *The Book of the Dead.* Chicago 1974, 34

II. Ägypten vor Tutanchamun

1 Watkins
2 Yadin 53

III. Die ruhmreiche 18. Dynastie

1 Breasted (1905, 1988) 43 f.
2 Kozloff/Bryan 59
3 Riefstahl 5
4 J. Romer 161
5 Ebd. 161 f.
6 Loret wollte die Mumien nach Kairo verschiffen. Doch bevor er sie an Bord bringen konnte, erhielt er eine Anweisung des

Ministeriums für öffentliche Arbeiten, die Mumien ins Grab zurückzubringen und das Grab zu verschließen. Viele Ägypter sahen in den Archäologen Fremde, die ihr Erbe rauben wollten. Sie meinten, die Pharaonen sollten dort ungestört ruhen, wo sie gefunden wurden. Politik war an die Stelle von Archäologie getreten.

7 G. E. Smith (1912) 46–51

8 Majno 109

9 R. W. Smith 634–655; R. W. Smith/Redford

10 Donald Redford, Ausgräber der Tempel Amenophis' IV. in Karnak, teilt meine Ansicht, daß dessen Sedfest etwas Ungewöhnliches war. Doch vor kurzem hat eine andere Forscherin, Jocelyn Gohary, vorgeschlagen, daß Amenophis versucht hat, den überlieferten Ritualen so nahe wie möglich zu bleiben. Jocelyn Gohary *Akhenaten's Sed-Festival at Karnak.* London 1992, 167

11 Pyeritz/Gasner 8 f.

12 McKusik 279 f.

13 Ich möchte mich herzlich bei Dr. Jessica Davis vom New York Hospital für die aufschlußreichen Gespräche über Echnaton als Marfan-Syndrom-Kranken bedanken.

IV. Amarna – die Heilige Stadt

1 Kemp (1976)

2 Wilkinson 76

3 Drower 208

4 Petrie (1894, 1974) 41 f.

5 Ebd. 6

6 Murnane/Siclen 36 f.

7 Ebd.

8 Aldred (1988) 48

9 Lichtheim 96–99

10 Aldred (1988) 48

11 Redford (1984) 234

12 Kemp (1976)

V. *Tutanchamuns Eltern*

1 Aldred (1973) 220
2 Dodson 55
3 Hayes 294
4 Fairman 29 f.
5 Auf mögliche Spannungen zwischen den beiden Frauen spielt der Titel eines Aufsatzes über Kija an: Angela P. Thomas »The Other Woman at Akhetaten«, in: *KMT: Amarna Letters III* (1994), 73–80
6 Kemp (1995) 411–462
7 Urbaine Bouriant *Monuments Pour Servir l'Étude du Culte d'Atonou en Egypte.* Kairo 1903
8 Martin (1989) 40
9 Mercer 1: 267 ff.
10 Ebd. 271 ff.
11 Ebd. 275 ff.
12 Ebd. 291
13 Davies (1903) 15
14 Petrie (1894, 1974) 33. Bei seiner Grabung fand Petrie eine Keramikscherbe mit der Inschrift: »Jahr 16 guter Wein [...] Der große Prophet Atons, Re-Meri.« Also lebte Merire zu dieser Zeit noch.
15 Davies (1905, Teil 2) 29
16 Ebd., Taf. 10
17 Davies (1907)
18 Redford (1984) 216, David 26

VI. *Rückkehr nach Theben*

1 Bennett
2 Martin (1991: *The Hidden ...*) 171 f.
3 Ebd. 147
4 Davis (1912) 128
5 Lichtheim 101
6 Epigraphic Survey 1: XIX
7 Nicholas Reeves u. Richard H. Wilkinson *The Complete Valley of the Kings.* London 1996, 116 f.
8 Hans Goericke *The Report About the Dispute of a Man with His Ba.* Baltimore 1970

VII. Das berühmteste Grab der Geschichte

1 Diodorus Siculus *Library of History.* 1. Buch, Bd. 46. Cambridge (Mass.) 1968, 165
2 Pococke 98
3 *Description de l'Egypte* 2: Taf. 77
4 Die Mumien und die Särge trafen wohlbehalten im Ägyptischen Museum in Bulak ein. Brugsch wickelte nur ein einzige Mumie aus, die Thutmosis' III., des Erobererpharaos. Sie war im Tal der Könige bestattet, durch Grabräuber entweiht, von Einbalsamierern der 21. Dynastie wieder in Binden gewickelt und in Deir el-Bahari erneut bestattet worden.
Als Brugsch den ägyptischen König auswickelte, bekamen er und seine Kollegen als erste Menschen der Neuzeit einen der bedeutendsten Pharaonen des alten Ägypten zu Gesicht. Was sie erblickten, war erschreckend. Der Körper des Königs war in einem entsetzlichen Zustand. Kopf, Arme und Beine waren vom Rumpf getrennt, die Füße an den Knöcheln gebrochen. Brugsch nahm eine flüchtige Autopsie vor, die nur geringe Erkenntnisse erbrachte. Die anderen Mumien hat er verschont, vielleicht, weil er befürchtete, sie in einem ähnlichen Zustand vorzufinden.
5 Petrie (1932) 152
6 Carter (1902)
7 Davis (1912) 3
8 Joseph Lindon Smith, zitiert in: Nicholas Reeves und Richard H. Wilkinson *The Complete Valley of the Kings.* London 1996, 6
9 Ebd. 64
10 Charles Breasted *Pioneer to the Past. The Story of James H. Breasted.* New York 1943, 181
11 Breasted 1906/07
12 Ders. (1924) 133 f.
13 Allerdings wurde auch die Meinung geäußert, daß der Schrein niemals eine Statue enthalten habe. Vgl. Eaton-Krauss (1985) 5 f.
14 Edward Falkner *Games Ancient and Oriental and How to Play Them.* New York 1961

15 Grahme Davis »Reconstruction Rules for the Ancient Egyptian Game of Twenty Squares«, in: *KMT,* Sommer 1993, 83 ff.
16 Lesko (1977)
17 McLeod
18 J. E. Harris u. a. »The Mummy of the ›Elder Lady‹ in the Tomb of Amenhotep II: Egyptian Museum Catalogue Number 61 070«, in: *Science,* 9. Juni 1978, 1199. Jüngste Untersuchungen haben jedoch ergeben, daß trotz der ähnlichen Haarproben die Mumie der »Älteren Dame« nicht die Tejes ist. Dr. Renate Germer hat Proben des getrockneten Blutes von der Mumie der »Älteren Dame« mit jenem von Tejes Eltern, Juja und Tuja, verglichen. Dabei hat sich herausgestellt, daß die »Ältere Dame« höchstwahrscheinlich nicht ihre Tochter ist. Tutanchamuns Großmutter bleibt offenbar weiterhin verschwunden.
19 Harry Burton in: *New York Times* v. 15. Februar 1923
20 Mace, 6
21 Carter/Mace 2: 51
22 Ebd. 52 f.
23 Velma »The Fatal Curse from the Tomb«, in: Frayling 244
24 Nicht nur Velma hat sich über einen Fluch ausgelassen. Zwei Wochen vor Carnarvons Tod hat die Romanautorin Marie Corelli Unglück für die Ausgräber vorausgesagt. In jüngerer Zeit hat Philipp Vandenberg mit seinem Buch *Der Fluch der Pharaonen* (1975) Öl ins Feuer geschüttet. So schreibt er auf Seite 20: »Unter den Ausgräbern, zumindest unter den Wissenschaftlern, hatte sich jedoch noch aus einem anderen Grund eine zunehmende Nervosität breitgemacht. Der Grund war ein eher unscheinbares Ostrakon, ein Tontäfelchen, das Carter in der Vorkammer gefunden hatte. Es war zunächst ordnungsgemäß katalogisiert, doch schon wenige Tage später, nachdem Alan Gardiner den daraufstehenden Hieroglyphentext entschlüsselt hatte, wieder gestrichen worden. Die Aufschrift lautete: ›Der Tod wird den mit seinen Schwingen erschlagen, der die Ruhe des Pharaos stört.‹ Es wäre falsch zu behaupten, Carter, Gardiner oder ein anderer Wissenschaftler hätte sich zu diesem Zeitpunkt vor dem Fluchspruch gefürchtet. Die Wissenschaftler fürchteten vielmehr die Anfälligkeit der ägyptischen Ausgräber und Hilfs-

mannschaften für Spukgeschichten. Und auf die ägyptischen Helfer waren die Archäologen schließlich angewiesen. So kam es, daß die Tontafel aus den Protokollen und aus dem Fundus verschwand, nicht aber aus dem Gedächtnis. Sie wird überall erwähnt; sie ist jedoch nicht fotografiert worden und gilt seither als verschollen.«

Das Tontäfelchen hat nie existiert. Es gibt keinen einzigen glaubwürdigen Hinweis auf einen solchen Fluch. Außerdem war es in Ägypten nicht üblich, im Zusammenhang mit dem Tod von Schwingen zu reden. In den folgenden Jahrzehnten wurde jedesmal der Fluch angeführt, wenn jemand von den Leuten starb, die auf der Grabungsstätte gearbeitet hatten. Vandenberg (S. 118): »Die Obduktion Tut-ench-Amuns am 11. November 1925 im antomischen Institut der Kairoer Universität hatte tragische Folgen: Alfred Lucas erlag bald darauf einem Herzanfall. Wenig später starb Professor Derry, der den ersten Schnitt an der Mumie Tut-ench-Amuns ausgeführt hatte, an Kreislaufversagen.« Das ist Unsinn. Es gab nie eine Autopsie Tutanchamuns in Kairo. Die Mumie befindet sich noch immer in dem Grab, in dem sie entdeckt wurde. Lucas starb zwar an einem Herzanfall, aber 1945, also 20 Jahre später. Und Professor Derry starb nicht »wenig später«, sondern 1969 im gesegneten Alter von 87 Jahren, mehr als 40 Jahre nachdem er die Autopsie am Kindkönig in dessen Grab durchgeführt hatte. Zwar ist die Beweislage mehr als dürftig, aber der »Fluch Tutanchamus« beschäftigt die Leute weiterhin.

Nach Velmas Bericht behaupteten auch andere Medien, sie hätten Carnarvon vor einem Fluch gewarnt, der auf dem Grab liege. Die ausführlichste Darstellung des Grabfluches ist die Version, die der bekannte Handleser Chiero vorlegte. Zu seiner Erzählung gehören eine Mumienhand, eine altägyptische Prinzessin und ein Fluch, der auf denen liegt, die etwas aus dem Grab Tutanchamuns entfernt haben.

Chiero hat seine Darstellung mehr als ein Jahrzehnt nach Carnarvons Tod veröffentlicht. Er behauptete jedoch, ihm lägen eidesstattliche Erklärungen von Augenzeugen vor, die die unglaublichen Vorgänge in seiner Schilderung beobachtet hätten. Seine Erzählung beginnt damit, daß er vor dem

Ersten Weltkrieg nach Ägypten gereist sei, um von alten Reliefs Wachsabdrücke zu nehmen. Eines Abends bat ihn sein Führer, in den Großen Säulensaal des Tempels von Karnak zu kommen. Dort zauberte er unter einem beschädigten Sphinx eine Mumienhand mit Goldring hervor. Der gute Mann führte aus, daß es sich um die Hand von Echnatons Tochter Maketaton handele. Als alle anderen Aton aufgegeben hätten, sei sie als einzige der Religion ihres Vaters treu geblieben. Sie habe eine Armee um sich geschart und sei nach Theben marschiert. In der folgenden Schlacht sei sie gefallen. Die Hand aber wurde gerettet und mumifiziert als düstere Mahnung für jene, die vom wahren Glauben Ägyptens abfielen. Chiero fühlte sich zum Hüter der Hand auserwählt. Nun wollte er sehen, ob sich die Prophezeiung erfülle.

Die Hand sollte um die Welt reisen und nach einem großen Krieg, nachdem das Grab ihres Stiefbruders Tutanchamun entdeckt worden sei, sich wieder mit der Mumie Maketatons vereinigen. Chiero berichtet, daß er diese große Verantwortung übernommen und die Hand überallhin mitgenommen habe. Nach dem Ersten Weltkrieg hätten sich seltsame Dinge ereignet. Einst war die Hand so hart wie Ebenholz gewesen, aber nun wurde die Haut weich und begann Blut zu schwitzen. Mehr als 30 Jahre hatte Chiero die Hand rund um die Welt mit sich geführt. Doch das war zuviel. Er und seine Frau beschlossen, die Hand am Abend vor Allerheiligen 1922 zu verbrennen. Als die Flammen die Hand verzehrten, erschien eine schöne und elegante Prinzessin, Maketaton, komplett mit beiden Händen. Am nächsten Tag wurde das Grab Tutanchamuns entdeckt. (Chiero macht falsche Zeitangaben, aber das scheint seiner Geschichte nicht zu schaden.) Noch einmal erschien Chiero die Prinzessin, diesmal, um Lord Carnarvon zu warnen: Keine Schätze dürften aus Tutanchamuns Grab entfernt werden, andernfalls würde ihn der Tod noch in Ägypten ereilen.

Chiero veröffentlichte diese Geschichte des Fluches 1934 in *Real Life Stories*. Da er einer der bekanntesten Hellseher seiner Zeit war, hat seine Ausschmückung der Legende dazu beigetragen, daß sie am Leben blieb.

25 Carter / Mace 2: 82

26 Leek (1972) 5

27 Douglas E. Derry »Report on the Examination of Tutankhamen's Mummy«, in: Carter/Mace 2: 158 f.

28 Das Mumienversteck, das 1881 in Deir el-Bahari entdeckt wurde, hätte reichlich Auskunft über die altägyptischen Mumifizierungstechniken liefern können. Doch die Mumien gerieten in die zerstörerischen Hände hochangesehener Ägyptologen, die keine Ahnung hatten, worauf sie achten sollten, und die sich noch nicht einmal die Zeit zur genauen Dokumentation nahmen, als sie die Mumien auswickelten. Maspero war in Frankreich, als die Mumien von Theben nach Kairo transportiert wurden. Daher begann sein Assistent, Emil Brugsch, damit, die Mumien auszuwickeln. In seinem offiziellen Bericht kritisiert Maspero Brugsch scharf: »In den ersten Wochen nach ihrer Ankunft in Bulak konnte Herr Emil Brugsch sein Verlangen nicht unterdrücken, zum erstenmal in eines ihrer Gesichter zu blicken. Also öffnete er ohne Erlaubnis und während meiner Abwesenheit die Mumie Thutmosis' III.« (M. Maspero *Les momies royales de Deir el-Bahri.* Paris 1889, 525). Maspero selbst wartete mehrere Jahre, in denen er die Inschriften der Särge und die Beischriften der Mumien übersetzte, bis er die Mumien auswickelte. Doch als er damit begann, ging er wie ein Rasender vor und hastete von einer Mumie zur nächsten.

Auf Anordnung des Khediven (Vizekönigs) von Ägypten wurde am 1. Juni 1886 die Mumie Ramses' II. ausgewickelt. Anwesend waren unter anderen der Khedive, sein gesamter Ministerrat, verschiedene Ärzte, Archäologen und Künstler. Mit seinem Bericht versucht Maspero den Eindruck zu erwecken, daß alles wissenschaftlich und mit Sorgfalt durchgeführt worden sei. Er führt aus, daß jede Vermessung von zwei Anwesenden vorgenommen wurde, die anschließend von zwei anderen überprüft wurde (Maspero 525 f.). In Wirklichkeit war die Vorgehensweise ein Skandal. An diesem Tag wickelte Mapero *drei* Mumien aus, zwei Pharaonen und eine Königin. In der folgenden Woche wickelte Maspero wiederum an einem einzigen Tag die Mumien von Sethos I., Sekenenre Ta'a II. und Ahmose aus. In weniger als einem Monat, vom 9. Juni bis zum 1. Juli, wurden 21 Mumien von

Deir el-Bahari aus ihren Binden gewickelt. Man kann sich nur fragen, warum Maspero es so eilig hatte, aber so wurden Mumien damals nun mal behandelt. Daher sollte der Umgang mit der Mumie Tutanchamuns nicht überraschen.

Die meisten Königsmumien, die den Händen Masperos entgingen, wurden später von Grafton Elliot Smith ausgewickelt, einem erfahrenen Arzt. Doch auch er ging zu schnell vor. 1905 wickelte Smith neun Mumien aus ihren Binden, darunter Thutmosis IV., Ramses IV., Ramses V., Ramses VI., Siptah und Sethos II. Seine Notizen dazu sind äußerst kurz, für jeden Pharao nur eine oder zwei Seiten (G. S. Smith [1912]). Seine Beschreibungen liefern verschiedentlich Einblicke in die Mumifikationstechniken, etwa zur Lage des Baucheinschnitts, aber verschiedentlich ist er deutlich mehr an den königlichen Gesichtszügen interessiert als daran, wie die Pharaonen mumifiziert wurden.

VIII. Wenn Tote reden

1 Ruffer (1909) 11
2 Leek (1972) 23
3 Harrison u. a. (1979)
4 Die erste Röntgenaufnahme von einer eingewickelten Mumie hat 1898 Flinders Petrie veröffentlicht, und zwar als letzte Abbildung in seinem Grabungsbericht von Deschascheh, einer Grabungsstätte rund 130 Kilometer südlich von Kairo. Der entwickelte Film zeigte die Beinknochen einer Mumie durch die Binden hindurch. Petrie hatte erkannt, daß man auf Röntgenaufnahmen sehen konnte, was unter den Bandagen ist, ohne die Mumie auszuwickeln. Doch sein Beispiel machte keine Schule. Als 1922 Tutanchamuns Grab entdeckt wurde, hatte man erst eine einzige Königsmumie durchleuchtet. Es war die Thutmosis' IV., die von Elliot Smith und Howard Carter in einem Taxi vom Museum zu einer Klinik in Kairo, die ein Röntgengerät besaß, gebracht worden war.

5 R. G. Harrison »An Anatomical Examination of the Pharaonic Remains Purported to Be Akhenaten«, in: *Journal of Egyptian Archaeology* 52 (1966) 116
6 Harrison/Abdalla 10
7 Dennis Forbes »Abusing Pharaoh«, in: Frayling 291 f.
8 Harrison in: *Buried History* (1972), *The Lancet* v. 3. 2. 1972, Harrison/Abdalla
9 Moodie 23, Taf. 14
10 Ruffer (1921)
11 Zitiert bei Leek (1972) 7
12 Harris/Weeks
13 Harris/Wente 378
14 *Los Angeles Times* v. 17. 1. 1997
15 Reeves (1990) 118
16 Leek (1972) 17
17 Aldred (1988) 297
18 Brief an den Verfasser v. 1. April 1996
19 Dr. Michael R. Zimmerman, dem Direkor der Kliniklabors des Maimonides Medical Center, Brooklyn, New York, schulde ich meinen Dank für seine hilfreiche Beratung in dieser Angelegenheit.

IX. Die widerspenstige Witwe

1 Guterbock 47
2 Ebd. 94
3 Donald Redford hat vorgebracht, daß es sich um einen Schreibfehler handelt und daß Echnaton gemeint sei. Doch die Beweisführung kann nicht überzeugen. Zur Auseinandersetzung vgl. Shulman.
4 Federn
5 Martin (1991: *The Hidden…*) Taf. 41, Aldred (1961 *Development…*) Taf. 144
6 Guterbock 94 f.
7 Ebd. 96
8 Hepper 9 f.
9 Es gibt noch eine andere Theorie zur Sterbezeit Tutanchamuns. Im hethitischen Text heißt es: »Als aber die Ägypter von dem Angriff auf Amka hörten, fürchteten sie sich. Und

da überdies ihr Herr Nipchururia gestorben war, sandte die Königin von Ägypten [...] einen Boten zu meinem Vater [...]« Trevor R. Bryce meint, daß dieser Feldzug und der Tod Tutanchamuns zur gleichen Zeit stattgefunden haben. Das würde den Tod Tutanchamuns in eine andere Jahreszeit verlegen, denn wir wissen aus dem Bericht der Hethiter, daß die Belagerung im Frühherbst durchgeführt wurde. Bryces Chronologie sieht folgendermaßen aus: Ende August ist Tutanchamun gestorben. Im Oktober ist es zu Belagerung gekommen. Im November hat Anchesenamun ihren ersten Brief abgesendet. Bryce stimmt zu, daß die Bestattung im Frühling stattgefunden hat. Aber er geht davon aus, daß sie sechs Monate hinausgezögert wurde. In dieser Zeit habe Anchesenamun auf den Hethiterprinzen gewartet. Dies beruht jedoch auf der Annahme, daß sich der Feldzug nach Amka und der Tod Tutanchamuns zur gleichen Zeit ereignet haben. Es ist gut möglich, daß die Königin erst Monate später von der Amka-Geschichte erfahren hat oder vielleicht überhaupt nicht. Wie bereits gesagt, scheint ihre Furcht von dem »Diener« ausgegangen zu sein. Niemals erwähnt sie den Feldzug nach Amka. Es gibt auch keine zwingenden Gründe für die Annahme, die Bestattung Tutanchamuns sei hinausgezögert worden. Vielmehr hat die altägyptische Religion verlangt, daß der Körper 70 Tage nach dem Tod bestattet werde. Wahrscheinlicher ist, daß die Grabsträuße die besten Hinweise auf die Todeszeit liefern. Vgl. Bryce 99–105

10 Ebd. 96 f.
11 Ebd. 97 f.
12 Ebd. 98
13 Goetze 395
14 Reeves (1990) 72
15 Newberry (1907)
16 Die alten Ägypter spielten gerne mit Worten. Die Hieroglyphe für Skarabäus (Cheper)  bedeutet auch »existieren«. Wenn man also einen Skarabäus trug, war damit der Fortbestand des Lebens garantiert. Ein weiterer Grund, warum der Skarabäus, *Scarabaeus sacer,* im alten Ägypten besondere Beachtung fand, lag darin, daß man glaubte, er entstehe ohne geschlechtliche Vereinigung. Diese irrtümliche An-

nahme rührte daher, daß man diese Käfer sich niemals paaren sah. Tatsächlich legen die weiblichen Tiere ihre Eier nach der Befruchtung in kleinen Stückchen Dung ab, die sie zu Kugeln rollen. Wenn die Jungen schlüpfen, sind sie umgehend mit Nahrung versorgt. Da dies das einzige war, was die alten Ägypter von der Fortpflanzung der Pillendreher sahen, nahmen sie an, daß dieser Käfer so etwas wie der Gott Atum waren, der dem Mythos zufolge seine Kinder ohne einen weiblichen Partner hervorbrachte.

Skarabäen-Amulette wurden aus verschiedenen Materialien hergestellt, am häufigsten aus Fayence und Stein. Sie wurden mit einem Loch versehen, so daß man sie an einer Kette tragen konnte. Die Oberseite ist der Gestalt des Heiligen Pillendrehers nachgebildet, die Unterseite ist für gewöhnlich flach und trägt eine Inschrift. Häufig besteht diese nur aus dem Namen des Besitzers, so daß dessen Weiterleben gesichert ist. Skarabäen konnten aber auch als Siegel verwendet werden. Wenn jemand seinen Weinkrug versiegeln wollte, damit keiner seiner Diener den Wein probierte, dann konnte er die Krugöffnung mit Gips verschließen und in das frische Material die Unterseite seines Skarabäus drücken. War der Siegelabdruck einmal zerbrochen, konnte er nicht mehr unentdeckt ausgebessert werden.

17 Mein Dank gilt Diana Magee vom Griffith Institute, Ashmolean Museum, Oxford, die mir eine Fotokopie des Briefes Newberrys besorgt hat.

18 Newberry (1932)

19 Ich bedanke mich an dieser Stelle bei Dr. Dietrich Wildung und Dr. Hannelore Kischkewitz vom Ägyptischen Museum in Berlin für ihre freundliche Unterstützung, den Ring ausfindig und zugänglich gemacht zu haben.

20 Aldred (1973) 181

21 Giovanni Battista Belzoni *Narrative of the Operations and Recent Discoveries in Egypt and Nubia.* London 1820, 123 f.

22 Otto J. Schaden »The God's Father Aye«, in: *KMT: Amarna Letters II.* San Francisco 1992, 108

23 Ein Uschebti Ejes aus der Zeit, als er Tutanchamun diente, wurde am 17. Dezember 1997 bei Sotheby's in New York versteigert. Es gehört zu den schönsten Exemplaren seiner Art.

24 Schaden (1984) 39–64
25 In Amarna gibt es ein Grab für den Truppenkommandeur Paatenemheb. Wegen der Ähnlichkeit der Namen haben einige vermutet, daß es sich um Haremhabs Grab handele. Vgl. Desroches-Noblecourt 284
26 Martin (1991: *The Hidden...*) 52
27 Desroches-Noblecourt 276
28 Epigraphic Survey
29 Leprohon 66–73
30 Die Steinblöcke dieses Tempels sind heute zerstreut. Auf ihnen ist offenbar Tutanchamun im Kampf gegen Asiaten zu sehen – es sind die ältesten bekannten Kampfdarstellungen mit königlichem Streitwagen. Vgl. Johnson

Epilog

1 Reeves (1990) 96

Die ausstehende Überprüfung

1 Carter/Mace 3: 48
2 Brier/Wade 89–100
3 Diesen Hinweis verdanke ich Dr. Michael Perry, Chef der Abteilung für Röntgendiagnostik bei Verletzungen an der medizinischen Fakultät der Universität von Maryland.
4 Weeks 74 f.

Literaturhinweise

Ägyptisches Totenbuch. Übersetzt und kommentiert von Gregoire Kolpaktchy. München [3]1973. – Deutsche Übersetzung der magischen Formeln, die im alten Ägypten für die Unsterblichkeit notwendig waren.

Albright, William F. »The Egyptian Correspondence of Abimilki Prince of Tyre«, in: *Journal of Egyptian Archaeology* 23 (1937): 190–203. – Beschäftigt sich mit einer Gruppe der Amarnabriefe und beschreibt die Schwierigkeiten, sie zu übersetzen.

Aldred, Cyril *Akhenaten and Nefertiti.* New York 1973. – Katalog zur Ausstellung im Brooklyn Museum. Seltene Abbildungen mit ausgezeichneten Beschreibungen.

– *Akhenaten. King of Egypt.* London 1988. – Obwohl schon etwas veraltet, stammt es doch vom besten Kenner der Materie und ist nach wie vor das grundlegende Werk über Echnaton.

– »The Beginning of the El-Amarna Period«, in: *Journal of Egyptian Archaeology* 45 (1959): 19–33. – Der große Echnaton-Kenner beschreibt Echnatons frühe Jahre.

– *The Development of Ancient Egyptian Art.* London 1961. – Ein Buch über die Entwicklung der altägyptischen Kunst.

– »The End of the El-Amarna Period«, in: *Journal of Egyptian Archaeology* 43 (1957): 30–41. – Beschäftigt sich mit den Verwandtschaftsverhältnissen der Mitglieder des Hofes in der späten Amarnazeit.

– »The Tomb of Akhenaten at Thebes«, in: *Journal of Egyptian Archaeology* 47 (1961): 41–65. – Versucht die Vorgänge zu rekonstruieren, die dazu geführt haben, daß die Mumie und die Grabbeigaben in das Grab Nr. 55 kamen. Die Schlußfolgerung, daß es sich bei der Mumie um die Echnatons handele,

wurde gezogen, bevor die spätere Autopsie dies unwahrscheinlich erscheinen ließ.
- *Tutankhamen's Egypt.* New York 1972. – Ausgezeichnete allgemeinverständliche Darstellung der Regierungszeit Tutanchamuns.

Anthes, Rudolf *Tutankhamen Treasures.* Washington (D.C.) 1961. – Katalog der ersten Ausstellung der Schätze Tutanchamuns in den USA.

Arnold, Dorothea *The Royal Women of Amarna.* New York 1996. – Das Buch ist weit mehr als ein Katalog der Ausstellung im Metropolitan Museum of Art 1996–1997. Es enhält wichtige Aufsätze zu verschiedenen Aspekten des Lebens in Amarna und spricht zahlreiche Vermutungen über die Frauengestalten in Amarna aus. Ungewöhnliche Aufnahmen von Kunstgegenständen aus der Amarnazeit.

A Short Description of the Objects from the Tomb of Tutankhamen. Kairo 1927. – Einer der ersten Kataloge zur Ausstellung der Grabbeigaben Tutanchamuns im Ägyptischen Museum in Kairo.

Baikie, James *The Amarna Age.* New York 1926. – Zu seiner Zeit eine gute Darstellung, aber jetzt veraltet.

Baines, John *Stone Vessels, Pottery and Sealings from the Tomb of Tut'Ankhamen.* Oxford 1993. – Ein aufschlußreiches Buch mit einem interessanten Kapitel über das Nekropolensiegel, mit dem das Grab nach der Plünderung neu versiegelt wurde.

Baly, T. J. C. »Notes on the Ritual of Opening of the Mouth«, in: *Journal of Egyptian Archaeology* 16 (1930): 173–186. – Einzelheiten des Rituals, das wahrscheinlich am Tag der Bestattung Tutanchamuns durchgeführt wurde.

Beinlich, Horst, u. Mohamed Saleh *Corpus der Hieroglypheninschriften aus dem Grab Tutankhamuns.* Oxford 1989. – Abschriften aller Hieroglypheninschriften im Grab Tutanchamuns. Keine Übersetzungen, nur für Ägyptologen.

Bell, Martha R. »An Armchair Excavation of KV 55«, in: *Journal of the American Research Center in Egypt* 28 (1990): 97–137. – Ein faszinierender Versuch, die ursprüngliche Anordnung der Gegenstände im Grab zu rekonstruieren. Sorgfältige Detektivarbeit.

Bennett, John »The Restoration Inscription of Tut'Ankhamen«, in: *Journal of Egyptian Archaeology* 25 (1939): 8–15. – Vollständige Übersetzung des Versprechens Tutanchamuns, die Ordnung in Ägypten wiederherzustellen.

Bille-de Mot, Eleanore *The Age of Akhenaten.* New York 1906. – Leichtverständliche Darstellung der Revolution von Amarna mit einigen ungewöhnlichen Abbildungen.

Bosse-Griffiths, Kate »Finds from 'The tomb of Queen Tiye' in the Swansea Museum«, in: *Journal of Egyptian Archaeology* 47 (1961): 66–70. – Führt vor, wie nachlässig die Ausgräber von Grab Nr. 55 vorgegangen sind.

Bourn, G. P. F. van den *The Duties of the Vizier.* London 1988. – Liefert eine Vorstellung von dem Einfluß Ejes, des Wesirs Tutanchamuns.

Brackman, Arnold C. *The Search for the Gold of Tutankhamen.* New York 1976. – Populäre Darstellung mit einigen ungewöhnlichen Informationen.

Bratton, F. Gladstone *The Heretic Pharao.* London 1962. – Populäre Darstellung aus biblischer Sicht.

Breasted, James Henry *Ancient Records of Egypt.* Chicago 1906/07. – Breasteds Übersetzungen der Hieroglypheninschriften an den Monumenten Ägyptens zeigen, wie wenig man vor der Entdeckung seines Grabes von Tutanchamun wußte.

– *The Edwin Smith Surgical Papyrus.* Chicago 1930. – Englische Übersetzung des einzigen medizinischen Papyrus aus dem alten Ägypten, der sich mit Verletzungen, insbesonderes des Kopfes, befaßt.

– *A History of Egypt.* New York 1919, 1924 (zuerst 1905) (dtsch. *Geschichte Ägyptens*). – Führt vor Augen, wie wenig vor der Entdeckung seines Grabes von Tutanchamun bekannt war.

Brier, Bob *Egyptian Mummies.* New York 1994

– u. Ronald S. Wade »The Use of Natron in Human Mummification – A Modern Experiment«, in: *Zeitschrift für ägyptische Sprache und Altertumskunde* 124, Nr. 2 (1997). – Experimentelle Ägyptologie: Einbalsamierungstechniken.

Bristone, E. S. G. *Naphuria. The History of the True Akhenaten.* London 1936. – Fußend auf den Amarnabriefen, wird hier die ausgefallene Theorie aufgestellt, Echnatons Großvater sei der Pharao des Auszugs gewesen.

Brothwell, Don, u. A. T. Sandison *Diseases in Antiquity.* Springfield 1967. – Wichtiger Überblick über Krankheiten und Verletzungen im Altertum. Etwas veraltet, aber immer noch brauchbar.

Bryce, Trevor R. »The Death of Niphururiya and Its Aftermath«, in: *Journal of Egyptian Archaeology* 76 (1990): 97–105. – Beschäftigt sich mit Anchesenamuns Brief an den König der Hethiter.

Budge, E. A. Wallis *The Book of the Opening of the Mouth.* 1909. Nachdruck New York 1972. – Ausführliche Beschreibung des Rituals, das an Tutanchamun am Tag seiner Bestattung vollzogen worden sein muß. Etwas veraltete Übersetzungen ins Englische.

– *Tutankhamen, Atenism, and Egyptian Monotheism.* New York o. J. – Nachdruck eines Werks des exzentrischen ehemaligen Kustos der ägyptischen und der assyrischen Altertümer des Britischen Museums in London. Veraltet, aber die Ausführungen über den Atonkult sind nach wie vor interessant.

Burridge, Alwyn L.»Akhenaten. A New Perspective«, in: *The Society for the Study of Egyptian Antiquities Journal* 23 (1993): 63–74. – Der erste gedruckte Hinweis, daß Echnaton am Marfan-Syndrom gelitten haben könnte. Einige Symptome sind hier nicht ganz richtig beschrieben.

Carter, Howard »Report on the Robbery of the Tomb of Amenothes II.«, in: *Annales du Service des Antiquités de l'Egypte* 3 (1902): 115–121. – Carter entwickelt detektivische Fähigkeiten, als er die modernen Eindringlinge in das Grab Amenophis' II. ausfindig macht.

– *The Tomb of Tutankhamen. Statement.* Brockton (Mass.) 1997. – Nachdruck der Dokumentation von 1924, die Carter privat in Umlauf setzte, kurz bevor ihn die ägyptische Regierung aus dem Grab Tutanchamuns ausschloß. Ein faszinierender Blick in die politischen Verstrickungen der damaligen Archäologie.

– u. A. C. Mace *The Tomb of Tutankhamen.* 3 Bde. 1923–1933. Nachdruck New York 1963. – Carter beschreibt hier seine Freilegung des Grabes. Eine fesselnde Lektüre.

Carter, Michael *Tutankhamen the Golden Monarch.* New York 1972. – Populär, nicht ganz ohne Effekthascherei.

Cerny, Jaroslav *Hieratic Inscriptions from the Tomb of Tut'Ankhamun.* Oxford 1965. – Englische Übersetzungen der Inschriften in der Kursivform der altägyptischen Schrift. Enthält Listen der Objekte, die in den verschiedenen Behältnissen gefunden wurden.

Christie, Agatha *Akhenaton.* New York 1973. – Ein Dreiakter über Echnaton und Nofretete.

Chubb, Mary *Nefertiti Lived Here.* London 1954. – Köstlicher Bericht über das Leben der Ausgräber in Amarna.

Clayton, Peter A. *Chronicles of the Pharaohs.* London 1995. – Ein brauchbares Nachschlagewerk, das kurz die Regierungszeiten aller Pharaonen beschreibt.

Collier Joy *The Heretic Pharaoh.* New York 1970. – Eine gemeinverständliche Darstellung, die sich auf die Möglichkeit konzentriert, daß es eine Verbindung zwischen Echnaton und Moses gegeben hat.

Connolly, R. C. »Microdetermination of Blood Group Substances in Ancient Human Tissue«, in: *Nature* 224: 325. – Die Technik, mit der die enge Verwandtschaft zwischen Tutanchamun und der Mumie in Grab Nr. 55 festgestellt wurde.

Cottrell, Leonardo *The Secrets of Tutankhamen's Tomb.* Greenwich (Conn.) 1964. – Ein Jugendbuch.

Darby, William J., u. a. *Food the Gift of Osiris.* London 1977. – Ausführliche Darstellung der Ernährung und der Eßgewohnheiten im alten Ägypten.

David, A. Rosalie, u. E. Anthony *A Biographical Dictionary of Ancient Egypt.* London 1992. – Kurzviten einiger wichtiger Personen der Zeit Tutanchamuns.

Davies, Norman de Garis *The Rock Tombs of Amarna.* Teil 1. London 1903. – Der erste Band der Buchserie Norman de Garis Davies' über die Gräber von Amarna. Dieser Band beschäftigt sich mit dem Grab des Hohenpriesters Merire.

– *The Rock Cut Tombs of Amarna.* Teil 2. London 1905. – Hier sind die Gräber Panehesis und Merires II. beschrieben.

– *The Rock Cut Tombs of Amarna.* Teil 3. London 1905. – Die Gräber Hujas, des Haushofmeisters Königin Tejes, und Ahmes', eines weiteren hohen Hofbeamten.

– *The Rock Cut Tombs of Amarna.* Teil 4. London 1906. – Beschreibung der Gräber einiger Hofbeamter.
– *The Rock Cut Tombs of Amarna.* Teil 5. London 1907. – Ausführliche Beschreibung des Grabes von Eje mit dem großen Aton-Hymnus.
– *The Rock Cut Tombs of Amarna.* Teil 6. London 1908. – Der letzte Band der Serie über die Gräber von Amarna.
– u. A. H. Gardiner *The Tomb of Huy, Viceroy of Nubia in the Reign of Tutankhamen.* London 1926. – Beschreibung eines der wenigen Monumente aus der Regierungszeit Tutanchamuns.

Davis, Theodore M. *The Tomb of Queen Tiye.* 1910. Nachdruck San Francisco 1990. – Bericht über das berühmte Grab Nr. 55. Entgegen der offenkundigen Beweislage veröffentlichte Davis das Grab als das Königin Tejes. Der Nachdruck hat eine vorzügliche Einleitung von Nicholas Reeves, dem Tutanchamun-Experten.
– *The Tombs of Harmhabi and Touatankhamanou.* London 1912. – Davis' irrtümliche Annahme, er habe das Grab Tutanchamuns gefunden, veranlaßte ihn zu der Bemerkung: »Im Tal der Könige gibt es nun nichts mehr zu entdecken.«

Description de l'Egypte. Bd. 1. Paris 1812. – Zeichnungen und Karten der Künstler, die Napoleon 1798 auf der ägyptischen Expedition begleitet haben.

Desroches-Noblecourt, Christiane *Tutankhamen.* New York 1963. – Wahrscheinlich das populärste Buch über Tutanchamun. Der Autorin, einer Ägyptologin, ist es gelungen, diese Zeit vor unseren Augen wieder lebendig werden zu lassen. Das Buch enthält nur wenige Spekulationen.

Devi, Savitri *A Son of God.* London 1946. – Ein interessanter Beitrag über die Religion Echnatons, geschrieben von einem modernen Bewunderer; darin enthalten sind Briefe Aldous Huxleys über die Religion von Amarna.
– *Son of the Sun.* San José (Calif.) 1956. – Erweiterte Ausgabe des eben genannten Titels.

Diodori bibliotheca historica. Bd. 1. Stuttgart 1985 – Bericht eines antiken Ägyptenreisenden.

Dobson, Jessie »A Curator's Curiosity«, in: *Annals of the Royal College of Surgeons of England* (1959): 331–337. – Über einen überlangen Schädel aus Ägypten, der den Köpfen der Familie Echnatons ähnlich sieht.

Dodson, Aidan *The Canopic Equipment of the Kings of Egypt.* London 1994. – Enthält eine ausführliche Beschreibung des zerbrochenen Sarkophags und des Kanopenschreins Echnatons.

Drower, Margaret S. *Flinders Petrie. A Life in Archaeology.* London 1985. – Ein farbiges Lebensbild eines der Pioniere der Ägyptologie.

Drury, Allen *A God Against the Gods.* New York 1976. – Historischer Roman über Echnaton und Nofretete.

– *Return to Thebes.* New York 1977. – Im Anschluß an den zuvor genannten Titel beschäftigt sich dieses Buch mit der Regierungszeit Tutanchamuns.

Eaton-Krauss, M. *The Sarcophagus in the Tomb of Tutankamen.* Oxford 1993. – Die ausführliche und wichtige Untersuchung ergibt, daß der Sarkophag mindestens einmal vor der Bestattung Tutanchamuns verändert worden ist.

– *The Small Golden Shrine from the Tomb of Tutankhamen.* Oxford 1985. – Großartige und ausführliche Beschreibung der Szenen mit Anchesenamun und Tutanchamun auf dem Statuettenschrein.

Edwards, I. E. S. *The Treasures of Tutankhamen.* New York 1972. – Katalog zur Wanderausstellung der Grabschätze Tutanchamuns.

– u.a. *The Cambridge Ancient History.* Bd. 2, Teile 1–2. Cambridge 1973–1975. – Ein großes Nachschlagewerk; diese Teile befassen sich mit der Zeit von Amarna.

Edwards, Margaret Dulles *Child of the Sun.* Boston 1939. – Das Jugendbuch schildert den Monotheismus Echnatons in leichtverständlichen Worten.

Elerick, Daniel V., u. Rose A. Tyson *Human Paleopathology and Related Subjects.* San Diego 1997. – Bibliographie mit Tausenden von Literaturhinweisen (Bücher und Artikel) zu Krankheiten und Verletzungen im Altertum.

El-Khouly, Aly, u. Geoffrey Thorndike Martin *Excavations in the Royal Necropolis at El'Amarna 1984.* Kairo 1987. – Untersuchung zweier Gräber im Seitental nahe Echnatons Grab. Eines könnte für Tutanchamun bestimmt gewesen sein, als er in Amarna König wurde.

El-Najjar, Mahmoud, u. K. Richard McWilliams *Anthropology.* Springfield 1978. – Was die Gebeine alles über jemanden verraten, der schon seit langem tot ist.

Epigraphic Survey *The Festival Procession of Opet in the Colonnade Hall.* Chicago 1994. – Vollständige Veröffentlichung des Wandschmucks Tutanchamuns im Luxor-Tempel; er wurde später von Haremhab usurpiert.

Fairman, H. W. »Once Again the So-Called Coffin of Akhenaten«, in: *Journal of Egyptian Archaeology* 47 (1961): 25–40. – Versucht die Identität der Mumie aus Grab Nr. 55 anhand der Inschriften des Sarges zu bestimmen.

Fazzini, Richard *Tutankhamen and the African Heritage.* New York 1978. – Die Broschüre erörtert die Beziehung Ägyptens zu Nubien in der 18. Dynastie.

Federn, Walter »Dahamunzu (Kbo V 6 iii 8)«, in: *Journal of Cuneiform Studies* 14 (1960): 33. – Erklärt die Bezeichnung der Hethiter für Anchesenamun.

Forbes, Dennis »A New Take on Tut's Parents«, in: *KMT* 8, Nr. 3 (1997): 85 ff. – Erörtert die Möglichkeit, daß Semenchkare und Meritaton die Eltern Tutanchamuns waren.

Ford, John *Tutankhamen's Treasures.* Secaucus (N.J.) 1978. – Überwiegend Abbildungen.

Fox, Penelope *Tutankhamen's Treasure.* London 1951. – Ergiebige Erörterung der Gegenstände, die im Grab Tutanchamuns gefunden wurden.

Frankfort, H. »Preliminary Report on the Excavations at El'Amarnah, 1918–19«, in: *Journal of Egyptian Archaeology* 15 (1929): 143–149. – Frühe Ausgrabung der nördlichen Vorstädte mit Grundrissen der Häuser.

– »Preliminary Report on the Excavations at Tel el Amarnah, 1926–1927«, in: *Journal of Egyptian Archaeology* 13 (1927): 209–218. – Einige aufsehenerregende Fotografien der Fundstücke aus dem Haus des Panehesi und dem Atontempel.

– (Hg.) *The Mural Painting of El-'Amarnah.* London 1929. – Sehr schöne Reproduktionen der Bilder aus Amarna.

– u. J. D. S. Pendlebury *The City of Akhenaten.* Teil 2. London 1933. – Dieser Bericht von der Ausgrabung der nördlichen Vorstadt enthält Karten und Grundrisse der Häuser, ebenso Fotos der Fundstücke.

Frayling, Christopher *The Face of Tutankhamun.* London 1992. – Fußt auf der fünfteiligen BBC-Fernsehserie und enthält interessantes Material zur Tutanchamun-Manie.

Freud, Sigmund »Der Mann Moses und die monotheistische Religion«, in: Sigmund Freud *Gesammelte Werke.* Bd. 16: 104–246. Frankfurt a. M. 1950. – Freuds Theorie, Moses habe den Monotheismus von Echnaton übernommen. Ziemlich spekulativ – Freud hatte von der Ägyptologie wenig Ahnung.

Gans, Raymonde de *Tutankhamen.* Genf 1978. – Allgemeine gut verständliche Darstellung des Lebens und der Zeit Tutanchamuns.

Gardiner, Alan »The So-Called Tomb of Queen Tiye«, in: *Journal of Egyptian Archaeology* 43 (1957): 10–15. – Der führende Übersetzer seiner Zeit analysiert die Inschriften auf dem Sarg aus Grab Nr. 55 und kommt zu dem Schluß, daß es sich bei der Mumie um die Semenchkares handelt.

Goetze, Albrecht »Palace Prayers of Mursilis«, in: James B. Prichard (Hg.) *Ancient Near Eastern Texts.* Princeton 1955. – Englische Übertragungen antiker Texte aus dem Vorderen Orient, darunter einige, die sich auf die Zeit nach dem Tod Tutanchamuns beziehen.

Green, L. »A 'Lost Queen' of Ancient Egypt…«, in: *KMT,* Winter 1990/1991: 23–67. – Aufschlußreicher Artikel über Anchesenamun.

– »The Origins of the Giant Lyre and Asiatic Influences of the Cult of the Aten«, in: *The Society for the Study of Egyptian Antiquities Journal* 23 (1993): 56–62. – Zwei Musikanten, die auf einem Grabrelief in Amarna eine Riesenleier spielen, stammten aus Vorderasien.

Guterbock, Hans Gustav »The Deeds of Suppiluliuma as Told by His Son Mursili II.«, in: *Journal of Cuneiform Studies* 10 (1965): 75–98. – Die endgültige Studie über Anchesenamuns Brief an den König der Hethiter.

Harris, James E., u. Kent R. Weeks *X-raying the Pharaohs.* New York 1973. – Bahnbrechende Studie darüber, was wir beim Durchleuchten von Mumien erfahren können.

Harris, James E., u. Edward F. Wente (Hg.) *An X-ray Atlas of the Royal Mummies.* Chicago 1980. – Geht der Frage nach den Verwandtschaftsbeziehungen zwischen den königlichen Mumien mit Hilfe von Röntgenaufnahmen nach. Enthält zwei Röntgenaufnahmen des Schädels Tutanchamuns.

Harrison, R. G. »An Anatomical Examination of the Pharaonic Remains Purported to Be Akhenaten«, in: *Journal of Egyptian Archaeology* 55 (1969): 325 f. – Belegt, daß nach den Blutgruppen Tutanchamun und Semenchkare Brüder gewesen sein könnten.

– »Post Mortem on Two Pharaohs«, in: *Buried History* (1972): 18–25. – Hier erklärt Harrison, daß Tutanchamun infolge eines Schlages mit einem stumpfen Gegenstand auf den Hinterkopf gestorben sein könnte.

– »Tutankhamen's Postmortem«, in: *The Lancet* v. 3. Februar 1972: 259. – Der einzige Experte, der in moderner Zeit eine Untersuchung der Mumie Tutanchamuns vorgenommen hat, schreibt hier, daß er keine Symptome für ein Klinefelter-Syndrom oder Wilson-Krankheit feststellen konnte, die einige Ärzte in Erwägung gezogen hatten.

– u. a. »A Mummified Foetus from the Tomb of Tutankhamen«, in: *Antiquity* 53 (1979): 19 ff. – Die Röntgenaufnahme eines der kleinen Feten hat ergeben, daß das Mädchen deformiert gewesen wäre, wäre es lebend auf die Welt gekommen.

– u. A. B. Abdalla »The Remains of Tutankhamen«, in: *Antiquity* 46 (1972): 8–14. – Dies ist die ausführlichste Publikation der Untersuchung von Tutanchamuns Mumie, aber sie ist nur ein vorläufiger Bericht.

Hayes, William *The Scepter of Egypt.* Bd. 2. New York 1959. – Katalog des Metropolitan Museum of Art, enthält ausführliche Beschreibungen der Gegenstände, die beim Leichenmahl für Tutanchamun außerhalb des Grabes verwendet wurden.

Hepper, Nigel F. *Pharaoh's Flowers.* London 1990. – Ausführliche und fesselnde Analyse der Pflanzenarten, die im Grab Tutanchamuns gefunden wurden. Entscheidend für die Feststellung des Todesjahres.

Iscan, Mehmet Yasar *Age Markers in the Human Skeleton.* Springfield 1989. – Wie Anthropologen anhand von Knochen das Lebensalter eines Menschen bestimmen, in dem er gestorben ist.

James, T. G. H. *Howard Carter. The Path to Tutankhamun.* London 1992. – Die endgültige Carter-Biographie.

Janssen, Paul A. *Paleopathology.* London 1970. – Ein älteres, aber immer noch brauchbares Werk über Krankheiten und Verletzungen im Altertum.

Johnson, William Raymond *An Asiatic Battle Scene of Tutankhamen from Thebes.* Dissertation 1992 (Ann Arbor: UMI Dissertation Services). – Die Doktorarbeit eines Fachmannes für reliefierte Tempelsteinblöcke. Blöcke vom Totentempel Tutanchamuns zeigen den jungen Pharao in der Schlacht.

Jones, Dilwyn *Model Boats from the Tomb of Tutankhamen.* Oxford 1990. – Eine kurze Schilderung der Modellboote und der Segelschiffahrt im alten Ägypten.

Kemp, Barry J. »The Window of Appearences at El-Amarna, and the Basic Structure of this City«, in: *Journal of Egyptian Archaeology* 62 (1976): 81–99. – Der Ausgräber liefert einen Überblick über die Stadt Amarna und beschreibt ausführlich das »Fenster der Erscheinung«.

– u. a. *Amarna Reports* Bd. 1. London 1984. – Der Autor ist der Ausgräber Amarnas. Mit diesem Band beginnt eine bedeutende Reihe mit der Veröffentlichung seiner Funde.

– *Amarna Reports* Bd. 2. London 1985, – Die Arbeitersiedlung von Amarna: genaue wissenschaftliche Analysen von Faser- und pflanzlichen Stoffen.

– *Amarna Reports* Bd. 3. London 1986. – Die Arbeitersiedlung: Töpferwaren und Alabasterlagerstätten.

– *Amarna Reports* Bd. 4. London 1987. – Ausgrabung der Arbeitersiedlung und Beschreibung der Töpferware, die in der eigentlichen Stadt gefunden wurde.

– *Amarna Reports* Bd. 5. London 1989. – Ausgrabung der Stadt und Beschreibung der dort gefundenen Töpferware; aufschlußreicher Exkurs über Getreide und Brotbacken.

– *Amarna Reports* Bd. 6. London 1995. – Ausgrabung eines Privathauses in Amarna und des kleinen Aton-Tempels.

– u. Salvatore Garfi *A Survey of the Ancient City of El-'Amarna.* London 1993. – Genaue Karten und Pläne der Stadt, in der Tutanchamun geboren worden ist.

KMT: Amarna Letters. 3 Bde. San Francisco 1991–1994. – Von Wissenschaftlern für ein breites Publikum verfaßt, bieten diese drei Bände reichhaltiges und gut lesbares Material zu allen Aspekten der Amarnaperiode.

KMT: A Modern Journal of Ancient Egypt. Sommer 1991. – Diese Sonderausgabe des populären Magazins über Ägyptologie beschäftigt sich mit Echnaton.

Kolos, Daniel, u. Hany Assad *The Name of the Dead.* Ontario 1979. – Hieroglypheninschriften von einigen Stücken aus dem Grab Tutanchamuns und ihre Übersetzung ins Englische. Gedacht für den Anfänger des Studiums der Hieroglyphen, bietet das Buch trotz einiger Fehler doch einen guten Einstieg in die Materie.

Kozloff, Arielle, u. Betsy M. Bryan *Egypt's Dazzling Sun.* Cleveland 1992. – Katalog zu einer größeren Ausstellung über Amenophis III., den Großvater Tutanchamuns.

Leek, F. Filce »How Old Was Tutankhamen?«, in: *Journal of Egyptian Archaeology* 63 (1977): 112–115. – Hier wird die Ansicht vertreten, Tutanchamun sei bei seinem Tod erst 16 Jahr alt gewesen.

– *The Human Remains from the Tomb of Tut'Ankhamen.* Oxford 1972. – Beschreibung der Mumie Tutanchamuns und der beiden Feten. Ganz aufschlußreich, vor allem die Zitate aus Carters Tagebuch. Allerdings konnte Leek die beiden Feten nicht ausfindig machen und mußte sich auf frühere Untersuchungen verlassen. Bei der Mumie Tutanchamuns fußt er hauptsächlich auf der Untersuchung Derrys aus dem Jahr 1925 und berücksichtigt kaum spätere wichtige Arbeiten.

Leprohon, Ronald J. »A Vision Collapsed. Akhenaten's Reforms Viewed Through Decrees of Later Reigns«, in: *KMT: Amarna Letters.* San Francisco 1991. – Analyse von Texten aus der Zeit nach der Revolution Echnatons.

Lesko, Leonard H. *King Tut's Wine Cellar.* Berkeley 1977. – Ein köstlicher Beitrag eines anerkannten Ägyptologen, der sich seine eigene Meinung über den Wein gebildet hat, der in Tutanchamuns Grab gefunden wurde.

Lichtheim, Miriam *Ancient Egyptian Literature.* Bd. 2. Berkeley 1976. – Englische Übertragungen altägyptischer Literaturzeugnisse liefern Einblicke in die Gedankenwelt des alten Ägyptens.

Littauer, M. B., u. J. H. Crouwell *Chariots and Related Equipment from the Tomb of Tutankhamen.* Oxford 1985. – Die Beschreibung der sechs Streitwagen aus dem Grab Tutanchamuns ist dermaßen detailliert, daß man nach den Schemazeichnungen einen Nachbau konstruieren könnte.

Mace, Arthur C. »The Egyptian Expedition«, in: *Bulletin of the Metropolitan Museum of Art.* New York 1922–1923.

MacQuitty, William *Tutankhamen's Last Journey.* New York 1978. – Für die Erörterung des Todes und der Bestattung Tutanchamuns wichtiges Fotomaterial.

McKusik, Victor A. »The Defect in Marfan Syndrome«, in: *Nature* 352 (25. Juli 1991). – Wissenschaftliche Beschreibung des Marfan-Syndroms.

McLeod, W. *Composite Bows from the Tomb of Tut'Ankhamun.* Oxford 1970. – Die Bogenausrüstung mit Pfeilen, Köchern etc. aus dem Grab.

– *Self Bows and Other Archery Tackle from the Tomb of Tut'Ankhamen.* Oxford 1982. – Die Bogenausrüstung mit Pfeilen, Köchern etc. aus dem Grab.

Majno, Guido *The Healing Hand.* Cambridge (Mass.) 1977. – Packende Darstellung der Medizin des Altertums.

Manniche, Lise *Musical Instruments from the Tomb of Tut'Ankhamen.* Oxford 1976. – Kurze Beschreibung von Klappern, Sistren und Trompeten aus dem Grab.

Martin, Geoffrey Thorndike *A Bibliography of the Amarna Period and its Aftermath.* London 1991. – Unentbehrliche Auflistung der meisten Artikel und Bücher zum Thema.

– »Excavations at the Memphite Tomb of Horemheb«, in: *Journal of Egyptian Archaeology* 62–65 (1975–1979). – Diese Reihe

von Grabungsberichten stellt die Funde vor, die jedes Jahr im Grab des Generals Tutanchamuns gemacht wurden.
– *The Hidden Tombs of Memphis.* London 1991. – Enthält Beschreibungen der Gräber General Haremhabs und Majas, des Schatzmeisters Tutanchamuns. Aufschlußreiche Informationen über die Männer in der Umgebung des Kindkönigs.
– *The Royal Tomb at El Amarna.* Bd. 1. London 1974. – Beschreibung der Funde im Grab Echnatons im abgelegenen Tal weit außerhalb von Amarna.
– *The Royal Tomb of El Amarna.* Bd. 2. London 1989. – Ausführliche Beschreibung des Grabes Echnatons: Architektur und Reliefs. Martin vermutet, daß eine Szene die Geburt Tutanchamuns zeigt.
– »The Tomb of Horemheb, Commander in Chief of Tutankhamen«, in: *Archaeology* 31 (1978): 14–23. – Populäre Beschreibung des Grabes.
Meltzer, Edmund S. »The Parentage of Tut'Ankhamen and Semenkhkare«, in: *Journal of Egyptian Archaeology* 64 (1978): 174 f. – Erklärt, warum Echnaton der Vater Tutanchamuns gewesen sein könnte.
Mercer, Samuel A. B. *The Tell El-Amarna Tablets.* Toronto 1939. – Sammlung, englische Übersetzung und kurze Erläuterung der Amarnabriefe.
Merezhkovsky, Dmitri *Akhenaten.* New York 1927. – Früher Roman, übersetzt aus dem Russischen ins Englische. *Sehr* veraltet.
Montague, Jeremy »One of Tutankhamen's Trumpets«, in: *Journal of Egyptian Archaeology* 64 (1978): 133 f. – Beschreibt die Bauweise und die Benutzung der Bronzetrompete aus Tutanchamuns Grab. Die Trompete aus Silber zersprang, als sie 1939 in einer Rundfunksendung der BBC gespielt wurde.
Moodie, Roy L. *Roentgenologic Studies of Egyptian and Peruvian Mummies.* Chicago 1931. – Bahnbrechende Arbeit über den Einsatz von Röntgenstrahlen bei der Untersuchung von Mumien.
Moran, William L. *The Amarna Letters.* Baltimore 1982. – Die jüngste maßgebende Übersetzung der Amarnabriefe ins Englische.

Müller, Hans Wolfgang, u. a. *Nofretete, Echnaton.* Berlin 1976. – Ausstellungskatalog. Fotografische Aufnahmen von Stücken, die sonst kaum zu sehen sind.

Murnane, William J., u. Charles C. van Siclen III. *The Boundary Stelae of Akhenaten.* London 1993. – Das beste Werk zum Thema.

Murray, Helen, u. Mary Nuttall *A Handlist to Howard Carter's Catalogue of Objects in Tut'Ankhamen's Tomb.* Oxford 1963. – Ein ganz wichtiges Nachschlagewerk. Carter beschrieb jeden Gegenstand des Grabes auf Karteikarten. Diese Karten kamen ins Griffith Institute (Oxford). Und dieses Werk ist das Register dazu.

Nahas, Bishara *The Life and Times of Tut-Ankh-Amen.* New York 1923. – Eines der ersten populären Bücher, die nach der Entdeckung des Grabes veröffentlicht wurden. Veraltet. Mehr Phantasie des Autors als Historie.

Newberry, Percy E. »Akhenaten's Eldest Son-in-Law, 'Ankhkheprure«, in: *Journal of Egyptian Archaeology* 14 (1928): 3–9. – Ein früher Beitrag zu Semenchkare.

– »King Ay, The Successor of Tut'Ankhamen«, in: *Journal of Egyptian Archaeology* 18 (1932): 50 ff. – Erste Veröffentlichung des Rings, der anzeigt, daß Eje Tutanchamuns Witwe geheiratet hat.

– *Scarab-shaped Seals.* London 1907. – Eine grundlegende Arbeit über altägyptische Skarabäen.

Paulshock, Bernadine Z. »Tutankhamen and His Brothers«, in: *Journal of the American Medical Association* 244, Nr. 2 (1980): 160–164. – Ein Arzt schließt aus den Statuen Tutanchamuns mit Brüsten, daß er und Mitglieder seiner Familie an Gynäkomastie gelitten hätten: durch hormonelle Störungen verursachte Vermehrung des Brustdrüsengewebes oder Fettablagerungen in der Brustdrüse.

Peet, T. Eric, u. C. Leonard Wooley *The City of Akhenaten.* Teil 1. London 1923. – Wichtiger und ausführlicher Grabungsbericht über Amarna mit vielen Fotografien von Mauern, die heute verschwunden sind, und Fundstücken.

Pendlebury, J. D. S. *The City of Akhenaten.* Teil 3. London 1951. – Der Band beschreibt das Stadtzentrum Amarnas mit dem Palast, Polizeigarnisonen und dem Staatsarchiv.

Petrie, William Flinders *Seventy Years of Archaeology.* New York 1932. – Spannende Lebenserinnerungen des Gründers der modernen Ägyptologie, darin vieles über seine Grabungen in Amarna.

– *Tel el Amarna.* 1894. Reprint London 1974. – Petries Grabungen in Amarna.

Phillips the Egyptian *Tutankhamen's Victims in America.* Los Angeles 1977. – Wirr und falsch.

Piankoff, Alexandre *The Shrines of Tut-Ankh-Amon.* New York 1962. – Ein Buch über die Schreine, die den Sarkophag, die Särge und die Mumie Tutanchamuns umgaben. Eine gründliche und bedeutende Analyse ihrer religiösen Texte.

Pococke, Richard *A Description of the East.* Bd. 1. London 1843. – Einer der frühen Reiseberichte; hier ist die erste Karte vom Tal der Könige abgedruckt.

Pyeritz, Reed E., u. Cheryll Gasner *The Marfan Syndrome.* Port Washington (N.Y.) 1994. – Beschreibung des genetischen Defektes mit Namen Marfan-Syndrom.

Redford, Donald *The Akhenaten Temple Project.* Bd. 3. Toronto 1994. – Beschreibung der Keramikscherben, die bei der Ausgrabung der Tempel Echnatons in Karnak zum Vorschein kamen.

– *Akhenaten. The Heretic King.* Princeton: 1984. – Bedeutendes Werk des Ausgräbers der Tempel Echnatons in Karnak. Im Laufe seiner Arbeit nahm seine Abneigung gegen den Ketzerkönig zu.

– »Some Observations on 'Amarna Chronology'«, in: *Journal of Egyptian Archaeology* 45 (1959): 34–37. – Der Ausgräber der Tempel Echnatons in Karnak beschäftigt sich hier mit der verworrenen Regierungszeit Echnatons.

– u. a. *The Akhenaten Temple Project.* Bd. 2. Toronto 1988. – Vor allem Inschriften und Szenen, die sich auf Ausländer beziehen.

Redford, Susan u. Donald *The Akhenaten Temple Project*. Bd. 4. Toronto 1994. – Grab eines königlichen Herolds aus der Zeit, kurz bevor Echnaton König wurde.

Reeves, C. N. *After Tut'Ankhamen*. London 1992. – Sammelband mit Aufsätzen zu wissenschaftlichen Arbeiten im Tal der Könige aus der Zeit nach der Entdeckung des Grabes Tutanchamuns.

– *The Complete Tutankhamen*. London 1990. – Ein unentbehrliches Nachschlagewerk zu allem, was mit Tutanchamun zu tun hat: Leben, Ausgräber, Grabbeigaben. Zahlreiche Abbildungen und Zeichnungen.

– »Reappraisal of Tomb 55 in the Valley of the Kings«, in: *Journal of Egyptian Archaeology* 67 (1981): 48–55. – Wer wurde in Grab Nr. 55 bestattet? Der Autor äußert den Verdacht, die Mumie könnte insgeheim ausgetauscht worden sein, nachdem sie nach Kairo gesandt worden war.

– u. John H. Taylor *Howard Carter Before Tutankhamun*. London 1992. – Katalog zur Ausstellung des Britischen Museums über das Leben Howard Carters vor seiner Entdeckung des Grabes Tutanchamuns. Sehr schöne Abbildungen.

Riefstahl, Elizabeth *Thebes in the Time of Amenhotep III*. Norman (Okla.) 1964. – Theben in der glorreichen Regierungszeit Amenophis' III.

Robbins, G. »The Representation of Sexual Characteristics in Amarna Art«, in: *The Society for Study of Egyptian Antiquities Journal* 23 (1993): 29–41. – Beschäftigt sich mit der Kolossalstatue, die Echnaton nackt und ohne Geschlechtsteile darstellt. Äußert die Ansicht, daß die Verweiblichung der Statue Schöpferkraft zum Ausdruck bringt.

Romer, John *Valley of the Kings*. New York 1981. – Ein lebendig geschriebener Bericht über Reisende und Forscher, die das Tal der Könige besucht und dort gearbeitet haben.

– u. Elizabeth *The Rape of Tutankhamen*. London 1993. – Über den Zustand des Grabes Tutanchamuns und anderer Gräber im Tal der Könige.

Ruffer, Marc Armand »Note on Histology of Egyptian Mummies«, in: *British Medical Journal* 1 (1909): 1005 f. – Eine frühe Arbeit über das Gewebe von Mumien.

– »Note on Two Egyptian Mummies Dating from the Persian Occupation of Egypt«, in: *Studies in the Paleopathology of Egypt.* Chicago 1921: 127–138. – Über das Ausmaß der Nachlässigkeit der Einbalsamierer im Altertum.

Saad, Ramadan, u. Lise Manniche »A Unique Offering List of Amenophis IV. Recently Found at Karnack«, in: *Journal of Egyptian Archaeology* 57 (1971): 70 ff. – Auf einem Steinblock von einem der Tempel Echnatons sind die Weihegaben des Pharaos verzeichnet. Ein gutes Beispiel dafür, wie schwach die Spuren sein können, die Ägyptologen zum großen Zusammenhang führen.

Sampson, Julia »Amarna Crowns and Wigs«, in: *Journal of Egyptian Archaeology* 59 (1973): 47–59. – Zeigt beispielhaft, wie Kunsthistoriker anhand stilistischer Merkmale ägyptische Kunstwerke bestimmen und datieren.

Sandford, Mary K. *Investigations of Ancient Human Tissue.* Langhorne (Pa.) 1993. – Fachbeiträge über chemische Analysen von Knochen und Gewebe.

Sandnass, Karin L. »Dietary Analysis of Prehistoric Lower and Middle Osmore Drainage Populations of Southern Peru Using Stable Isotopes [Delta C–13 and Delta N–15]«. Vortrag auf dem Second World Congress on Mummy Studies, 6.–10. Februar 1995, in Cartagena, Kolumbien. – Über den Entwicklungsstand der Technologie, mit der man von Mumien wissenschaftliche Informationen erhält.

Sayce, A. H. »The Hittite Correspondence with Tut-Ankh-Amon's Widow«, in: *Ancient Egypt,* Teil 2 (1927): 33 ff. – Englische Übersetzung der hethitischen Antwort auf Anchesenamuns Brief.

– »Texts from the Hittite Capital Relating to Egypt«, in: *Ancient Egypt* Teil 3 (1922): 65–70. – Frühe Veröffentlichung des Briefes Anchesenamuns an den König der Hethiter.

– »What Happened After the Death of Tut'Ankhamen«, in: *Journal of Egyptian Archaeology* 12 (1926): 168 ff. – Bringt einen zuvor fehlenden Teil der hethitischen Antwort auf Anchesenamuns Brief.

Schaden, Otto John »Clearence of the Tomb of King Aye«, in: *Journal of the American Research Center in Egypt* 21 (1984). –

Der einzige Grabungsbericht zu König Ejes Grab im Tal der Könige.
- *The God's Father Ay.* Dissertation 1977 (Ann Arbor: UMI Dissertation Services). – Doktorarbeit über Eje mit gutem Material zu seinen beiden Gräbern.

Severence, Catherine Needham *The Last Day of Ikhnaton.* New York 1953. – Roman.

Shulman, Alan R. »Ankhesenamen, Nofretity, and the Amka Affair«, in: *Journal of the American Research Center in Egypt* 15 (1978): 43–48. – Beschäftigt sich mit der Bitte Anchesenamuns an den hethitischen König und dessen Antwort.

Silverberg, Robert *Akhenaten the Rebel Pharaoh.* New York 1964. – Ein leichtverständliches Buch über das Leben Echnatons.

Smith, G. Elliot *The Royal Mummies.* Kairo 1912. – Katalog zu den Königsmumien im Ägyptischen Museum in Kairo, enthält eine frühe Beschreibung der Mumie aus Grab Nr. 55, die nahelegt, daß es sich um die Mumie Echnatons handelt.
- *Tutankhamen.* London 1923. – Eines der ersten Bücher über die Entdeckung des Grabes Tutanchamuns. Eher eine Kuriosität.

Smith, Ray Winfield »Computers Help Scholars Re-create an Egyptian Temple«, in: *National Geographic* 139, Nr. 5, November 1970. – Früher Einsatz eines Computers, um auf dem Papier Echnatons Tempel in Karnak zu rekonstruieren.
- u. Donald Redford *The Akhenaten Temple Project.* London 1976. – Ausführliche Beschreibung des Projektes, auf dem Papier die Tempel Echnatons in Karnak zusammenzusetzen. Viele wichtige Einzelheiten.

Smith, Sidney *Mostly Murder.* New York 1959. – Die spannende Autobiographie eines bekannten Professors für Gerichtsmedizin, der mit seinen Erfahrungen Mordfälle in Ägypten gelöst hat.

Strunsky, Simon *King Akhenaten.* New York 1928. – Früher Roman, angeregt von der Entdeckung des Grabes Tutanchamuns. *Sehr* veraltet.

Swales, J. D. »Tutankhamen's Breasts«, in: *The Lancet* v. 27. Januar 1973: 201. – Die Stellungnahme eines Arztes zu der Annahme, daß die Statuen Tutanchamuns mit Brüsten auf einen pathologischen Zustand verweisen.

Tabouis, G. R. *The Private Life of Tutankhamen.* New York 1929. – Beschreibung des täglichen Lebens zur Zeit Tutanchamuns. Veraltet.

Tait, W. J. *Game Boxes and Accessories from the Tomb of Tut'Ankhamen.* Oxford 1982. – Ausgezeichnete Beschreibung und Erklärung der Brettspiele, die Tutanchamun und Anchesenamun miteinander gespielt haben.

Taitz, L. S. »Tutankhamen's Breasts«, in: *The Lancet* v. 20. Januar 1973: 149. – Ein Arzt vermutet, daß die Darstellung Tutanchamuns mit Brüsten ein künstlerisches Erbe aus der Zeit Echnatons ist.

Thomas, Elizabeth »The Plan of Tomb 55 in the Valley of the Kings«, in: *Journal of Egyptian Archaeology* 47 (1961): 24. – 50 Jahre nach der Entdeckung des Grabes Nr. 55 war noch immer kein Plan des Grabes veröffentlicht. Dieser Grundriß auf einer Seite ist der erste.

Tobin, V. A. »Akhenaten as a Tragedy of History. A Critique of the Amarna Period«, in: *The Society for the Study of Egyptian Antiquities Journal* 23 (1993): 5–28. – Beschäftigt sich mit Echnatons Vermächtnis; etwas negative Schlußfolgerungen.

Ubelaker, Douglas, u. Henry Scammell *Bones. A Forensic Detective's Casebook.* New York 1992. – Eine lesenswerte Darstellung, wie Anthropologen anhand der Knochen die Todesursache bestimmen.

Vandenberg, Philipp *Der Fluch der Pharaonen. Moderne Wissenschaft auf den Spuren einer Legende.* Bern, München 1975. – Reiner Unsinn.

Velikovsky, Immanuel *Oedipus and Akhenaten.* New York 1960. – Ein recht ausgefallenes Buch, das Parallelen zwischen Echnaton und dem griechischen König Ödipus zieht. Cum grano salis eine spannende Lektüre.

Vergote, J. *Toutankhamon dans les Archives Hittites.* Istanbul 1961. – Beschäftigt sich mit dem Wunsch Anchesenamuns, einen hethitischen Prinzen zu heiraten.

Walker, James H. *Studies in Ancient Egyptian Anatomical Terminology.* London 1996. – Die bisher letzte Veröffentlichung zu dem Thema; sie stammt von einem Arzt und Ägyptologen.

Walshe, J. M. »Tutankhamen: Klinefelter's or Wilson's?«, in: *The Lancet* v. 13. Januar 1973: 109 f. – Medizinische Hypothese zu dem Umstand, daß Statuen Tutanchamuns ihn mit Brüsten und Hängebauch zeigen.

Watkins, Trevor »The Beginning of Warfare in the Ancient World«, in: John Hackett (Hg.) *Warfare in the Ancient World.* New York 1989: 15–19. – Beschäftigt sich mit der Kriegführung im alten Ägypten.

Weeks, Kent Ried *The Anatomical Knowledge of the Ancient Egyptians and the Representation of the Human Figure in Egyptian Art.* Dissertation 1970 (Ann Arbor: UMI Dissertation Information Service).

Weigall, Arthur »The Mummy of Akhenaten«, in: *Journal of Egyptian Archaeology* 8 (1922): 193–200. – Der Autor behauptet, daß die Mumie aus Grab Nr. 55 die des Vaters Tutanchamuns ist.

– *Tutankhamen and Other Essays.* New York 1924. – Weigall war Generalinspekteur der Altertümer, als Tutanchamuns Grab entdeckt wurde. In seinen Schriften findet man viele interessante Ansichten, doch manchmal führt ihn seine Phantasie in die Irre.

Weller, Malcolm »Tutankhamen. An Adrenal Tumor?«, in: *The Lancet* v. 16. Dezember 1972: 1312. – Der Arzt erörtert die Möglichkeit, daß die Brustentwicklung Tutanchamuns durch einen Tumor in der Nebenniere hervorgerufen sein könnte.

Wells, Calvin *Bones, Bodies and Disease.* New York 1964. – Veraltet, aber immer noch ein Klassiker in der Geschichte der Paläopathologie.

Wells, Evelyn *Nefertiti.* London 1964. – Eine romantisierende und oft falsche Darstellung der Amarnazeit und Nofretetes.

Welsh, Frances *Tutankhamen's Egypt.* Princes Risborough (Großbritannien) 1993. – Eine knappe und brauchbare Schilderung des Lebens und der Zeit Tutanchamuns sowie seiner Grabbeigaben.

Wente, Edward, u. a. *Treasures of Tutankhamen.* New York 1976. – Katalog des Metropolitan Museum of Art zur Tutanchamun-Ausstellung, die rund um die Welt führte.

Wilkinson, John Gardner *Modern Egypt and Thebes.* Bd. 2. London 1843. – Einer der ersten Reiseführer durch Ägypten; vermittelt den Eindruck, den damals Amarna gemacht hat.

Winlock, H. E. *Materials Used at the Embalming of King Tut-'Ankh-Amun.* New York 1941. – Hier geht es auch um die Überreste vom Leichenmahl, das am Tag der Bestattung Tutanchamuns außerhalb des Grabes eingenommen wurde.

Winstone, H. V. F. *Howard Carter and the Discovery of Tutankhamen.* London 1991. – Eine gründliche Biographie Carters.

Wise, William *The Two Reigns of Tutankhamen.* New York 1964. – Beschäftigt sich mit der Regierung Tutanchamuns in Amarna und in Theben; enthält darüber hinaus eine kurze Geschichte Ägyptens bis zur Zeit Tutanchamuns.

Wynne, Barry *Behold the Mask of Tutankhamen.* New York 1972. – Dies ist kein weiteres populäres Buch zum Thema, es enthält vielmehr interessantes Material, das man nirgendwo sonst findet: insbesondere zu der Vermutung, ob möglicherweise Carter und Carnarvon die Grabkammer vor der offiziellen Öffnung betreten haben.

Yadin, Yigael *The Art of Warfare in Biblical Lands.* Bd. 1. New York 1963. – Übersicht über die Kriegführung des Altertums im Vorderen Orient.

Personenregister